探究與真理

－珀爾斯探究理論研究

朱建民著

臺灣學生書局印行

自　序

　　據說，天才總是遙遠地走在他們時代的前面，因此，天才在人世間通常是寂寞的，而他們的偉大也往往要等到死後才能被世人肯定。若是依照這種說法，本書所研究的這位美國哲學家，查理斯·珀爾斯（Charles Sanders Peirce, 1839-1914），無疑地應該被視爲一位天才；因爲，縱使不去談他的思想內容，我們也可以由他的生平看出那種天才人物經常承擔著的悲劇命運。雖然珀爾斯曾經在青年時期經歷過一段意氣風發的日子，也曾在生前被某些人視爲天才，不過，他仍然像大多數的天才一樣，在他的晚年，在幾乎爲世人遺忘的情況下，過了一、二十年貧病交加的日子，而世人要等到他去世數十年之後，才慢慢覺察到這位勤於著述的哲學家竟然爲後世留下了如此豐富而珍貴的思想寶藏。

　　不論外在環境是好是壞，珀爾斯似乎從未中斷過他的思考與寫作。在長達近半個世紀的學思歷程中，他累積了爲數驚人的手稿，而其中只有很少的一部分在他生前獲得出版的機會。當珀爾斯在一九一四年去世之後，這些手稿即由哈佛大學哲學系保存。其中有大部分是未完成的文章或草稿，有些則是一些片斷的筆記。所幸哈佛哲學系在哈茨宏及懷斯二人的主持下，經過十餘年的努力，終於由這些散亂的文稿中，整理出六大卷的《珀爾斯文輯》，而在一九三一年至一九三五年間相繼出版。從此，世人想要了解珀爾斯的思想時，總算有了比

較方便而涵蓋較廣的文獻依據；也因此，促使更多的學者加入對珀爾斯的研究。在這六卷文輯問世之前，雖然也出版過一本珀爾斯的選集，亦即寇亨於一九二〇年代選編的《機緣、愛、與邏輯》，不過，對於珀爾斯的研究風氣，卻是在這套文輯問世後，才開始興盛起來。事實上，直至今日，研究珀爾斯的學者大都仍以這套書做為引用的標準根據。然而隨著研究的愈趨深入，愈是需要有更多的文獻憑藉。在此需求下，先是柏克斯在哈佛承繼哈茨宏及懷斯的工作，而於一九五八年出版第七卷及第八卷的《珀爾斯文輯》，近幾年來則有費希在印第安那大學主持《珀爾斯著作編年集》的編纂工作。後一套書計畫出版二十多卷，以求更完備地收集珀爾斯的重要著作；不過，目前只出到第三卷。

經由上述手稿的編纂與出版，珀爾斯終於擺脫了塵封於故紙堆的命運，世人也對他有一番新的評價。到如今，不僅是美國哲學界，甚至包括世界哲學界，都一致承認珀爾斯是美國有史以來最偉大的哲學家。儘管他的著作多是未定之稿，也反映他在哲學體系的發展上並未完成。但是，這些未完成的著作在哲學上所表現的深度與廣度，不僅超過美國本土培養出來的詹姆斯、杜威等人，也超過由歐洲移居美國的懷德海、卡納普等人。目前國外學術界對珀爾斯的研究風氣相當盛行，每年都出現為數可觀的專書及論文。美、日等地甚至組成了「珀爾斯學會」，並定期出版學報。一面看著眼前學術界研究珀爾斯之熱鬧景象，一面回想珀爾斯生前之寂寞情景，也不知究竟應該為他感到幸或不幸？

不過，我們切莫由於上述之熱潮與推崇而高估珀爾斯對於當代哲學的實際影響。在一般人的眼中，珀爾斯之偉大在於，他是美國實用主義的開山祖師。當然，他在這方面有相當程度的影響，至少詹姆斯

即明白表示受到珀爾斯實用主義的影響。問題是，這種影響毋寧是一種啟發式的影響，而不是一種師承式的影響。因為，我們都知道，詹姆斯所說的實用主義與珀爾斯所說的實用主義有相當大的差異。從某種角度來說，甚至可以說詹姆斯曲解了珀爾斯的原意。因此，就做為實用主義的創始者而言，珀爾斯的偉大似乎並不在於他是一個擁有眾多徒子徒孫的祖師爺，而只在於其開創、啟發之功。

其次，在學術界看來，珀爾斯之偉大應該在於，他在許多深具發展潛力的學問領域中都表達過原創性的看法，甚至擔負著拓荒者的地位。這點固然沒有錯，但是，他的許多著作在生前未完成、也未公諸於世，而在為世人遺忘的歲月中，其他的學者卻獨立在類似的領域中發展出一些看法與成果。以記號學為例，在珀爾斯的那個年代，的確沒有其他學者曾經寫出像他那樣具有深度的記號學論著，我們甚至可以說，珀爾斯在這方面超出他的時代至少有三十年。問題是，在珀爾斯去世的幾十年後，記號學逐漸形成規模，而珀爾斯對這個成果的直接影響又有多少呢？因此，我們今日之說珀爾斯偉大，並不全是就他對今日之影響而言，而毋寧是針對他本身的哲學成就而言。但是，這樣的說法並不表示珀爾斯是一個過時的哲學家。事實上，任何一個真正偉大的哲學家都不會過時的。珀爾斯的哲學思想，在普受世人關注的情況下，對當代的哲學發展必然會有相當大的影響，而事實上也已造成不少的影響。許多學者在閱讀珀爾斯的著作後，一方面驚歎於其豐富的內容，一方面也受到莫大的啟發；凡此，皆保証了珀爾斯對當代及後世的影響。

近年來在國內，對珀爾斯感到興趣的學者也有日益增多的趨勢，不過，相關的研究成果卻不多見。部分的原因可能在於珀爾斯思想之過於豐富、複雜，以致難以完整地加以呈現。本書所能做的亦不過是

揭露其中的一角。這樣的著作當然不足以表現珀爾斯思想的廣度與深度，只希望本書能發揮拋磚引玉的功效，而期待有更多對珀爾斯有研究的學者能發表更多更有價值的著作，以帶動國內對珀爾斯之研究風氣。

本書的標題是「探究與眞理─珀爾斯探究理論研究」。就經驗的層面來說，探究指的是由懷疑到信念的歷程。就理想的層面來說，探究指的是追求眞理的歷程。由於探究具有這兩個層面，因此，我們所研究的探究理論不只限於珀爾斯對探究歷程所做的經驗性考察，而得進一步涵蓋其他一些與探究活動相關的重要因素。換言之，探究理論可以狹義地局限於對懷疑與信念的哲學省思，亦可廣義地包含其他相關的理論。本書在處理程序上，乃以狹義的探究理論做爲入手處，在此，首先處理珀爾斯的懷疑說與信念說。接著討論探究的方法與探究的目的，在此，我們看到珀爾斯已由探究活動的經驗層面進入到理想層面，也同時看到探究理論涵蓋範圍的逐步擴大。最後，由於珀爾斯相當關切意義問題在探究活動中所佔有的重要地位，因此，我們以數章的篇幅討論其實用主義的意義理論。在此討論中，我們以實用主義這種意義理論與探究活動之關連做爲著眼點，首先討論實用主義本身的說法，接著進一步討論實用主義的理論基礎：範疇論、規範科學、記號學。在此，我們可以看出，廣義的探究理論不僅需要包含實用主義，亦必須涉及珀爾斯對範疇、規範、記號等問題的主張。當然，除了上述問題之外，還有不少與探究活動相關的問題是本書未能處理的；畢竟，由某種角度來說，珀爾斯的整個哲學思想都可能被視爲一套探究理論。此外，即使就本書處理到的問題而言，我們的討論也未必能深入到其中每一個細節。不過，筆者相信，經由本書涵蓋的各種問題之討論，我們不僅可以對珀爾斯的探究理論有比較全面性的掌

握，亦可對他的哲學思想得到比較整體性的了解。最後，我們在本書的附錄介紹珀爾斯的生平與思想背景。這個部分之所以列爲附錄而不列入正文，乃是由於其中大半屬於歷史事實的客觀陳述，學術價值並不高。不過，對於不熟悉珀爾斯的讀者來說，此一部分仍具有參考價值。事實上，我們也可由此看到珀爾斯一生爲追求眞理而做的努力；在此意義下，珀爾斯乃是以他的一生爲其探究理論做出實際的印証。

在研究的憑藉上，本書以珀爾斯本人的說法爲主，間或參考其他學者的研究心得。在整本書的寫作上，除了希望能對珀爾斯本人的說法有忠實的呈現之外，亦加入了筆者個人的詮釋以及對珀爾斯的批判，甚至包含對其他學者之詮釋的批判。此外，由於筆者希望這本書除了以專家學者做爲讀者之外，亦能有助於對珀爾斯有興趣的同好做爲進一步研究的基礎，因此，在討論問題之前，總是花上一些篇幅陳述珀爾斯本人的說法。對於專家學者而言，這些部分或許是不必要的，因爲他們比較習慣直接進入問題。

最後，有兩點關於翻譯的問題需要附帶說明。首先，以往對珀爾斯的名字，大多沿襲某些國外學者的錯誤讀法而譯爲「皮爾斯」，甚至梁實秋的遠東英漢字典也是如此誤譯。此外，曾有人譯爲「普爾斯」，這是比較正確的譯法。不過，按照正確的讀法，「Peirce」應該讀如「Purse」，因此本書寧可譯爲「珀爾斯」。其次，珀爾斯本人有許多新創的術語，其中大部分根本沒有中文譯名，有少部分的中文譯名則不統一，因此，本書不得不自行提出譯名。

八十年二月序於國立中央大學哲學研究所

凡 例（引文説明）

一、本書以珀爾斯的哲學思想爲研究主題，故而所憑藉的文獻乃以珀爾斯本人的著作爲主，而輔以其他學者之相關著作。

二、本書參考的珀爾斯文獻，以哈佛大學出版的八卷《珀爾斯文輯》爲主，而以印第安那大學尚未出齊的《珀爾斯著作編年集》爲輔。這兩套書籍的出版資料如下：

《珀爾斯文輯》：*Collected Papers of Charles Sanders Peirce*, volumes 1-6 edited by C. Hartshorne and Paul Weiss, 1931-1935, volumes 7 and 8 edited by A. W. Burks, 1958. Cambridge, Mass: Belknap Press.

《珀爾斯著作編年集》：*Writings of Charles S. Peirce: A Chronological Edition*, volumes 1-3, edited by Max Fisch et al., 1982-1989. Bloomington: Indiana University Press.

三、爲求簡便，有關上述二書之引文出處皆以方括弧於行文中註明。引用《珀爾斯文輯》時，均以「CP」簡稱之，並依學術界引用該書之慣例，引文出處概以卷數及段落數註明；如[CP, 5.427]即指《珀爾斯文輯》第五卷第四二七段。引用《珀爾斯著作編年集》時，皆以「CW」簡稱之，而引文出處則以卷數及頁數註明；如[CW, 1, 78]即表示《珀爾斯著作編年集》第一卷第七十八頁。

四、本書提到珀爾斯著作的年代，凡已出版的著作自然係以出版

年代爲準，至於未出版之著作則以學者推定之寫作年代爲準，由於
《珀爾斯著作編年集》尚未出齊，我們乃以《珀爾斯文輯》編者推定的
年代爲準。

　　五、引用或參考其他學者的著作時，概於附註中註明出處。首見
於各章附註之著作，當詳列其出版資料；此後則以該書作者名字做爲
簡稱。

探究與真理——珀爾斯探究理論研究

目　錄

第一章 引 論

本書旨在對珀爾斯的「探究理論」（theory of inquiry）盡可能地做出系統性的客觀研究。在進入實質的討論之前，我們首先需要說明如何可能對珀爾斯的哲學思想進行系統而客觀的研究，其次需要說明以珀爾斯的探究理論做為研究主題究竟有何意義，最後則需指出研究珀爾斯所可能遭遇的困難以及相應的解決之道。以下即分成兩節來討論這些問題。

第一節　珀爾斯探究理論的系統性格及其意義

想要對珀爾斯的哲學思想進行客觀而有系統的研究，起碼要有一個先決條件，即是，珀爾斯的哲學必須是有系統的。如果珀爾斯本身的哲學毫無系統可言，而我們居然能夠研究出一套系統，那麼，這就表示我們的研究不是客觀的；因為，我們所說的並不是珀爾斯本人所想的，在此，系統性是研究者的創作，而非研究對象原本的特性。因此，在進行這種研究之前，我們必須先確定珀爾斯哲學是否具有系統性。關於這一點，研究珀爾斯的學者雖然沒有達到完全一致的看法，但是大體來說，他們都意識到珀爾斯建構哲學體系的強烈企圖。我們認為，這種意識有其客觀的根據。例如，當珀爾斯運用範疇論對學問進行分類時，他企圖包羅所有可能的學問領域，不論是現實上已開發

出的領域、或是他心目中認爲可能開發或應該開發的領域。重要的
是，他認爲這些領域之間具有密切的關連，並以其範疇論說明其間的
關係。當然，他不可能對所有這些可能的學問領域都進行深入的研究
並提出他個人的看法。不過，就珀爾斯現存的著作來看，其中所涉及
的領域已經相當廣泛，諸如：數學、形上學、現象學、邏輯、倫理
學、美學等等。更重要的是，他在這些領域提出過各種主張，諸如：
信念說、懷疑說、實用主義、記號學、眞理論、實在論、綜體論、科
學方法論、機緣論、可錯論、批判常識論等等，而這些主張之間均具
有密切的關連。事實上，在深入的研究中，我們由其中任何一個主張
出發，最後都不得不牽涉到其他的主張。

　　經由上述的說明，我們知道，珀爾斯不僅有建構哲學體系的企
圖，而且在他的著作中實際表現了相當強烈的系統性格。不過，我們
不可因此而宣稱珀爾斯已經眞正地完成其體系的建構。事實上，這也
是大多數研究珀爾斯學者的共同看法。我們認爲，一般之所以主張珀
爾斯的哲學體系並未眞正完成，其理由可以歸納爲下列幾點：一、珀
爾斯並未實際研究過他所列出的所有可能的學問領域；例如，在他對
學問的分類中，他首先將學問分爲發現之學、實踐之學、整理之學，
而他關心的只是其中的第一類；又如，在許多細部的分類上，他只是
簡單地列出項目名稱，甚至絲毫未提及其中的實質內容。二、在珀爾
斯實際研究過的學問領域中，固然有些領域（諸如邏輯、現象學等）
由於他終其一生的努力研究而展現出相當豐碩的成果，但是也有一些
領域（諸如倫理學、美學等）只是略具雛形而有待進一步的發展。
三、在珀爾斯的著作中有許多不一致的地方；這些不一致不僅表現在
各個重要主張（如可錯論與眞理論）之間，甚至表現在同一重要主
張（如實用主義）的不同說法之間。

　　我們承認這些理由均有其客觀的根據，因此，我們也同意珀爾斯並未眞正完成其哲學體系。如果我們把康德當做一個完成體系建構的哲學家，亦即，他分別以《純粹理性批判》、《實踐理性批判》、《判斷力批判》處理了眞、善、美的問題，那麼，就某種意義來說，珀爾斯的哲學只不過局限在第一批判的範圍內。即使如此，值得注意的是，這並不表示我們否認珀爾斯哲學的系統性格；因爲他仍然可以在此範圍內構造一個系統。如果站在比較同情的立場，我們不必因上述的前兩點理由而否定珀爾斯哲學的系統性格；因爲我們很難在現實上要求一位哲學家能在其有限的一生中處理所有可能的學問領域，或要求他對所有關心過的問題都提出成熟的看法。比較值得我們注意的，倒是第三點理由。因爲，如果珀爾斯在許多重要主張上都表現出嚴重不一致的現象，我們自然會懷疑他的哲學是否眞的具有系統性。關於這點，我們認爲，情況並不如此嚴重（下一節對此會有進一步的說明）；許多表面上的不一致泰半出於表達上的不清楚或出於後期對前期的修改，而這些都是研究珀爾斯的學者應該克服的問題。換個角度來說，正由於事實上存在著這些有待克服的問題，才更顯出深入研究的需要；如果珀爾斯本身已有明確的系統陳述，我們也沒有必要多此一舉。

　　簡言之，在一方面，由於珀爾斯哲學本身具有的系統性格，我們得以對他進行客觀而有系統的研究。在另一方面，由於珀爾斯本人的說法並未明白地以系統化的方式表達出來，因此，我們必須經由闡釋的工作，先將其中的各部分主張加以釐清，而後再重新加以組織、架構；在此，不但顯出研究的必要性，亦顯出我們頂多只能宣稱自己的研究是盡可能的客觀，而無法做到完全的客觀，因爲其中不可避免主觀詮釋的成分。

　　前面說過，由於珀爾斯哲學的系統性格，我們由任何一點入手，最後都可能涉及到他整個的哲學。當然，這點可以成為我們之所以由探究理論做為研究珀爾斯哲學的起點的一個理由。不過，對於這種入路，我們仍然有其他兩點理由必須說明。首先，我們之所以由探究理論入手，乃是由於它是珀爾斯哲學中相當重要而具有系統性的一環。事實上，在近代哲學家中，珀爾斯對探究理論的重視是相當突出的一位，而他在這方面的成就也為哲學界所推崇。一般而言，珀爾斯的探究理論可以有兩層意義。就其狹義而言，探究理論指的乃是對於由懷疑到信念這一個探究歷程所做的經驗性考察。就其廣義而言，探究理論不僅包括珀爾斯對於懷疑與信念的說法，它更與珀爾斯其他的重要理論有密切的關連。在後面的章節中，我們會依其關連而陸續涉及珀爾斯的真理論、意義論、實在論、科學方法論、範疇論、記號學等重要主張；廣義的探究理論實即包含上述這些相關的主張。換言之，由此廣義的探究理論研究中，可以使我們對珀爾斯整個的哲學系統得到比較全面性的了解。其次，我們之所以研究珀爾斯的探究理論，乃是由於其中涉及一些重要的哲學問題，例如真理問題、意義問題、知識客觀性的問題。簡言之，我們可以透過珀爾斯探究理論對這些問題的反省，更深入地了解其中的意涵。不過，珀爾斯一生的學思歷程可以說是為了真理而追求真理❶，而在某種意義下，探究即是對於真理的追求。因此，我們接下來可以集中於真理問題上，來看珀爾斯探究理論之研究所可能帶來的助益。

　　亞里斯多德在其《形上學》一開始即說，人是生而求知者。事實上，人不僅想要得到知識，更希望自己得到的知識是不會錯的；因此，「真理」一直成為人類所欽羨與追求的對象。然而，什麼是真理呢？我們怎麼知道自己得到的是不是真理呢？我們如何才能得到真理

呢？這些關於真理的「定義」、真理的「判準」、獲得真理的「方法」等問題一直是哲學家在傳統知識論上關注的焦點，也是珀爾斯關懷的重要問題。

面對這些問題時，我們可能採取兩種不同的思考路向：一種是規範性的或理想性的路向，一種是經驗性的路向。在規範性的路向中，乃是直接對這些問題提出答案；像是說，真理「應該」是什麼、我們「應該」依據什麼判準去分辨真理、我們「應該」以什麼方法去獲得真理。這種路向的好處是簡單明瞭，我們只要遵循這些規範去進行求知活動就可以了；換言之，合乎這些規範的即是對的，否則，即是錯的。但是，這種路向也有它的弱點。例如：我們怎麼知道這些答案即是正確的「標準答案」呢？它們是憑藉什麼根據而被提出呢？尤其是當不同的「標準答案」被不同的人提出而相互爭執不下時，我們的這些疑問亦會更形強烈。

當我們對規範性的思考路向感到疑惑之際，我們可以由另一個路向來思考有關真理的問題，亦即經驗性的路向。在此，我們並不急於提出一些標準答案，而是先去考察那些有關人類求知過程的諸般經驗事實。如此一來，我們的問題不是直接去問真理是什麼、如何分辨真理、或如何得到真理，而是去問求知的過程是怎麼一回事。在此脈絡之中，我們不能只是說求知是人類的天性，我們還得說明人在何種情況下會產生求知的欲望、以及在何種情況下能使這種欲望得到滿足。簡言之，在經驗性的路向中，我們直接面對的問題是探究本質之考察，而以這方面問題的說明做為解決真理問題的先決條件。

事實上，在後面的章節中我們將會發現，珀爾斯的探究理論同時包含了經驗性的路向與規範性的路向，也表現這兩個路向可能的結合。因此，當我們關心真理問題而研究珀爾斯的探究理論時，至少有

下述幾點功用。一、經由珀爾斯對於探究本質所做的經驗性考察，我
們可以進一步了解人們在追求眞理過程中的實際情況。二、經由珀爾
斯對於探究本質所做的規範性考察，我們可以反省到經驗性的思考路
向在解決眞理問題上所可能有的限制。三、在珀爾斯的探究理論中，
我們可以反省如何結何這兩種一般被視爲相互衝突的路向，而對眞理
問題有比較周全的考察。事實上，這三點功能也表現在他對其他重要
問題的處理中。當然，我們並不是主張珀爾斯已經在這些問題上獲得
了最後的解決，他的說法仍有許多值得商榷的地方，但是其中呈顯的
豐富內容對我們在這些問題的思考上所帶來的助益，則屬無庸置疑
者。

第二節　研究珀爾斯思想的幾點困難以及解決之道

　　珀爾斯的哲學生涯歷經半個世紀之久，在這麼一個漫長的學思過
程中，他持續地對一些重大的哲學問題提出他的看法，也累積了數量
龐大而牽涉廣泛的著作。幾乎沒有一位研究珀爾斯的學者不爲珀爾斯
思想的豐富性與原創性感佩不已，但是也幾乎沒有一位研究珀爾斯的
學者不爲其中的困難而感歎不已。

　　由於珀爾斯本身的一些問題，使得學者在理解時產生許多障礙，
而理解上的問題也轉而造成各種詮釋的莫衷一是。這是研究珀爾斯思
想時，我們首先看到的現象。在此，我們先綜合研究珀爾斯的學者所
曾經感受到的一些困難，然後，再來看各種不同的詮釋時，或許就不
會太過訝異了。

　　有關珀爾斯本身所造成的困難，我們可以歸納爲以下幾點：

　　一、文獻上的問題。就珀爾斯哲學方面的著作而言，他在生前發表的著作固然不少，大約有七十五篇的文章及一百五十餘篇的書評。但是這些著作與其未發表的大量手稿比較起來，在分量上顯得相當懸殊；在現存的手稿中，姑且不論零散的部分，僅僅單篇論文就有數百篇之多。由於珀爾斯晚年並未受到學界的重視，而且處於幾乎被世人遺忘的狀況中，因此當他去世後，這些手稿並未受到妥當的照顧。後來，他的遺孀爲了換取生活費，而將其中一部分的手稿賣給哈佛大學。不過，據說當珀爾斯的故居出售之後，新的屋主在清掃時，把剩下的手稿當成垃圾而付之一炬。十多年之後，哈茨宏及懷斯根據珀爾斯已發表的文章，並由哈佛大學豪登圖書館（the Houghton Library）保存的珀爾斯手稿中去蕪存菁，編纂成六大卷的《珀爾斯文輯》，而於一九三一年至一九三五年出齊。自從這套書問世之後，對珀爾斯思想的研究才有了比較充分的文獻依據，而對珀爾斯的研究風氣也愈來愈盛。其後又有柏克斯增編兩卷，而在一九五八年出版。

　　一般在不方便直接運用哈佛手稿來研究珀爾斯思想的情況下，都是以上述八卷的《文輯》做爲第一手的資料。但是這八卷仍然只佔手稿中的一小部分，在分量上仍嫌不足。近幾年印第安那大學在費希教授（Max Fisch）的主持下，以《珀爾斯著作編年集》（Writings of Charles S. Peirce: A Chronological Edition）爲名，對哈佛手稿依寫作年代的先後進行規模龐大的編纂工作。費希在《編年集》第一卷的序言中指出，珀爾斯本人生前出版的著作大約有一萬兩千頁，如果以五百頁爲一卷，則可集成二十四卷。而他生前未出版而現存的手稿則大約有四萬頁，可集成八十卷。（珀爾斯生前未出版的手稿，目前已製成微讀片而保存在哈佛大學的維德那圖書館(the Widener Library)。）如此一來，如果眞正要出版珀爾斯的「全集」，至少需要一百

多卷。由此可見以往學者所賴以研究的八卷文輯的分量之不足；不過，目前這套書也只完成了三卷。

經由以上兩套書籍編輯者的努力，世人得以接觸到珀爾斯未發表的手稿中所蘊藏的豐富思想。但是，手稿的編纂並不是一件容易的事。根據《珀爾斯文輯》的編輯說明，珀爾斯的手稿大多沒有標明寫作日期及題目名稱，而且其中有許多頁沒有按次序排列，甚至可以看出有許多頁已經佚失了。此外，在某些手稿上，可以看出珀爾斯重複修改的痕跡，甚至達十餘次之多。而且，在同一個題目上，有時會有幾篇不同的手稿，而其中的某一篇在某一部分優於其他的手稿，而在某一部分又可能不及其他的手稿。當然，這些都會造成認定與取捨上的困難，也進而影響到編輯工作的周延性與客觀性。

以上所說的是有關文獻方面的問題。缺乏週全的第一手資料，有時會使我們對某些爭論難以判定。研究珀爾斯的學者在面臨困惑而無法由《珀爾斯文輯》中得到解決時，總會進一步希望前往哈佛大學的維德那圖書館或豪登圖書館去找尋答案。而當他們無法由堆積如山的珀爾斯手稿中得到解答時，有些學者甚至會懷疑，是否有一些重要的資料未被保存下來。當然，這是一個永遠無法解開的迷團。事實上，縱然我們相信珀爾斯所有的重要思想都已表現在現存的資料中，或是相信《珀爾斯文輯》已經收集了足以代表珀爾斯主要哲學主張的文獻，我們仍然會面臨下述幾點其他更根本的困難。

二、珀爾斯從未真正地完成他的哲學系統。由本書附錄中對於珀爾斯的生平介紹可以看到，當珀爾斯於五十二歲退休而遷居米爾福之後，他坐擁書城，回顧自己往昔的哲學著作，他想要利用完全空閒的時間來完成他個人的哲學系統。不過，事實上，珀爾斯在生前並未完成這個計畫，他並沒有成功地將自己的想法以一種精確而系統的方式

陳述出來。史凱基斯泰也指出珀爾斯這方面的缺點。他說，首先，珀爾斯的寫作極端缺乏系統。在許多哲學問題上，他都做了開端，但是沒有一項真正完成。因此，珀爾斯的著作多屬零碎而片斷的。其次，珀爾斯本人固然是一位非常有系統的思想家，他也如此深自期許；因此，他那些片斷的著作好像是依據某種藍圖而彼此關連在一起。但是，問題是，這張藍圖從未明白地展現在世人眼前。最後，珀爾斯一生的思想歷程有不少的改變，而其中有一些改變他本人並未明白指出；這也造成研究者判斷上的困擾。例如，根據墨菲的研究結果指出，珀爾斯似乎曾經四度試圖成立系統，但是沒有一個完成❷。不過，大多數的學者們依然認為珀爾斯是一個曾經試圖建立或已經表現某種體系的哲學家❸。

　　三、珀爾斯表達其哲學思想時，經常使用一種相當缺乏系統的方式。由上面所說的最後一點可知，在其哲學的發展過程中，珀爾斯事實上做過不少改變，但是他並沒有明確地指出其中的一些重大改變。如此一來，對研究者而言，自然會認為珀爾斯本人對一些重要問題的看法經常改變，而呈現不同甚至不一致的說法。這點使我們難以掌握究竟何者才是珀爾斯本人最後的定論，而對其他被放棄的說法，我們也不清楚珀爾斯基於何種原因而予以放棄；如此一來，即會造成詮釋上的紛爭。此外，珀爾斯習慣以不同的方式表達同一種論証，他也習慣對同樣的問題重複由不同的角度去討論，這都同樣容易造成上述的困擾。

　　四、珀爾斯的文體相當晦澀。我們在珀爾斯的生平中指出，他在寫作時，通常並沒有預期給一般的讀者閱讀。因此，他許多的文章都近似獨白式的個人思想記錄，也使他的文字艱澀難懂。有的學者指出，在珀爾斯長達近半個世紀的寫作生涯中，他的文章寫法有相當大

的改變。大體說來,早年的文章風格比較嚴格樸實,晚年則比較自由而機智(換言之,混合了嚴肅與譏諷)❹。此外,珀爾斯像海德格一樣喜好造新名詞。我們在他的文章中經常會碰到一些新造的專門術語,例如:第一性(firstness)、第二性(secondness)、第三性(thirdness)、機緣論(tychism)、綜體論(synechism)……等等。這些對理解上,自然會造成某種程度的干擾或阻礙。此外,他在不同時期會運用不同的術語來指稱相似的東西。費希即指出,珀爾斯在早期使用的「再現」(representation, representamen)接近後期所說的「記號」(sign),而早期所說的「記號」卻近乎後期的「標示」(index)。又如,早期所說的「相似」、「模本」、「意象」、「喻象」(likeness, copy, image, analogue)在一八八五年則稱爲「象符」(icon)。早期所說的「假設」(hypothesis)、「後驗推論」(inference a posteriori)在後期則稱爲「假推」(abduction)或「逆推」(retroduction)。他也曾經一度用「主體」(subject)、「對應」(correspondent)指稱他日後所說的「意解」(interpretant)[CW, 1, xxxiii]。

　　五、當然,有時候理解上的困難也不能完全歸咎於作者的表達方式;理解的困難有時是來自思想的新穎、複雜、或深奧。珀爾斯處理的論題非常廣泛,他不只是像一般人所想的那樣單獨鍾情於邏輯問題;事實上,他處理的問題涵蓋了傳統哲學中形上學、知識論、及價值哲學等部分,也都提出他個人獨到的看法。此外,他也開發出一些新的學問領域,諸如關係邏輯及記號學等。由於他的原創性及其思想的廣度,不僅造成我們理解上的困難,更使我們難以將他歸類。懷德海即指出,由於其原創性的看法及路數,珀爾斯根本不能被一般的分類方式歸類❺。

　　經由以上的說明，我們應該可以了解，何以對珀爾斯的哲學思想出現過如此分歧的詮釋。史凱基斯泰即指出，現在有愈來愈多的人同意，珀爾斯是一位偉大的哲學家，也有愈來愈多的人對珀爾斯的思想感到興趣。但是，在另一方面，對珀爾斯之何以重要，以及珀爾斯對哲學之貢獻何在，也出現愈來愈多的不同意見。艾耶（Ayer）及布赫勒（Buchler）把珀爾斯當成徹底的經驗論者，費伯曼（Feibleman）則把他當成玄想的觀念論者，而高基（Goudge）則把他當成此二者的混合，蓋利（Gallie）及波勒（Boler）則把他當成二者的綜合。此外，有人把他當成經驗科學的守衛者，有人卻把他當成純粹的哲學家。有人把他當成美國哲學傳統的創立者，有人卻把他當成康德的追隨者。有人把他當成邏輯經驗論的先驅，有人卻把他當成士林哲學的繼承者❻。即使在細部的哲學主張之詮釋上，學者也有許多不同的看法。例如，艾默德即指出，關於珀爾斯對實在之本性的看法，有些人認為珀爾斯是實在論者，有人則認為他是觀念論者，更有許多人認為這兩種說法都對。而就最後一種看法來說，對珀爾斯之兼具二者，也有不同的評價。有人認為珀爾斯這種立場將傳統上認為相互排斥的兩個主張巧妙地結合起來，而有人則認為珀爾斯的立場不一致❼。

　　面對上述困難，以及隨之而來的詮釋分歧，以往也有一些學者提供幾種可能的對策。基本上，這些對策可以分成兩類，一是由時間上來分別珀爾斯的成熟思想與未成熟的思想，這種路向以艾默德為代表。其次則是由內容上來分別珀爾斯的主要思想及次要思想，這種路向則以史凱基斯泰為代表。當然也有學者綜合這兩種解決方案，像是墨菲把珀爾斯的思想分成不同的時期的四個體系。我們在此僅略述艾默德及史凱基斯泰的對策，並隨而提出本書的做法。

　　艾默德認為，對於珀爾斯的許多爭論經常是由於未能分清他的早

期看法及成熟看法。但是，珀爾斯的寫作時期長達半個世紀，什麼時間才是他的成熟期呢？艾默德主張，一八九〇年以後的著作才足以代表珀爾斯的成熟思想。他以一八九〇年做爲珀爾斯的成熟期之開端，有兩點理由：一、這年珀爾斯避居於賓州，在接下來的二十幾年中，他修改早期的看法而試圖系統化其哲學；二、珀爾斯在一八九〇年以後的著作可建構成完整而有體系的世界觀❽。此外，也有其他的學者支持這種主張。例如，墨菲在其名著《珀爾斯的哲學發展》（The Development of Peirce's Philosophy）中也指出，珀爾斯的最後體系化努力乃是開始於一八九〇年。柏克斯也採此看法而以一八九〇年爲珀爾斯前期思想與後期思想的分水嶺❾。

在珀爾斯一生的學思歷程中，他提出許多主張，也不斷地加以修改。如果我們具有濃厚的歷史興趣，我們當然會注意一個主張在不同時期的更迭改變，甚至比較其間的異同。但是，如果我們只是對於珀爾斯的哲學思想本身感到興趣，那麼，我們就不必太注意那些被他自己拋棄的主張，而寧可把注意力集中在他發展完成的成熟主張上。以後者的興趣爲主，我們自然會希望找到一個客觀的分界線，而以此明確地分判珀爾斯的成熟思想與未成熟的思想。在此，艾默德等人之主張以一八九〇年做爲一個客觀的分界線，顯然是一個相當吸引人的說法。依之，在此之前的即是不成熟的，在此之後，即是成熟的。如此一來，我們似乎可以把注意力完全集中在一八九〇年以後的著作，而不必分心去考慮珀爾斯在此之前的著作。

上述做法看起來相當客觀、清楚、簡便、省事，不過，其中也不是沒有問題的。最主要的關鍵在於，它預設珀爾斯早期的思想即是不成熟的思想，而後期的思想即是成熟的思想；換言之，它將時間的先後當做評估思想成熟度的標準。一般來說，一個人後期的思想要比其

前期思想來得成熟。但是，這也不是一定的；因爲，某些早期提出的
主張可能是成熟的，而某些後期提出的主張卻是不成熟的。換言之，
即使我們同意以一八九〇年做爲珀爾斯早期思想與後期思想的分界
線，即使我們同意把珀爾斯的早期思想籠統地稱爲未成熟的思想而把
後期思想籠統地稱爲成熟的思想，這也不表示，我們必須完成捨棄珀
爾斯在一八九〇年以前的著作。事實上，珀爾斯有一些重要的文章是
在一八九〇年以前即發表的。因此，艾默德碰到這種情況亦不得不做
修正而指出，這些在一八九〇年之前所寫的文章，如果在一八九〇年以
後經過珀爾斯本人的重新修改，則亦可視爲代表其成熟期的思想❿。由
此可見，這種以珀爾斯晚期思想爲主而去評定其成熟主張的做法，並
不是無往不利的。然而，不論如何修改，如果我們過於呆板地遵行艾
默德的說法，只會使研究者自我設限而不得不割捨許多重要的資料。
因此，固然本書係出於哲學上的興趣而對珀爾斯進行研究，我們將以
他在一八九〇年後的著作爲主，但是絕不因此而忽略其早期的重要著
作。換言之，艾默德的說法只做爲本書在取材上的參考，而不被視爲
絕對的標準。

其次，史凱基斯泰認爲，珀爾斯的思想雖然在表面上看來有幾個
難以調和的重大分歧，但是，如果我們把珀爾斯的思想了解成一種
「實用實在論」，即可解決其中最主要的分歧，而其餘的分歧也就隨
之迎刃而解了⓫。換言之，這種做法是先去分辨珀爾斯哲學體系中的
主要部分及次要部分，或是根本部分及衍生部分，而後再以其主要而
根本的主張爲基礎，進而貫穿其他的主張。按理來說，這種做法應該
是沒有問題的。但是，我們也看到許多學者並不像史凱基斯泰那樣，
以「實用實在論」做爲研究珀爾斯哲學的起點。如此一來，似乎學者
們對於什麼是珀爾斯根本的主要主張，也有不同的意見。不過，這種

表面上的差異並不如我們想像的嚴重；我們與其說它是對於珀爾斯根本主張認定上的差異，不如說它是對於珀爾斯哲學研究入路上的差異。事實上，由於珀爾斯不斷重複討論一些他所關心的問題，因此，學者們在掌握其思想的主要部分時，並不致造成太大的歧見。倒是在這些主要部分中，我們應該由那一種路向入手，學者們會有不同的意見。我們認為，這種入路上的不同，不致於造成太大的困擾；因為，珀爾斯的思想隱然形成一個體系，我們由任何一個主要問題入手，只要深入地研究下去，最後都會涉及到其他部分。如此而造成的差異，只是偏重不同而已。以本書為例，我們固然係以珀爾斯的探究理論為其哲學的主要部分，而以其懷疑說及信念說為起點，但是，在研究逐步深入之際，我們就必須進而討論到珀爾斯的實用主義、範疇論、記號學、規範科學、實在觀、真理觀、以及科學方法論等重要主張。因此，我們在此所說的探究理論，並不是一般所謂的狹義的探究理論（亦即局限於珀爾斯對探究歷程進行經驗性考察而提出的懷疑說與信念說），而是廣義的探究理論（亦即同時包括與探究相關的其他重要主張之理論）。

以上我們介紹了艾默德及史凱基斯泰的對策，並說明本書在做法上對這兩種策略所做的修改。如此，我們大致上知道應該如何由著作的分期去擷取珀爾斯的成熟思想，也知道應該以何種理論入手去掌握珀爾斯的主要思想。但是，這兩種對策仍然無法解決一般學者在珀爾斯著作中所感受到的種種不一致的問題。因此，本書在上述兩種對策之外，提出第三種對策以解決這方面的問題。簡言之，這種對策即是以上一節最後提到的那兩種路向（規範性路向與經驗性路向）去統合珀爾斯思想中一些表面上的不一致。我們認為，在珀爾斯的思想中，同時具有這兩種思考路向，也由此兩種路向分別處理過一些共同的主

題。由於一般人未能認清珀爾斯思想中同時具有這兩種思考路向，或是由於他們看出這點卻認爲它們根本是兩種不能共存的路向，才使得他們以爲珀爾斯在某些相同的問題上提出的看法是不一致的。事實上，本書認爲，這兩種路向是可以共存的。規範性的路向是就人的理想而言，經驗性的路向是就人的現實而言。換言之，前者是就「應然」而言，後者是就「實然」而言。在許多主題上，我們本來就可能採取這兩種路向；我們現實上能達到的是一回事，我們在理想上所要求的又是一回事，但是，我們不會因爲現實上未達到而認爲不能在理想上要求。如果把這點看做是不一致的，那麼，這種不一致也是人類的困局；因爲，有限的人類總是在要求無限。事實上，珀爾斯不僅由人類的現實層面去思考一些重大的哲學問題，更由有理性者的理想層面去思考問題。我們認爲，如果我們承認這兩種思考路向並無不一致之處，即可依此觀點去解決珀爾斯思想中一些表面上的不一致。在此，我們只能簡略地說明這種對策，至於依此對策而對珀爾斯所做的詮釋則見於後面章節的討論中。我們當然相信這種對策可以獲致某種程度的成功，至於事實究竟是否如此，則得由後面章節中的實際表現加以評估。

最後，本書在進行對珀爾斯思想的詮釋工作時，乃以他本人的說法爲主，而僅以其他學者的詮譯做爲輔助性的參考。這種做法是很容易理解的；我們既然以珀爾斯爲研究對象，在重要性及可靠性等方面，當然應該將他本人的說法置於其他學者的詮釋之上。其次，我們這種做法的部分理由在於，珀爾斯本人經常對其重要的主張反複地加以討論，因此，我們也可藉著他對自己說法的說明、反省，而進一步了解之。事實上，也有一些學者因此而指出，珀爾斯本人即是對珀爾斯思想最佳的詮釋者[12]。當然，即使如此，其他學者的研究成果也是

不容忽視的。實際上，除了艾耶以外，所有研究珀爾斯的學者都很少不藉助於前人的研究而逕行詮釋珀爾斯。因此，本書雖然以珀爾斯的說法爲主，但亦大量參考當代學者的詮釋。

附 註

❶ 根據胡克威的說法，珀爾斯一生的哲學事業乃是以眞理的追求爲其整體目標。Cf. Christopher Hookway, *Peirce* (London & Boston: Routledge & Kegan Paul, 1985), p. 10.

❷ Cf. Peter Skagestad, *The Road of Inquiry: Charles Peirce's Pragmatic Realism* (New York: Columbia University Press, 1981), pp. 1-2.

❸ Cf. Murray Murphey, *The Development of Peirce's Philosophy* (Cambridge: Harvard University Press, 1961), pp. 1ff. Francis E. Reilly, *Charles Peirce's Theory of Scientific Method* (New York: Fordham University Press, 1970), p. 6. Morris Cohen, *American Thought: A Critical Sketch* (Glencoe: The Free Press, 1954), pp. 268-270. James Feibleman, *An Introduction to Peirce's Philosophy* (New York: Harper & Brothers, 1946), p. 389.

❹ Cf. Reilly, p. 6.

❺ Cf. Frederic H. Young, "Charles Sanders Peirce: 1839-1914", in *Studies in the Philosophy of Charles Sanders Peirce*, edited by Philip P. Wiener and Frederick H. Young, (Cambridge: Harvard University Press, 1952), pp. 271ff.

❻ Cf. Skagestad, pp. 1-2.

❼ Cf. Robert Almeder, *The Philosophy of Charles S. Peirce: A Critical Introduction* (Oxford: Basil Blackwell, 1980), p. vii.

❽ Almeder, pp. viii-ix.

⑨ Arthur W. Burks, "Introduction to Charles Sanders Peirce", in *Classic American Philosophers* , edited by Max H. Fisch, (New York: Appleton-Century-Crofts, 1951), p. 41.

⑩ Almeder, p. 99.

⑪ Cf. Skagestad, pp. 4-6.

⑫ Cf. Francis E. Reilly, *Charles Peirce's Theory of Scientific Method* (New York: Fordham University Press, 1970), p. 6. Manley Thompson, *The Pragmatic Philosophy of C. S. Peirce* (Chicago: University of Chicago Press, 1953), p. xii.

第二章 探究的起點——懷疑

在珀爾斯對探究歷程所做的經驗性考察中,「懷疑」與「信念」是兩個關鍵詞語;由經驗性的路向來說,懷疑是整個探究歷程的起點,而信念則為其終點。因此,本章先討論珀爾斯關於「懷疑」的說法,下章再以「信念」為討論重點。在正式討論之前,我們應該先對珀爾斯的探究理論提供一般性的說明。

第一節 珀爾斯探究理論要旨

壹、探究理論在珀爾斯哲學中的地位

在珀爾斯的思想中,探究理論是相當重要的部分,也是頗具系統性的一個部分。就其所佔的重要性而言,探究理論可以說是處於珀爾斯整個哲學體系的核心部分。依照胡克威的看法,珀爾斯在某一方面是一位相當傳統的哲學家,他所關心的問題正是笛卡兒與康德所關心的那些科學、真理、知識等問題。他想要指出,如果我們的探究是恰當的,則我們就能夠對客觀的實在有真正的認識。此外,胡克威也指出,珀爾斯受到康德著作的啟發,而窮其一生之力以建立知識的基礎❶。簡言之,要想得到真實的知識、要想建立知識的客觀基礎,就必須先正確地掌握探究的本性與探究的方法。此外,珀爾斯的探究理論

不僅對他本身的哲學具有重要性，它對現代哲學的發展亦有其意義。史凱基斯泰即指出，探究理論可以說是珀爾斯對哲學最重大的貢獻，它對當代科學方法的討論仍深具貢獻及影響❷。艾耶也指出，珀爾斯提出的科學方法論，預示了卡爾·波柏在今日所爲人重視的主張❸。

其次，就探究理論在珀爾斯思想中所表現的系統性而言，它不僅本身表現出一套說法，而且它與珀爾斯思想的其他部分（諸如：知識觀、眞理觀、意義觀、實在觀等）也具有相當密切的關連。史凱基斯泰也指出，縱然我們無法以一個單一的系統去涵蓋珀爾斯的整個思想，這並不表示他的思想是一盤散沙；事實上，我們仍然可以在其思想中找到一些比較小的系統，而以此做爲解釋他思想的起點。而史凱基斯泰認爲，探究理論即是了解珀爾斯思想的一個很好的起點❹。在此也附帶涉及到對珀爾斯研究應該採取何種入路的問題。史凱基斯泰認爲，對珀爾斯的解釋應該先集中於比較小而具體的問題上，至於系統性的解釋則應先延後。胡克威則認爲，史凱基斯泰的說法根本扭曲了珀爾斯的思想性格，因爲珀爾斯是最富體系性的哲學家，唯有了解其整個思想的系統結構，才可能了解那些比較小而具體的問題❺。這兩種說法，在胡克威看來，似乎是極端對立的。事實上，情況不致像胡克威看得那麼嚴重。因爲，若是依史凱基斯泰的方式由一個較小的系統出發，終究也會觸及大系統中的其他部分。當然，等到整個系統結構逐漸浮現之後，再回來看那些小系統，也會增進我們原初的理解。簡言之，這兩種入路不但不是互斥的，反而是相互補足的。基於上述理由，我們以下即進行探究理論的說明，而以此做爲討論珀爾斯的起點。

貳、珀爾斯探究理論的思想背景

　　珀爾斯探究理論的主旨可見於一八七七年發表的〈信念之固定〉（The Fixation of Belief）一文。對於珀爾斯探究理論的思想背景，一般認爲是受到達爾文主義的影響。史凱基斯泰指出，珀爾斯的探究理論可以看做是在試圖協調宗教與自然科學的衝突，尤其是由達爾文主義所逼顯出來的那些衝突。關於這一點，我們也可由胡克威對珀爾斯思想背景的說明略知梗概❻。而史凱基斯泰認爲，〈信念之固定〉一文正可依此脈絡加以了解。其中一開始就如達爾文主義一樣，把人類看做動物世界中的一員。依此，人類的行動被看做是，朝向對環境進行有機適變（adaptation）的生理運作。科學探究是人類活動的一種，因而亦被視做適變的一種形式❼。艾默德也指出，珀爾斯的探究理論顯然是出於一種生物學的模式。當有機體處於需求狀態時，即開始了探究的歷程。探究歷程本身即是有機體適變的反應，其目的在於建立生存所必要的寧靜。當探究終結於適變的行爲模式時，則此探究即是成功的❽。不過，費希在此則持不同的意見。我們知道，珀爾斯早年在形上學俱樂部曾經討論過貝恩（Alexander Bain）對信念的定義：人們依據信念而準備行動。珀爾斯也指出，實用主義只不過是這個定義的衍伸。[CP, 5.12]費希認爲，在〈信念之固定〉一文中，珀爾斯實際上預設的是貝恩對信念的定義，而其中明白表露的達爾文主義則不重要。他進一步指出，珀爾斯一生的思想都與貝恩有密切的關連，而很少想到達爾文主義❾。如此一來，有人強調達爾文主義對珀爾斯探究理論的影響，有人則強調貝恩心理學的影響。事實上，這兩種說法都是執著於事實的某一層面而來的一偏之見。根據史凱基斯泰的引述，也有一些學者強調，正是由於珀爾斯接受貝恩對信念的定義，使得他能夠以達爾文主義的方式去討論信念；唯有把信念看做行動的傾向（dispositions to action），才能把它看成與環境之間的互

動，如此而得接受自然的篩選（natural selection）❿。

參、探究之定義

依珀爾斯的說法，「探究」（inquiry）一詞指的是一種歷程，它由真正的懷疑達到穩定的信念。他說：「懷疑之不安的刺激導致求取信念狀態的努力。我將把這種努力稱為『探究』，雖然必須承認有時候這不是一個很恰當的名稱。」[CP, 5.374]他又強調，探究歷程唯一的目的在於意見之確立[CP, 5.375]。換言之，探究的目的即在經由穩定信念之建立而克服真正的懷疑。在此，一個探究理論顯然必須說明如何確立意見、如何穩定信念。不過，在討論這個問題之前，我們先得對一些關鍵詞語有所說明；尤其是「信念」與「懷疑」這兩個心理學上的名詞。它們除了表示某種主觀的心理狀態之外，是否還有其他的意涵呢？艾默德即指出，如果珀爾斯所說的「某人相信某一命題」是指「某人在某種確定的狀況下傾向以某種確定而恰當的方式行動」，則探究之目的在於建立在某種確定狀況下的恰當行為傾向。而如果珀爾斯所說的「某人相信某一命題」是指「某人乃處於某種心理狀態，其特色是此人對此一命題有確信之感」，則探究之目的在於建立對於命題的某些感受❶。因此，為求對珀爾斯所說的探究歷程之本性有精確的了解，我們必須先了解他對「懷疑」與「信念」這兩個名詞的看法。

首先我們根據珀爾斯的說法，由下述幾點區分懷疑與信念：

一、我們可以訴諸主觀的感覺而分別懷疑與信念。珀爾斯說：「我們一般都知道我們何時希望提出一個問題，也知道我們何時希望提出一個判斷，因為懷疑的感覺不同於相信的感覺。」[CP, 5.370]

二、我們可以對懷疑與信念這兩種感覺的特性加以描述，而由此

描述中看出其間的差別。珀爾斯說：「懷疑是一種不安且不滿足的狀態，我們努力使自己擺脫其中，而進入信念的狀態；後者則是一種安靜且滿足的狀態，對於這種狀態，我們不希望逃避、或改變而相信任何其他的事。相反的，我們堅持之，不僅堅持於相信，更堅持於相信我們事實上所相信的。」[CP, 5.372]

三、懷疑與信念之間有實踐上的差異（practical difference）。珀爾斯指出，信念可以引導我們的欲望，並決定我們的行動；而懷疑則無此種效力。[CP, 5.371] 但是，這並不是說懷疑沒有任何效力。對我們來說，懷疑與信念均有其作用，只是二者的作用有極大的差異。嚴格地說，信念並非使我們立即有所行動，而是在某種狀況出現時，信念使我們依某種方式行動。懷疑則無這種主動的作用，它只是刺激我們進行探究以消除其本身 [CP,5.373]。

由以上的說法，我們可以看出，懷疑與信念都是某種心理狀態。這兩種心理狀態各自有兩個層面。就狀態本身而言，懷疑是一種不安且不滿足的狀態，而信念是一種安定且滿足的狀態。就此狀態之作用而言，懷疑刺激我們去消除懷疑以得到某種信念，而信念則使我們在某種情況之下以某種方式去行動。如果我們把狀態區分為「發生狀態」（occurrent states）及「傾向狀態」（dispositional states）兩種，則發生狀態是指狀態之本身，而傾向狀態是指狀態之作用⓬。

肆、懷　疑

由上面的說明可知，懷疑是我們所逃避的，而信念則是我們所追求的。此二者皆為某種心理狀態，然而就心理狀態本身的特性及其效力或影響而言，二者卻完全相反。換言之，就發生狀態而言，懷疑的特性是不安或不滿足，信念則是平靜而滿足；就傾向狀態而言，信念

能使我們在某種情境下以某種方式行動、或傾向以某種方式行動,而懷疑則沒有這種效力,在此,我們缺乏以某種方式去行動的傾向。珀爾斯說,信念不是一種瞬息即逝的意識狀態,它在本質上是一種延續一段時間的心靈習慣,而且多半未被意識到;像其他的習慣一樣,在沒有遇到某種驚奇的衝擊之前,它是安定而滿足的。至於懷疑,則與信念完全相反;它不是一種習慣,而是習慣的缺如[CP, 5.417]。他又指出,懷疑是一種心理狀態,這種狀態的特色是伴隨著一種不安的感受;但是,由實用主義的觀點來說,我們不能把懷疑看成是這種感受;一個處於懷疑狀態的人,通常都試圖想像出他在某種情境中應該如何行動[CP, 5.510]。珀爾斯在此顯然是在強調,與其說懷疑是一種發生狀態,毋寧說它是一種傾向狀態。關於這一點,艾默德也指出,正如珀爾斯把信念陳述分析成有關以某種方式去行為之傾向的陳述,他同樣把有關懷疑之陳述分析成肯定缺乏傾向行為之陳述。依此,為了檢証「某人懷疑某一命題」這個陳述,我們把它的意思當成「對於此人,此一命題缺乏以某種方式去行為的傾向」❸。此外,這種分析可以使我們區分懷疑(doubt)及不信(disbelief)。因為,如果我們不相信某一命題,我們並不缺乏以某種方式去行為的傾向。在此,不相信某一命題,即是相信此一命題的否定。當我們不相信某一命題時,我們實際上是基於「此一命題為假」的信念而表現我們的行為傾向。因此,與信念正好相反的不是不信,而是懷疑。

第二節　以真正的懷疑做為探究的起點

至此,我們可以把珀爾斯對懷疑的說法與笛卡兒對懷疑的說法加以比較。我們在此之所以拿笛卡兒做為比較的對象,乃是由於珀爾斯

本人即頗爲強調他與笛卡兒之間的差異，並強烈批評笛卡兒對懷疑的說法。經由二者的比較，我們可以由其不同而體會珀爾斯說法的獨到之處，亦可進而了解兩方面說法各自的分際❶。

珀爾斯與笛卡兒對於懷疑的看法之最顯著的差異在於前者主張笛卡兒所說的普遍的懷疑是不可能的，這點也是珀爾斯對笛卡兒攻擊不遺餘力之處；珀爾斯則強調所謂「眞正的懷疑」。珀爾斯對笛卡兒的批評主要見於他在一八六八年發表於《思辨哲學雜誌》中的兩篇文章：〈論某些被視爲人所具有的能力〉（ Questions Concerning Certain Faculties Claimed For Man ），以及〈四種無能的結果〉（ Some Consequences of Four Incapacities ）。他在其中的第二篇文章中指出，笛卡兒主義有四個迥異於中世紀士林哲學的主張，而由近代科學與邏輯的立場看來，這四個主張都是有問題的。其中提到，笛卡兒主義的第一個主張即是說，哲學必須以普遍的懷疑爲起點[CP, 5.264]。而珀爾斯則指出，我們不可能以普遍的懷疑爲思考的起點。反之，當我們進行哲學思考之際，我們必須以實際上我們所具有的全部成見爲起點。這些成見是我們實際上所相信而未懷疑的，我們不可能藉著一條規則而全部加以懷疑。因此，以普遍懷疑爲起點，只是自欺欺人的說法，而不是眞正的懷疑。珀爾斯認爲，我們在哲學思考中，如果我們不是眞正地懷疑，就不應該假裝去懷疑[CP, 5.265]❶。

接下來，我們首先應該討論笛卡兒本人有關普遍懷疑的說法，並對珀爾斯所說的眞正的懷疑加以討論，如此才能進一步比較普遍懷疑及眞正的懷疑。

壹、笛卡兒的普遍懷疑

笛卡兒在其《沈思錄》的〈第一沈思〉中提出普遍懷疑的說法。

他在其中指出，他早就注意到，他在年輕時所信以爲眞的許多意見其實都是錯的，因此，以這些錯誤的信念爲基礎而建立的信念也是非常令人懷疑的。經過這層反省，爲了要建立穩定不移的知識架構，他決定把他所有的信念暫時完全排出心中，而重新找一個新的基礎。笛卡兒認爲，爲了要全盤拋棄我們現有的意見，我們不必一個一個地去對付這些意見（這樣做下去是沒有止境的），而只需要去攻擊它們的基礎。因爲一旦基礎被摧毀，整個結構自然隨之崩潰。此外，爲了摧毀這些基礎，我們也不必去証明其爲假，而只需要去証明它們不是完全確定而不容置疑的，即可整個加以捨棄。因爲，理性告訴我們，對於那些並非完全確定而不容置疑的意見，我們應該抱持懷疑的態度❶。

基於以上的看法，笛卡兒以一些論証去攻擊現有意見的基礎。首先，他指出，我們一般均以爲經由感官經驗而來的意見是最可靠的，不過，我們也發現到，感官偶而會欺騙我們。因此，笛卡兒主張，對於那些曾經欺騙過我們的事物，比較明智的做法是不要完全信任之❶。如此一來，即全盤否定經由感官而來的所有意見。但是，笛卡兒在此也意識到有人會提出不同的看法；亦即，感官之欺騙我們，往往是出於感官對象極小或極遠的狀況中，而在許多其他的狀況中，則完全不可能有任何的懷疑，諸如：我目前在這裡、我坐在書桌旁、我的身上穿著夾克、我的手中拿著一本書等等。不過，笛卡兒認爲，這些仍然是可以懷疑的；他在此提出一般所謂的「睡夢論証」（the dream argument）。某些精神異常的人相信自己是身穿龍袍手執權杖的皇帝，而事實上完全不是這麼一回事。這點使我們反省到，一般正常的人在夢中也可能相信自己是身穿夾克坐在書桌旁讀書，而醒來才發現自己實際上正穿著睡衣躺在床上。根據這層反省再推進一步，我們以爲自己目前是醒著，正在睜大眼睛看書，而實際上也可能只是一場夢

⑱。

　　不過，笛卡兒注意到，**他的睡夢論証的適用範圍是有限的**；它只適用於個別特殊的感官經驗。**我們由此可以懷疑經驗科學的知識**，但是對於那些處理簡單而普遍的對象的數學及幾何學，睡夢論証是無效的。笛卡兒說：「因爲，不論我是睡或是醒，二加三總是等於五，而正方形永遠不可能多於四個邊。」**⑲**如此，在睡夢論証的攻擊之下，仍然有一些信念可以保持其確定性。不過，此處的確定性在笛卡兒「惡魔論証」的攻擊之下，還是動搖了。這個論証是說，假設有一個萬能的惡魔，他使我以爲二加三總是等於五，而事實上卻不是如此。這個惡魔的存在並不是邏輯上不可能的，則所有我所相信必然爲眞的意見，皆有可能是受到他欺騙之後的看法。依據笛卡兒在〈第一沈思〉中的論証，感官可能欺騙我，夢境可能欺騙我，惡魔可能欺騙我；如此，我所確信的一切都可能是不確定而可以被懷疑的。

貳、普遍懷疑與真正的懷疑

　　面對珀爾斯對笛卡兒的批評，也許有人會爲笛卡兒辯護說，笛卡兒的普遍懷疑並不是一種假象，當他在運用普遍懷疑做爲方法時，他本人實際處於一種懷疑的心理狀態，他眞的懷疑某些信念。當我們在閱讀笛卡兒《沈思錄》的論証時，的確會有這種感覺。但是，也有人根據文獻指出，笛卡兒在其信件中承認他本人從未眞正的懷疑過什麼，而笛卡兒在《沈思錄》中所表現的那種懷疑論調，只不過是論辯的文體所需要且最合適的一種表達方式而已**⑳**。事實上，我們在此不必追究笛卡兒本人是否曾經實際處於一種懷疑的心理狀態，因爲這並不是珀爾斯批評的重點。珀爾斯並未批評懷疑是不可能的，而是批評笛卡兒所說的普遍懷疑是不可能的。

珀爾斯所以說普遍的懷疑是不可能的，部分的理由在於他認為，當我們懷疑之際必然夾帶了許多並不懷疑的信念。因此，我們可以問的是，笛卡兒本人是否眞的曾經懷疑過他所有的一切信念。姑且不論笛卡兒在上述信件中的自白，我們仍然可以從其他幾點看出他本人並不處於一種普遍懷疑的心理狀態之中。首先，我們可以根據許多文獻看出，笛卡兒本人一再指出，他的普遍懷疑只是一種理論上的懷疑，而不是對於行動或實際事務的懷疑❷。因此，我們至少可以確定笛卡兒本人的懷疑只限於理論方面的問題，而不及於實踐方面的問題，故而不是普遍的。（事實上，珀爾斯也明白指出，笛卡兒的懷疑是一種理論上的懷疑[CP, 5.391]。）其次，即使我們同意他將普遍懷疑的應用範圍局限於純粹理論的問題上，我們也可以說，他的懷疑不是眞正的懷疑。因爲，如果是眞的話，當他提出惡魔論証之後，他應該停止討論，而不應該繼續去找一個不容懷疑的起點。他提出的普遍懷疑只是一種手段，目的在尋找不容懷疑的起點；在此，我們可以說，他心中本來存有一個念頭，即不容懷疑者之存在。他先有這個信念，而後才去找一些論証來支持他的信念。在此，即使我們同意笛卡兒在提出論証之際是眞的普遍地懷疑一切，但是我們仍然可以說，雖然他本人以爲自己眞的懷疑一切，他也有這種眞實的感受，可是他卻是錯的；亦即，他不是眞的懷疑一切，儘管他本人以爲自己是如此。最後，縱然我們同意笛卡兒眞的在懷疑一切，但是我們仍然可以問，這時，他心中眞的沒有夾入任何信念嗎？如果眞的是空無一物，那麼他如何可能推出「我思」？爲什麼可以由惡魔的可能存在，而推出有一個被欺騙者的認知主體的存在，這些推論過程顯然摻雜了一些信念。

經由以上的討論，我們可以說，當珀爾斯批評笛卡兒所說的普遍懷疑並非眞正的懷疑時，這個批評至少可以用到笛卡兒本人的身上；

亦即，笛卡兒本人並未具體地表現出普遍懷疑的心理狀態。不過，珀爾斯所主張的遠超過這點，他要說的是，普遍懷疑根本是不可能的；不僅是笛卡兒未能表現，任何人想要表現普遍懷疑皆是不可能的。珀爾斯認為，當我們懷疑之際必然夾帶了許多並不懷疑的信念。在此，我們或許可以用一種最簡單的方式表達珀爾斯對笛卡兒普遍懷疑的攻擊；亦即，笛卡兒所說的普遍懷疑不是真正的懷疑。因此，我們有必要再來看珀爾斯對真正的懷疑所做的一些描述。

珀爾斯認為，唯有當我們很相信某事會發生而卻未發生時，或是當我們沒有預期某事會發生而竟然發生時，才會發生真正的懷疑。換言之，除非我們已驚訝於我們所未預期者之發生、或是驚訝於我們所預期者之未發生，否則我們不可能處於真正的懷疑狀態。由此可見，沒有先在的信念即不可能有真正的懷疑；懷疑可能出現的唯一時刻是當信念破裂之際。珀爾斯說：「我們由各種角度都有理由說，先有信念，而後才有懷疑的能力。懷疑通常是，或許永遠是，起於驚奇，而這預設了先前的信念；而且，驚奇是伴隨著新奇的環境而來的。」[CP, 5.512] ㉒

上述引文中的最後一句話透露出珀爾斯對懷疑特性的另一獨到說法；亦即，真正的懷疑乃是來自於外在的新奇經驗。根據珀爾斯的說法，探究起於真正的懷疑，而真正的懷疑則起於先在信念之破裂或動搖。現在的問題是，如何會發生信念之破裂或動搖呢？珀爾斯說，對我們最好的當然是，我們的信念能引導我們的行動而使我們的欲求得到滿足，由於這點理由，我們對那些不能保證這種結果的信念產生懷疑而加以排除[CP, 5.375]。這就是說，當原有的信念不能滿足我們的欲望或預期時，信念即開始破裂或動搖，而容懷疑趁虛而入。關鍵在於，珀爾斯認為，信念之不能滿足我們的欲望或預期，必在外在經驗

中發生[CP, 5.366]。珀爾斯進一步強調:「真正的懷疑總是有一個外在的源頭,通常來自於驚奇;一個人不可能憑著一種意志的動作而在心中創造出真正的懷疑。」[CP, 5.443] 真正的懷疑源於驚訝,而驚訝源於外在經驗之相反於我們原先的信念。因此,驚訝是由外在經驗激起的心理狀態。真正的懷疑不能由意志發動,因為我們事實上不可能憑著意志要求出現相反於我們原先信念的經驗;換言之,我們不可能創造驚訝,因而亦不可能創造懷疑。由外在新奇經驗而來的驚訝,使我們原先的信念產生動搖;由於我們不再對原先的信念抱持確定之感,因此而有不安之感的出現。尤其是在我們需要去行動而又沒有確定的信念告訴我們如何去行動之際,這種不安之感最為明顯。簡言之,由珀爾斯的觀點來看,笛卡兒的普遍懷疑之所以不是真正的懷疑,因為它不是源於外在新奇經驗的衝擊,它不是源於驚奇,它缺乏在那種信念動搖之下所引發的不安之感。而笛卡兒的普遍懷疑之所以是不可能的,乃是由於我們在心理上不可能刻意去懷疑那些我們實際上並未懷疑的信念。

在此,或許有人會進一步為笛卡兒辯解說,笛卡兒本人並未打算要實際表現出一種普遍懷疑的心理狀態;事實上,笛卡兒也承認,任何一個正常的人都不會認真地去懷疑一切㉓。笛卡兒只是把普遍懷疑當做一種方法,由此以找出不容懷疑的起點,以做為建立知識體系的基礎。因此,當笛卡兒在〈第一沈思〉指出一切都是可懷疑之後,他的工作並不就停止於此。他接著在〈第二沈思〉指出,縱使有一個萬能的惡魔不斷地欺騙我,我之存在還是不容懷疑的,因為惡魔不論如何騙我,都不可能在我不存在的時候使我相信我存在㉔。這就是說,欺騙的進行必須預設被騙者的存在㉕。如此一來,運用普遍懷疑做為方法,使我們找到一個絕對確定而不容懷疑的起點。在此,我們可以

看出，笛卡兒所說的懷疑其實只是一種方法上的懷疑（methodical doubt），亦即藉著普遍的懷疑去過濾一切在邏輯上可能被懷疑的信念，而求發現在邏輯上不容被懷疑的信念，以之做爲建立知識體系的起點。在此，笛卡兒乃是以幾何學做爲知識體系的理想模型，所謂不容懷疑的起點即如同幾何學中的自明的公理，由此出發，接著運用演繹的推論方式，即可建立具有絕對確定性的知識體系。笛卡兒所說的懷疑之被稱爲方法上的懷疑，原因即在他只是以懷疑爲手段，而以絕對確定性爲目的。他本人在《沈思錄》的〈述要〉中指出，這種懷疑有極大的好處。首先，它能使我們擺脫各種的成見；其次，它可以使我們的心靈不受感官的束縛；最後，對於那些經歷這種懷疑而仍然爲眞的信念，我們不可能再對其有任何的懷疑❷。

　　經由以上的討論，我們把笛卡兒的普遍懷疑只了解爲一種方法。用比喻的方式加以說明，笛卡兒是爲了要重建穩固的知識大廈，而不得不先把它整個拆除，以重建地基。或是說，爲了重新整理一個眞僞混雜的倉庫，最徹底的方法即是將一切現有的清除出去。雖然珀爾斯認爲完全的拆除或清除在實際上是不可能的，不過，我們也可以把笛卡兒的普遍懷疑了解做一種方法上的假設性思考。亦即，如果當我們想要重建整棟大樓之際，我們應該以什麼爲基礎。就笛卡兒的論証來說，即是運用一種假設性的思考方式，先假設我懷疑一切，而後設想會有何種結果，如此即可由懷疑一切而推出懷疑者的存在；亦即由普遍懷疑的方法而尋得一個絕對不容懷疑的起點。依照這種理解方式，笛卡兒之說普遍懷疑，並不是在描述某種心理上的事實，而只是當做一種方法學上的手段。然而，我們前面所提到的珀爾斯對笛卡兒普遍懷疑論批評的理據，大多是由心理學的角度出發。如此一來，珀爾斯似乎是攻錯了目標，而笛卡兒似乎也可以避開珀爾斯的批評。

不過，事實上，即使我們同意笛卡兒的普遍懷疑之做爲一種假設性的思考方法是可能的，珀爾斯對笛卡兒的批評並不會就此解消。珀爾斯對笛卡兒之批評，不只是在指出笛卡兒所說的普遍懷疑是一種違反心理事實的說法，更重要的是，笛卡兒之以普遍懷疑做爲方法根本是出於一種錯誤的期望。笛卡兒期望經由普遍懷疑的方法找到絕對確定的起點，以做爲知識結構的基礎。而珀爾斯則認爲，根本沒有絕對確定的東西，而且以大廈的結構去了解知識體系的建構，亦是錯誤的想法。對珀爾斯來說，笛卡兒在此的缺點可歸納成以下三點：一、笛卡兒對於知識體系的說法是錯的，珀爾斯在此以一種類似整體論的說法取代笛卡兒的基礎論。二、笛卡兒誤以爲有絕對確定的東西，珀爾斯在此提出他自己的可錯論。三、笛卡兒所說的普遍懷疑違反探究的實情，珀爾斯在此提出他的批判常識論❷。接下來，我們可以對珀爾斯的這些主張略做說明。

參、兩種知識模型——基礎論及整體論

前面提到，在笛卡兒的心目中，理想的知識體系之建構乃是依於一種知識體系的「基礎論」（foundationalism）。這種理論把知識體系之建構比擬成大廈之建構，二者皆需要安穩的「基礎」。萬一這些基礎不穩，整個人類知識的「大廈」就會崩潰。採取基礎論的哲學家們，都曾努力地找尋知識大廈的堅固地基，只是有的人宣稱找到了，而有的人則承認找不到。笛卡兒自認爲找到了不容懷疑的基礎，而自認爲找不到的人，則很可能像休姆那樣走入懷疑論。對後者來說，如果人類知識是幢建築物，那麼它就是一幢聳立在沙灘上而隨時會倒塌的建築物。史凱基斯泰指出，在此，珀爾斯與康德一樣承認柏克萊及休姆論証的有效性，卻反對他們的前提及懷疑論的結論。珀爾斯認

爲，我們事實上具有知識，而哲學的工作即在於說明這種知識如何可能。如果說明的結果是導出知識不可能的結論，則此說明就不算是一個成功的說明，也會使我們懷疑是否原先的起點有問題。而休姆的懷疑論與笛卡兒的基礎論在起點上是一樣的，亦即，把知識看成一座需要穩固基礎的大廈㉓。

不過，珀爾斯對於人類知識體系的想法顯然迥異於笛卡兒心目中的理想模型。對珀爾斯而言，知識體系不是由一堆命題所組成的靜態建築，而是一個動態的探究歷程。在這個歷程中，我們以眞理做爲我們終極的目標而向前行進。在行進的過程中，我們的腳下從來沒有踏到穩固不移的岩石。我們是在沼澤中行進，我們唯一能夠確定的就是，腳下的泥沼足以在目前「暫時」支持住我們。這不僅是我們唯一能夠獲得的全部的確定性，也是我們唯一能夠合理地希望獲得的全部的確定性。因爲，正是由於這種基礎的薄弱，才使我們一步一步地向前走，一點一點地趨近目標。唯有懷疑及不確定，才能提供追求新知的動力。依照珀爾斯的比喻，只要我們的腳下站到了比較穩固的地基，我們就會想要停下來休息，直到這個地基開始動搖，我們又再度被迫前進，無止境地向前追求穩固的地基 [CP,5.589]。

珀爾斯的這種知識觀根本否定了笛卡兒所預設的基礎論。有些學者甚至認爲，珀爾斯在知識論方面所造成的「革命」，即在推翻基礎論而引進新的說法，並使我們對於知識問題的處理採取新的路向㉔。依據這種「整體論」（holism）的看法，我們不能離開我們的現實知識，而從外面找尋某種阿基米德點，然後再由此點去評估並証成我們整體的知識。我們必須依據我們現有的知識，固然其中帶有各種不確定的成分，也有各種未經省察的錯誤成分，然而這卻是我們實際所擁有而且唯一能擁有的憑藉。

根據史凱基斯泰的看法，珀爾斯對基礎比喻的批駁之所以是知識論中革命性的轉捩點，可由兩方面來看。一方面，我們必須放棄笛卡兒的希望，我們不要希望能夠找到對我們知識可靠性的絕對保証，因為這種保障根本無法找到。另一方面，我們沒有必要陷入休姆的懷疑論中：如果我們沒有一個獨立的立足點由之而去「証成」我們整體的知識，同樣，我們也沒有一個獨立的立足點由之而去「駁斥」我們整體的知識；我們擁有的唯一立足點即是我們事實上擁有的知識。在這種知識的架構中，我們可以個別地批評並駁斥我們所擁有的個別信念，但是我們不能走出這個架構而整個地駁斥我們全部的信念。全盤的懷疑論如同絕對的確定性一樣，都是不可能的㉚。

肆、可錯論與批判的常識論

我們在上面看到珀爾斯如何以另一種知識觀來取代傳統的基礎論，不過，珀爾斯在此的看法必須有其理論上的根據，否則，頂多只能成為一種信念或態度。事實上，珀爾斯知識觀的理論根據即在其可錯論（fallibilism）及批判的常識論（critical common-sensism）。因此，我們接著就依序對此兩種主張略做說明。

簡單地說，可錯論即在主張，沒有任何一個命題是邏輯上不可能為假的。珀爾斯說：「有三件事是我們永遠不能希望憑著推理而得到的，亦即，絕對的確定性、絕對的精確性、絕對的普遍性。」[CP, 1.141] 他又說：「因此，我不會承認，我們絕對確定地知道任何事。」[CP, 7.108] 由此主張，我們更可看出珀爾斯反對笛卡兒普遍懷疑的理由。

我們已經知道，珀爾斯之反對笛卡兒普遍懷疑的說法，除了由心理學上的角度出發之外，還有更根本的理由。因為，依笛卡兒的說

法，探究之起點乃是懷疑一切在邏輯上可能爲假的命題，則此探究的終點必須成立一些邏輯上不可能爲假的命題，才能稱得上是成功的探究[CP, 1.149]。艾默德在此指出，對珀爾斯而言，這樣的探究觀最後導致知識之獲得成爲不可能的事；因爲，沒有任何命題是邏輯上不可能爲假的。雖然笛卡兒認爲「我思」是邏輯上不可能爲假的，但是珀爾斯指出，所有的推理在邏輯上都可能有錯誤，「我思」像其他任何一個命題一樣，都是綜合推論的產物。由於珀爾斯相信所有的知識及推理都是可能錯的，終使他認爲笛卡兒式的懷疑只是無稽的想像。如果以笛卡兒式的懷疑爲起點而進行探究，必定會走向懷疑論。而依珀爾斯，探究必須以具有外在根源的懷疑爲起點，且以我們並不眞正懷疑的命題爲終點，而不是以邏輯上不可能爲假的命題爲終點❸。

有關批判的常識論的主旨，可見於珀爾斯於一九○五年發表的〈批判常識論的六點持色〉（Six Characters of Critical Common-Sensism），其中指出的六點特色大意如下：一、它承認有不可懷疑的命題，也承認有不可懷疑的推論[CP, 5.440]。二、它承認有非批判性的根源信念[CP, 5.444]。三、這些信念之被相信不是基於理性，而是基於本能[CP, 5.445]。四、這些非批判性的不可懷疑的信念在本質上是含混不清的[CP, 5.446]。五、批判常識論極其重視懷疑[CP, 5.451]。六、批判常識論對本身的主張嚴厲地加以批評[CP, 5.452]。

簡言之，依照常識論的觀點，笛卡兒所說的普遍懷疑在心理上是不可能做到的事。珀爾斯在此指出，當我們在進行哲學思考時，心中已經有許多先入爲主而從未懷疑的意見，因爲我們並未察覺到它們是可被懷疑的，我們甚至未察覺到它們的存在。如果我們以爲我們眞的能夠懷疑一切可被懷疑的事物，這只是在欺騙自己。史凱泰斯基對此的詮釋是，珀爾斯的「常識論」主張，我們不應該假裝去懷疑那些我

們事實上並不懷疑的東西，因爲這樣只會把我們帶進全盤懷疑論的死胡同中。但是，珀爾斯的常識論也不是未經批判的信仰。他是一個可錯論者，他主張，任何意見都有可能是錯誤的；因此，他的常識論是「批判的常識論」。由此，任何一個習慣的信念都可以被批評，只要我們找到理由去懷疑它，就應該加以批評。事實上，懷疑的能力就是激發人們探究眞理的動力。偏執於習慣的信念會阻礙探究之路，因爲這樣經常會遮蓋了眞正值得研究的問題。然而，偏執於普遍的懷疑也會阻擋探究之路，因爲這樣做法只會剝奪我們意識到的信念，而使我們陷於未意識到的偏見中 ❸。

我們以上簡略地介紹了珀爾斯的整體論的知識觀、可錯論、以及批判常識論，主要的目的即在指出，珀爾斯在批評笛卡兒的說法時，其本身已有一些正面的主張。由這些主張中，我們可以更清楚地看出珀爾斯之所以反對笛卡兒的根本理據所在，亦可更確切地掌握其懷疑說的眞義。當然，這些說法本身是否能夠充分地証成，也關涉到珀爾斯對笛卡兒批評的成敗關鍵。不過，由於本書主題的限制，我們無法對此做進一步討論。

附 註

❶ Christopher Hookway, *Peirce* (London & Boston: Routledge & Kegan Paul, 1985), p. 3.

❷ Peter Skagestad, *The Road of Inquiry: Charles Peirce's Pragmatic Realism* (New York: Columbia University Press, 1981), p. 3.

❸ A. J. Ayer, *The Origins of Pragmatism: Studies in the Philosophy of Charles Sanders Peirce and William James* (San Francisco: Freeman, Cooper & Company, 1968), p. 5.

❹ Skagestad, p. 3.

❺ Hookway, pp. 2-3.

❻ Hookway, pp. 4-7，亦可參見本書附錄。

❼ Cf. Skagestad, p. 30.

❽ See Robert Almeder, *The Philosophy of Charles S. Peirce: A Critical Introduction* (Oxford: Basil Blackwell, 1980), p. 8.

❾ Cf. Max Fisch, "Alexander Bain and the Genealogy of Pragmatism", 1954, *Journal of the History of Ideas*, 15:413-44, p. 442.

❿ See Skagestad, p. 32. Bruce Kuklick, *The Rise of American Philosophy* (New Haven: Yale University Press, 1977), p. 118.

⓫ Almeder, pp. 1-2.

⓬ 有關發生狀態與傾向狀態之分別，可參見 John Hospers, *An Introduction to Philosophical Analysis* (New Jersey: Prentice Hall, 1988), 3rd edition, p. 42.

⑬ Almeder, p. 4.

⑭ 事實上，即使以其他哲學家對懷疑的說法與珀爾斯的說法比較，亦是相當有趣的。例如，當我們以古典懷疑論做爲比較對象時，亦可發現珀爾斯提出的也不見得是一個嶄新的說法。在西元二世紀的Sextus Empiricus所著的《皮羅主義大綱》(Outlines of Pyrrhonism)一書中，我們可以看到對於古典懷疑論最具系統且最完整的說法。其中指出，懷疑是一種能力或心理態度，由於對象所提供的表象以及理性所提供的判斷之間有各種組合的對立，而使我們在心理上首先處於一種虛懸的狀態，接著則使我們處於一種寧靜的狀態。此處所說的虛懸狀態實即珀爾斯所說的懷疑狀態，而寧靜狀態實即珀爾斯所說的信念狀態。珀爾斯通常以不安或不滿足去描述懷疑狀態的特性，不過，他偶而也以未決定的狀態(an undecided state of mind)去說懷疑[CP, 5.377]。接著，Sextus Empiricus又指出，我們在心理上之所以處於虛懸的狀態，乃是由於我們此時並未肯定任何事，亦未否定任何事。換言之，在寧靜的狀態中，我們有所肯定或有所否定。他又說，懷疑的動力或原因在於希望得到寧靜。以上幾點對懷疑的分析相當近似珀爾斯的說法，不過，如果我們進一步討論下去，亦可發現，珀爾斯仍有其超過古人之處。例如，珀爾斯不只是把信念說成是一種寧靜的狀態，而且以行爲之模式去說明信念。換言之，對珀爾斯來說，信念不只是一種發生狀態，更重要的，它是一種傾向狀態。同理，珀爾斯所說的探究，其目的不只是在於得到寧靜的狀態，更重要的，探究的本質在於建立行爲的習慣。此外，此種行爲習慣之建立乃是在懷疑的刺激之下經由努力而達到的成果，因此不同於未經努力即存在的本能。而古典懷疑論卻強調依循本能而有的心理之寧靜。Cf. Ernest Nagel, Richard Brandt, *Meaning and Knowledge* (New York: Harcourt, Brace & World, Inc.,

1965), p. 375. quoted from Sextus Empiricus, *Outlines of Pyrrhonism* (Cambridge, Mass.: Harvard University Press, 1933).

⑮ 在珀爾斯早期的思想中，笛卡兒似乎成爲他攻擊的主要目標，我們在本章只討論珀爾斯對笛卡兒普遍懷疑說的批評，至於他對笛卡兒學說的一般批評，蓋利曾經做過詳細的討論。Cf. W. B. Gallie, *Peirce and Pragmatism* (Harmondsworth: Penguin Books, 1952; New York: Dover Publications, 1966), pp. 59-83.

⑯ Descartes, *The Philosophical Works of Descartes*, edited and translated by Elizabeth Haldane and G. R. T. Ross, (Cambridge: Cambridge University Press, 1911, reprinted 1969), vol. 1, pp. 144-5.

⑰ Ibid., p. 145.

⑱ Ibid., p. 146.

⑲ Ibid., p. 147.

⑳ Margaret Dauler Wilson, *Descartes* (London: Routledge & Kegan Paul, 1978), p. 43. Cf. Descartes, vol. 1, p. 449。但是不可忽視的一點是，笛卡兒對於運用懷疑做爲方法而言，仍然是非常認眞的，他說：「所有感官的証據都得被視爲不確定的，甚至是假的，我這種說法是完全認眞的，對了解我的沈思錄也是必要的。」[Descartes, vol. 2, p. 206]

㉑ Cf. Descartes, vol. 1, p. 148; vol. 1, p. 219; vol. 2, p. 206.

㉒ 由此可知，在探究過程進行之前，我們已經有一些先在的信念。在此，附帶的一個問題是，我們如何具有這些先在的信念？珀爾斯對此亦有所說明；他說，在回顧我們現有信念的原因時，我們可以發現，它們大多數是基於信任而被接受的，而且是從我們幼年尚不能分辨可信者與不可信者的時候即一直持有至今[CP, 5.375n3]。

㉓ Descartes, vol. 1, pp. 142-3.

㉔ Ibid., p. 150.

㉕ 笛卡兒的名言,「我思故我在」,並不出於此處,而見於《方法論》[Descartes, vol. 1, p. 101] 及《哲學原理》[Descartes, vol. 1, p. 221]。

㉖ Descartes, vol. 1, p. 140.

㉗ 在此乃是分解的說法,事實上這些主張統合成珀爾斯的探究理論。對珀爾斯而言,笛卡兒本人並未處於真正的懷疑,而以懷疑爲方法,根本即有違探究之實情,何況普遍懷疑根本有違心理之事實。就其有違心理之事實來說,珀爾斯以批判的常識論對治之。就其有違探究之事實而言,珀爾斯則在其探究理論中強調懷疑不是人爲造作而成的,乃是由外界的經驗事實刺激而來的。在這點上,珀爾斯與笛卡兒對懷疑的說法顯然大相逕庭。此外,珀爾斯之以行爲的習慣說明懷疑及信念,這也是笛卡兒所未注意到的。此外,艾默德曾對珀爾斯對懷疑之本性的主張加以簡述,也可供我們參考。他說,如果一個人真正的懷疑某一命題,則相對於此一命題:一、他缺乏以任何方式去行爲的傾向;二、他處於不安且不滿足的狀態,而此狀態發生之先決條件是他原先所持有的信念導出了原先所未預期者;三、在此狀態中,乃是由經驗本身提供了未預期者,亦即不是由於他本人意志而發生[Almeder, 7]。

㉘ See Skagestad, p. 17.

㉙ Ibid., pp. 18-9.

㉚ Ibid., p. 19.

㉛ Almeder, p. 6.

㉜ Skagestad, pp. 32-33.

第三章　探究的終點——信念

　　我們在上一章指出，珀爾斯由下述幾點區分懷疑與信念：首先，我們可以訴諸主觀的感覺而分辨二者。其次，我們可以對懷疑與信念這兩種感覺的特性加以描述，而由此描述中看出其間的差別。像是說，懷疑是一種不安且不滿足的狀態，而信念則是一種安靜且滿足的狀態。最後，懷疑與信念之間有實踐上的差異。珀爾斯指出，信念可以引導我們的欲望，並決定我們的行動；而懷疑則沒有這種效力❶。但是，我們也曾指出，這並不是說懷疑沒有任何效力。對我們來說，懷疑與信念均有其作用，只是二者的作用有極大的差異。嚴格地說，信念並非使我們立即有所行動，而是在某種狀況出現時，信念使我們依某種方式行動。懷疑則無這種主動的作用，它只是刺激我們進行探究以消除其本身。

　　簡言之，懷疑與信念都是某種心理狀態，而且它們各自有兩個層面。就狀態本身而言，懷疑是一種不安且不滿足的狀態，而信念是一種安定且滿足的狀態；我們在前面稱之為「發生狀態」。就此狀態之作用而言，懷疑刺激我們去消除懷疑以得到某種信念，而信念則使我們在某種情況之下以某種方式去行動；我們在前面稱之為「傾向狀態」。

　　我們認為，發生狀態與傾向狀態之分別最能說明珀爾斯所說的信念的兩個層面。依此，當我們說「某人具有某種信念」時，可能表示

兩層意思。一層意思是說「此人正處於某種心理狀態，而此狀態的特色是安定滿足，而且此人對某事具有確信之感」；另一層意思是說「此人在某種情況之下傾向以某種方式去行動」。由於信念同時具有其特殊的發生狀態及傾向狀態，因此，就信念之做爲探究的終點而言，我們不必去問探究的目標究竟是在建立對某一命題的感受，抑或是在建立某種行爲傾向；因爲在探究目標達成之際，乃是同時完成這兩方面。嚴格說來，就我們做爲探究的主體而言，我們並不是在一開始就爲了取得某種感受或某種傾向而進行探究。事實上，我們是由於受到懷疑狀態的刺激而進行探究，我們不滿足於這種不安的狀態，故而不得不進行探究以求解除這種不安。當我們說探究的目標在於得到某種信念時，乃是跳出這種探究主體的主觀角色，而由一個旁觀者的立場去敘述探究歷程的終點。簡言之，探究歷程的客觀目標在於得到信念，而探究者之所以進行探究歷程的原因則在於他具有懷疑的心理狀態。

以下即依上述之觀點集中討論珀爾斯探究理論中的「信念」說。

第一節　信念的傾向狀態與發生狀態

我們前面說過，珀爾斯所說的信念同時指一種發生狀態及一種傾向狀態。這就是表示，當我們說「某人具有某種信念」時，可能表示兩層意思。一層意思是說「此人正處於某種心理狀態，而此狀態的特色是安定滿足，而且此人對某事具有確信之感」；另一層意思是說「此人在某種情況之下傾向以某種方式去行動」。但是對一個旁觀者而言，他無法直接判定某人是否具有某種發生狀態，他只能根據某人的行爲而去了解其傾向狀態。發生狀態之存在與否，唯一的直接証據

必須訴諸感受者本人的感受，在此，只有感受者本身知道。旁觀者只能就某人行為的傾向加以間接的判定。以牙痛為例，當某人抱怨他牙痛時，醫生只能拿起小鎚輕敲此人的牙，而憑藉其反應加以判定。因此，就旁觀者的研究而言，珀爾斯寧可偏重信念之傾向狀態的一面，而不去關心其發生狀態的一面。

就一個旁觀者而言，除了憑藉某人之行為傾向而判定其信念狀態之存在與否之外，亦得憑藉其行為傾向而了解其信念之內容。就心理狀態之本身而言，我之處於信念狀態與你之處於信念狀態，都是一種安定而滿足的狀態；在這方面，其間的性質無甚差異。但是，就行為之傾向而言，我之某一傾向與你之某一傾向之間，甚至我之某一傾向與我之另一傾向之間，卻可能有相當大的差異。因此，信念之差異不宜由其發生狀態之差異來判定，而必須由其傾向狀態之差異加以分辨。

以上兩點皆是由旁觀者的立場出發，並由此看出珀爾斯何以較強調信念之傾向狀態的理由。此外，由信念之持有者的立場出發，信念之傾向狀態也有其值得重視的理由。首先，對信念之持有者而言，信念之發生狀態與其傾向狀態之間具有某種因果關係。當我們持有信念之際，我們之所以感到平靜滿足，主要的原因在於我們此時知道在某種類型的狀況下我們應該有何種行為。在此，行為模式之確定為因，而平靜滿足之感受為果。換言之，信念之傾向狀態為因，而信念之發生狀態為果。由此可知，對信念之持有者而言，他之持有某一信念，固然可以使他在心理上處於安定而滿足的狀態，但是更重要的是在於這個信念可使他在某種情況中以某種確定的方式去行動。因此，珀爾斯強調，「信念之本質在於建立習慣」[CP, 5.398]，而「思想之全幅功能即在產生行動之習慣」[CP, 5.400]。他又說，在某種情境中被動

機所引發而準備以某種方式去行動，這就是習慣；而一個審慎的、自我控制的習慣就是信念[CP, 5.480] ❷。又由於具有某種信念就會在某種情況下產生某種行爲，因此，我們可以說，信念是造成某種行爲的原因，它是使一個人所以如此行動的原因。艾默德亦指出，珀爾斯時常使用「信念」一詞指稱造成特定行爲類型的某種心理狀態或感受。這種狀態源出於我們觀念之間的某些習慣性關連(certain habitual connections among our ideas)[CP,7.354;7.359]，並且涉及固定的期望習慣(definite habits of expectancy)[CP,8.270; 8.294]。簡言之，當我們說一個人相信某一命題時，意思就是說，他是在某種狀態，而此狀態的特色是，他具有某些期望，而這些期望是由他的觀念之間的習慣性關連而造成的 ❸。

不過，如同我們前面所強調的，就旁觀者的立場而言，信念的這些特色並不能告訴我們有關某人持有某一信念的陳述是眞或假，也不能告訴我們該信念的內容或意義。因此，由信念之持有者的立場出發，我們可以說，信念是使一個人之所以如此行動的原因。然而由旁觀的研究者的立場出發，我們寧可說，一個人的行爲模式或習慣就代表了他的信念 ❹。簡言之，如果我們要知道某人究竟相信什麼，則唯一的方法是去看他的行爲方式 ❺。而信念之差異乃由其引發之行爲模式之差異而得以區分。珀爾斯說：「信念之本質即是習慣之成立；而不同的信念是由它們所激起的不同的行動模式而區別開來。如果信念在這方面沒有差異，如果它們是藉著產生同樣的行動規則而平息同樣的懷疑，則在對它們的意識方式中沒有什麼差異可以使它們成爲不同的信念，就像在不同的鍵上彈出同一個音調不能算是在彈不同的音調。」[CP, 5.398] 珀爾斯接著指出，若是不能認清這點，則會造成虛假的分別；亦即把沒有眞正差異的信念當成不同的信念。如果我們能

由行爲模式做爲了解信念內容的憑藉，不僅可以避免造成虛假的分別，亦不致混淆眞正有所差異的信念。事實上，這裡所說的正是珀爾斯「實用格準」所要表示的意思。

不過，我們在此不要以爲珀爾斯是把對於信念之陳述分析成對於實際行爲之陳述。他明白指出，有關某人持有某種信念的陳述並不等於有關實際行爲的陳述；亦即，「某人具有某種信念」這個陳述的意思不是指「此人在適當的環境下以一種適當的方式行爲」。嚴格地說，這個陳述反而在某種意義下是等同於有關實際行爲之傾向的陳述。珀爾斯說，相信一個命題，這種心理狀態即完全等於準備以審慎的態度使行爲合乎這個命題[CP,6.476]。他指出，信念並不使我們立即行動，而是使我們處於某種狀態，在此狀態中，當某種情況發生時，我們將會以某種方式行動[CP, 5.373]。他又說，由相信的這種感覺多少可以明確地告訴我們，在我們的本性中已成立了某種將會決定我們行動的習慣[CP,5.371]。因此，我們可以由一個人在某種環境下以某種方式行動之傾向而推知其信念❻。

第二節　信念的三個性質

接著，我們再由其他的角度來看珀爾斯如何說明信念。正如一般所了解的，由珀爾斯的〈如何使我們的觀念清楚〉(How to Make Our Ideas Clear)一文中，我們首度看到實用主義的重要主張。其中一開始即重述他在〈信念之固定〉一文中的論點：「思考活動是由懷疑之不安所激起，而當信念獲得之際即停止；如此一來，信念之產生是思想的唯一作用。」[5.394]不過，什麼是信念呢？珀爾斯的回答是，信念有三個性質：一、它是我們覺察到的東西；二、它止息懷疑之不安；

三、它在我們的本性中建立一個行動的規則，或是簡單地說，一個習慣。[CP,5.397]珀爾斯在此處的說法與我們前面所說的大同小異，但是卻遭受艾耶嚴厲的批評。

壹、艾耶對珀爾斯信念說的批評

　　艾耶先是指出，前兩個性質不太能幫助我們掌握信念之特色。就第一個性質而言，我們事實上覺察到的東西不只是信念一樣而已，只是說信念是我們覺察到的東西，並不足以使它與其他那些被我們覺察到的東西區分開來；更何況「覺察」本身即是一個有待說明的觀念。就第二個性質而言，艾耶認爲，只憑懷疑之止息，更不足以定義信念。首先，「懷疑」亦是一個有待說明的觀念。如果我們以「不知道相信什麼」去定義懷疑，則會觸犯循環定義的謬誤；但是，除此之外，還有什麼方式可以用來說明懷疑呢？其次，對於懷疑之止息並不是信念的獨特性質；我們還有其他的方法可以止息懷疑，例如服用藥物❼。

　　艾耶在分析珀爾斯的主張時，往往運用過於嚴苛的標準。首先，珀爾斯所說的這三個性質可能只是用來說明信念，而不是對信念下定義。但是艾耶似乎已經把它們當成是珀爾斯對信念所下的定義。其次，如果這三個性質應該被當成信念的定義，則其中每一個性質都得是信念的必要條件。但是艾耶不僅要求這些性質是信念的必要條件，似乎更要求每一個都成爲信念的充分條件。就第一個性質來說，艾耶的批評是，珀爾斯只是說信念是我們覺察到的東西，並不足以使它與其他那些被我們覺察到的東西區分開來。在此，艾耶顯然要求第一個性質本身即足以成爲信念的充分條件；而這樣的要求顯然是過份的。就第二個性質來說，艾耶的批評是，珀爾斯只是說信念可以止息懷

疑，這是不夠的，因爲還有其他的方法可以使我們止息懷疑。在此，
艾耶仍然是要求「止息懷疑」成爲信念的充分條件；而這樣的要求也
是過份的。就一個理想的定義而言，其中所指謂的各個性質，統合起
來，要能構成被定義項的充分條件；但是並不要求其中的每一個性質
分別而言都是被定義項的充分條件，而只要求成爲必要條件即可。
以「人」的定義爲例，假設「人是有理性的動物」是一個理想的定
義，則我們可以依此定義而說人有兩個性質：一、人是有理性的；
二、人是動物。這兩個性質，分別言之，均不足以成爲人的充分條
件，而只是人的必要條件；雖然這兩個性質合在一起即成爲人的充分
條件。同理，即使珀爾斯所說的三個性質是對信念所下的定義，我們
也不能像艾耶那樣要求其中的每一個性質都分別足以成爲信念的充分
條件；這樣的要求已超出我們一般對定義立下的標準，因此我們說它
是過於嚴苛的。如果我們要把珀爾斯所說的三個性質當成是信念的定
義，那麼，唯一合法的問題應該是，這三個性質各自是否都是信念的
必要條件？而這三個性質統合起來是否足以成爲信念的充分條件？

　　由上述的討論可以看出，艾耶固然正確地指出前兩個性質不足以
成爲信念的充分條件，但是他之要求它們成爲充分條件，顯然是出於
一種錯誤的標準。我們經由上述的分析爲珀爾斯辯護而解消了艾耶這
一部分的批評，不過，珀爾斯的說法還有其他一些問題並不能用上述
的方式解決，因此需要進一步的討論。首先，順著上面提到的合法問
題，我們可以問，前兩個性質是否都是信念的必要條件？

　　就第一個性質而言，我們的問題是，一個人之持有某一信念是否
必須以他之覺察此一信念做爲必要條件？對於這個問題，艾耶明白地
提出否定的的答案。不過，艾耶並未由哲學的角度去說明何以「信念
之覺察」不是「信念之持有」的必要條件，他只是指出珀爾斯本人即

曾提出過這種意見。珀爾斯在〈何謂實用主義〉一文中說過，信念不是一種瞬息即逝的意識狀態，它在本質上是一種延續一段時間的心靈習慣，而且多半未被意識到[CP,5.417]。如此一來，珀爾斯本人的說法即不一致。對於珀爾斯說法上的不一致，我們或許可以經由某種解釋而予以解消。例如，我們可以說，雖然實際上信念不總是被覺察到，但是它必須是可以被覺察到的。換言之，「實際上被覺察」不是信念的必要條件，但是，「原則上可被覺察」卻是信念的必要條件。對艾耶來說，這種說法似乎可以在珀爾斯一九〇八年的文章中找到文獻上的依據❽。

　　艾耶結論也許是正確的，亦即，「信念之覺察」並不是「信念之持有」的必要條件；但是他用來支持此一結論的根據卻嫌薄弱。如果我們把珀爾斯所說的三個性質當成是信念之定義，則第一個性質與其他兩個性質一樣，都是信念的必要條件；亦即，珀爾斯曾經肯定「信念之察覺」是「信念之持有」的必要條件。如此，珀爾斯固然在其他的地方提出相反的說法，但是，如果純粹就文獻上來考慮，我們沒有理由僅憑某一處的說法來否定另一處的說法，也沒有理由去斷定某一處的說法才是珀爾斯真正的主張。

貳、幾種可能的解決之道

　　事實上，對於此處文獻上所呈現的不一致，如果我們不願意說珀爾斯犯了自相矛盾的謬誤，則有幾種可能的解決方式。首先，這種不一致可能是出於我們的誤解。亦即，珀爾斯在〈何謂實用主義〉一文中明確地指出「信念之覺察」並不是「信念之持有」的必要條件，這是有關信念之定義的問題，而他在〈如何使我們的觀念清楚〉一文所說的信念的第一個性質，則無關乎信念之定義的問題，而只是對信念

提出一種說明。換言之，在後面這個脈絡中，珀爾斯並不是對信念提出定義。如此，他在此說的三個性質，不一定都是信念的必要條件，其中有的可能是，其中也有的可能不是。對於這種說法加以定位之後，我們才能根據珀爾斯的〈何謂實用主義〉一文去了解信念的定義；依此，我們至少可以判定前面的第一個性質不是信念的必要條件。在這種解決方式之下，原先所謂的不一致即不存在了。當然，這種解決方式亦非沒有問題。例如，有人可能會問，珀爾斯並未明白地說他所提出的三個性質不是對於信念的定義，我們憑什麼說它們不是呢？如果這個問題是個歷史問題，的確是很難回答，因為一方面我們沒有文獻上的依據，另一方面我們無法與珀爾斯對質。因此，我們還是需要藉助哲學的省察來判定「信念之覺察」是否足以成爲「信念之持有」的必要條件。

第二種解決方式是，不論珀爾斯原先是否以此三性質做爲信念之定義，我們的結論都應該是，第一個性質不足以成爲信念的必要條件。換言之，如果珀爾斯原先就不是以這三個性質做爲信念的定義，則根本無所謂不一致的問題；亦即，珀爾斯根本不認爲第一個性質是信念的必要條件。此外，如果珀爾斯原先是以這三個性質做爲信念的定義，則我們可以說，至少珀爾斯對其中第一個性質的說法是不夠精確，而有待修改以免造成不一致的說法。事實上，這就是艾耶的解決方式。他把珀爾斯所說的第一個性質，由「實際上被察覺」修改成「原則上可被察覺」。〈如何使我們的觀念清楚〉一文中的說法經過這種方式的修改之後，的確可以避免與〈何謂實用主義〉一文中的說法發生衝突。在此，「實際上被察覺」不是信念的必要條件，而「原則上可被察覺」則成爲信念的必要條件。不過，這種說法仍然有些問題。因爲艾耶所引的文獻根據[CP, 6.467]，並不足以使我們確定珀

爾斯的確有這樣的主張❾。

在我們沒有提出第三種解決方案之前，或許我們應該先提醒一點，亦即，當珀爾斯說信念是我們所察覺的東西時，他並沒有明白指出我們察覺到的是什麼。如果有人說，珀爾斯已經說得很清楚，我們察覺到的是信念；這樣依然沒有告訴我們什麼。因爲，我們還是可以問，信念是什麼？如此，又回到了原先的問題。因此，我們必須回答下述的問題：當一個人持有信念之際，他覺察到什麼東西？關於這個問題，我們在珀爾斯的著作中所能找到的比較相干的說法，或許就是〈信念之固定〉一文中的兩段話。第一段是：「我們一般都知道我們何時希望提出一個問題，也知道我們何時希望提出一個判斷，因爲懷疑的感覺不同於相信的感覺。」[CP, 5.370] 第二段是：「懷疑是一種不安且不滿足的狀態，我們努力使自己擺脫其中，而進入信念的狀態；後者則是一種安靜且滿足的狀態，對於這種狀態，我們不希望逃避、或改變而相信任何其他的事。」[CP, 5.372] 由第一段可知，珀爾斯認爲，當我們持有信念時，我們能夠察覺我們自己持有信念，因爲這時有一種相信的感覺。由第二段可知，珀爾斯認爲，當我們持有信念之際，我們沒有不安之感，而處於一種安靜且滿足的狀態。不過，我們曾經指出，我們之所以能處於這種安定的狀態，乃是因爲我們知道在某種情境中我們應該如何回應；亦即，因爲我們具有某種習慣。綜合言之，我們之具有一種相信的感覺，乃是由於我們沒有不安之感，而且處於滿足的狀態；而我們之處於這種狀態，乃是由於我們具有某種習慣。換言之，依珀爾斯的說法，當我們持有信念時，我們能夠察覺到信念的發生狀態以及信念的傾向狀態。

至此，我們可以提出第三種解決方案；亦即藉助發生狀態及傾向狀態的區分而去了解「信念之持有」與「信念之覺察」之間的關係。

經過以上的分析，我們的問題可以表達如下：當我們持有信念時，我們是否必須同時覺察到信念的發生狀態或傾向狀態？如果不必覺察到這兩種狀態的任何一種，亦可持有信念，則「信念之覺察」就不是「信念之持有」的必要條件。如果必須覺察到這兩種狀態的任何一種，方能持有信念，我們即有理由說「信念之覺察」是「信念之持有」的必要條件。以下即分別由「信念之發生狀態的覺察」以及「信念之傾向狀態的覺察」這兩方面來考慮上述問題。

參、信念之持有的必要條件

首先，我們考慮的問題是，「信念之傾向狀態的覺察」是否爲「信念之持有」的必要條件？我們知道，當我們說某人具有信念的傾向狀態時，即指此人「假如」遇到某種情況，將會表現某種行爲。這就表示，傾向狀態是一種潛存的性能，它的具體表現唯有在恰當的情境出現時才會發生。當某種情境出現時，如果我們具有相應的信念，我們即應該知道如何去行動；在此，由於我們知道在此情境應該如何去行動，這就表示我們覺察到我們信念的傾向狀態。如果這種情境出現，而我們不知道如何行動，這就表示我們根本不具有相應的信念，更遑論信念之傾向狀態或發生狀態的覺察。可是，當這種情境實際上並未出現時，我們是否能覺察到信念的傾向狀態呢？這就未必了。有一種可能是，當這種情境並未實際出現時，我們可以設想，「假如」這種情境出現，我們會怎麼行動？如果我們在此擬想中知道自己將會如何行動，則我們也是覺察到我們信念的傾向狀態。如果在此擬想的情境中，我們不知道應該如何行動，則我們根本就不具有這種信念，更談不上這種信念之傾向狀態或發生狀態的覺察。但是，當情境並未實際出現而且我們亦未以假設性的思考去擬想這種情境的

出現時，我們根本不可能覺察到相關信念的傾向狀態。因為，唯有情境出現之際，信念之傾向狀態才有具體的表現，也才能談得上覺察與否的問題。當情境（不論是實際的或擬想的）未出現時，即使我們有信念之傾向狀態，但是這時無所謂如何行動的問題，也談不上是否覺察到面對某一情境如何行動的問題；簡言之，這時根本不可能覺察到信念的傾向狀態❿。

至此，如果我們要判定「信念之傾向狀態的覺察」是否為「信念之持有」的必要條件，我們只需要問，在這種不可能覺察到信念之傾向狀態的狀況中，信念是否可能存在呢？如果在這種狀況，信念不可能存在，則「信念之傾向狀態的覺察」即是「信念之持有」的必要條件。如果在這種狀況中，信念可能存在，則「信念之傾向狀態的覺察」即不算是「信念之持有」的必要條件。

或許我們可以運用邏輯的技巧來回答這個問題。前面說過，當我們說某人具有信念或信念的傾向狀態時，即指此人「假如」遇到某種情況，將會表現某種行為。從邏輯的角度來分析後面這句話，它是一個條件句，其中的前件是「某種情境出現」（不論是在實際上或擬想中），後件是「將會表現某種行為」。在邏輯中，條件句的真假值只有在一種情況下是假的，即是當前件為真而後件為假時。因此，如果我們要否定此一條件句（亦即要否定某人具有某一信念或信念的傾向狀態），就必須要證明其中的前件為真而後件為假，也就是要證明「某種情境出現」而「此人未表現某種行為」。但是，當前件為假時，亦即情境並未出現時，我們不可能去否定這個條件句，亦即，我們無法否定信念或信念之傾向狀態的存在。簡言之，當情境（不論是實際的或擬想的）未出現時，我們無法否定信念或信念之傾向狀態的存在，也就是說，在這種狀況中，信念或信念之傾向狀態是有可能存

在的。至此，我們可以下結論說，由於可能有一種狀況是沒有「信念之傾向狀態的覺察」而卻有「信念之持有」，因此，「信念之傾向狀態的覺察」不是「信念之持有」的必要條件。

由以上的分析可知，當我們持有信念之際，我們不一定同時亦覺察到這個信念的傾向狀態，因此，我們不能由於未覺察到信念的傾向狀態，就說信念不存在。事實上，這與一般的想法頗為接近。一般認為，我們所持有的許多信念都是處於潛存的傾向狀態，在大部分的時間裡，與它們相應的情境並未實際出現，也未在擬想中出現，但是我們不能因此就說它們是不存在的。

在確定「信念之傾向狀態的覺察」不是「信念之持有」的必要條件之後，接著我們要考慮的問題是，「信念之發生狀態的覺察」是否為「信念之持有」的必要條件？前面提過，當我們說某人具有信念的發生狀態時，意思就是說，此人正處於某種安定而滿足的心理狀態中。不過，對於這種實存的心理狀態，我們有可能從兩方面去說明之。也就是說，當我們說某人具有信念的發生狀態時，我們的意思可能是指此人沒有任何懷疑所造成的不安之感，但是我們的意思也可能是指此人有一種確信之感；前者可稱為信念發生狀態的消極意義，後者可稱為信念發生狀態的積極意義。我們接下來就根據這種區分，分別討論「積極意義的發生狀態之覺察」是否為「信念之持有」的必要條件？以及「消極意義的發生狀態之覺察」是否為「信念之持有」的必要條件？

如果我們以某種確信之感去了解信念持有者的安定滿足的心理狀態，我們的問題即是，當某人持有信念時，他是否必定覺察到某種確信之感？如果答案是肯定的，則我們可以說，「積極意義的發生狀態之覺察」的確是「信念之持有」的必要條件；否則即不能如此說。但

是，要回答這個問題，我們必須先知道這種確信之感從何而來。我們在前面提過，在某種意義上，信念之傾向狀態是因，而信念之發生狀態是果。也就是說，我們乃是由於知道「假如」有某種情境出現時我們應該如何行動，而使我們具有一種確信之感；並不是由於我們有某種確信之感，而使我們知道「假如」有某種情境出現時我們應該如何行動。不過，我們在前面也指出，信念之傾向狀態是一種潛存的性能，唯有當情境實際出現或被擬想時，它才有具體的表現。在此狀況中，當然會使我們有一種確信之感，因為我們知道應該如何行動。問題是，當情境未實際出現或未被擬想時，我們如何可能具有一種原本是由於在某種情境中知道如何行動而來的確信之感呢？這點是很值得懷疑的。由於在情境未實際出現或未被擬想的狀況中，我們不一定覺察到某種確信之感，而且由於在這種狀況中，根據我們前面所做的邏輯分析，信念是可能存在的，因此，可能會有信念存在而確信之感不存在或未被覺察的情形。換言之，我們可以下結論說，「積極意義的發生狀態之覺察」並不是「信念之持有」的必要條件。

我們接著討論「消極意義的發生狀態之覺察」是否為「信念之持有」的必要條件？在此，我們等於是退一步，不再把信念發生狀態的那種安定滿足之感當成是由於知道在某種情境中如何行動而來的確信之感，而只是消極地把它當成是不安之感的否定或缺如。經由前面的討論，我們應該可以發現到，「信念之傾向狀態的覺察」以及「信念積極意義的發生狀態之覺察」之所以不能成為「信念之持有」的必要條件，主要的原因即在於它們不存在於相應情境尚未實際出現或未被擬想的狀況中，而信念卻可能存在於此狀況中。因此，在面對「不安之感的缺如是否為信念之持有的必要條件」這樣的問題，討論的關鍵亦即在於，這種不安之感的缺如是否可能發生在信念存在而相應情境

尚未實際出現或未被擬想的狀況中？這個問題的答案顯然是肯定的。因爲，信念與懷疑是兩個本質相反的概念，當我們對某事具有信念時，我們就不可能對此事懷疑；反之亦然。如果一個人同時相信且懷疑同一件事，這不僅是犯了邏輯上的自相矛盾，也是心理上做不到的。因此，只要我們具有信念，則不論相應的情境是否出現，我們都不具有懷疑的不安之感。如果一個人對某事還有不安之感，則他即不能算是對此事具有信念。至此，我們似乎可以下結論說，這種「消極意義的發生狀態之覺察」的確是「信念之持有」的必要條件。

我們所提的第三種解決方案，乃是藉助發生狀態及傾向狀態的區分而去了解「信念之持有」與「信念之覺察」之間的關係。經由以上的分析，我們的結論是，當我們持有信念時，我們不一定同時即覺察到「在某種情境中我們知道如何行動」，我們也不一定覺察到「由於知道在某種情境中應該如何行動而來的確信之感」，但是我們一定覺察到「某種不安之感的缺如」。如果就最後這一點來看，珀爾斯確實可以說，「信念之覺察」是「信念之持有」的必要條件。

不過，我們所提的這種解釋，也不是沒有問題的。當然，按理說，如果珀爾斯在指出信念的三個性質時是在對信念下定義，而意謂著其中的第一個性質也是信念的必要條件，那麼，他必須承認，當我們持有信念之際，我們必定覺察到的只是某種不安之感的缺如。至於確信之感的覺察以及信念之傾向狀態的覺察，則除了我們必須要有信念之外，還得配合相應情境的出現，才有可能。但是，問題是，珀爾斯本人是否願意只是主張我們覺察到的是不安之感的缺如？因爲，這樣的說法在實質上只不過是指出信念是懷疑的否定。進一步來看，當我們說我們覺察到不安之感的缺如，在實質上即等於說，我們覺察到「我們未覺察到不安之感」。這算是什麼一種覺察呢？此外，珀爾

斯所說的信念的第二個性質是，信念止息懷疑的不安。如果第一個性質只是說信念使我們未覺察到懷疑的不安，似乎與第二個性質相互重複。因此，珀爾斯是否願意停留在這一點上，的確令人懷疑。如果他不願停在此點，而要進一步說信念的持有者必定覺察到一種確信之感以及信念的傾向狀態，則我們不得不說他在此對信念的定義與他在〈何謂實用主義〉一文的定義是相衝突的，或是說他在此根本不是在對信念下定義。如此一來，我們又回到原先的問題了。

但是，上述問題的出現，並不表示我們所提的解釋是沒有價值的。相反的，我們可以由前面的分析中，對珀爾斯所說的信念有更恰當的理解。根據我們的分析，如果珀爾斯是把第一個性質當做信念的必要條件，而根據我們一般對信念的了解，則他必須承認，當我們持有信念之際，我們必定覺察到的只是某種不安之感的缺如。如果珀爾斯不願意只停留在這種對第一個性質的解釋中，則根據邏輯上的否後律，他必須或者是不把第一個性質當做信念的必要條件，或者是他在此所說的信念並不是一般的意義的信念。我們認為後面這種情況是比較可取的；尤其是當我們把珀爾斯所說的三個性質放在他探究理論的脈絡中來看的時候，更是如此。

簡言之，我們認為在珀爾斯的著作中所出現的「信念」一詞具有兩種意義，一種是一般意義的信念，一種是做為探究之終點的信念。在一個探究的歷程中，它的起點是由於我們受到懷疑之不安的刺激，而使我們進行探究，最後達到的終點即是信念。但是，一般意義的信念，除了這種經由探究而得到的信念之外，還包括了未經探究即持有的信念。珀爾斯在〈信念之固定〉一文開頭對信念及懷疑進行比較時，所說的就是這種一般意義的信念 [CP, 5.370, 5.372, 5.373]。而他在〈如何使我們的觀念清楚〉中指出信念的三個性質時，他所說的是

做爲探究之終點的信念。這兩種意義的信念，其間根本的差異即在於，前者並不預設探究歷程之存在，更明確地說，它並不預設相應情境之出現或被擬想。

第三節 信念的根本性質

依據以上的解釋路向，我們再來看珀爾斯所說的三個性質，應該更能掌握他的本意而不致誤解。就第一個性質而言，當我們經由探究的歷程而持有信念時，我們所覺察到的不只是一種不安之感的缺如，我們必定還覺察到一種確信之感，並覺察到我們知道自己在某種情境中應該如何行動。此時，相應情境即使不存在於現實中，亦必存在於我們的擬想中；如果我們在此仍然未能覺察一種確信之感，或是仍然未能覺察到我們知道自己在某種情境中應該如何行動，則可判定我們不具有信念。如此，「信念之覺察」，不論是那一種意義的，都是「信念之持有」的必要條件。而當珀爾斯在〈何謂實用主義〉中說信念多半未被我們意識到時，他是由一般意義來說信念。在此，信念之覺察不是信念之持有的必要條件。一般意義的信念並未預設情境的出現，它唯一能確定的只是覺察到某種不安之感的缺如，而未必會覺察到一種確信之感以及在某種情境中的行動模式。在此，由珀爾斯之否定信念之覺察是信念之持有的必要條件，更可以看出他所說的覺察不是由不安之感的缺如來說，而是由其他兩種來說。此外，根據信念之傾向狀態與確信之感之間的因果關係，前者才是最根本的；這也正是珀爾斯在〈何謂實用主義〉一文所說的，信念不是一種瞬息即逝的意識狀態，它在本質上是一種延續一段時間的心靈習慣。由此，我們可以看出，上述這種解釋路向不僅可以解決我們原先的問題，更能突顯

出珀爾斯所強調的一些主張。接下來，我們仍然依此路向來說明珀爾斯所說的第二個性質。

　　就第二個性質而言，我們的問題是，一個人之持有信念是否以他心中懷疑之止息做爲必要條件？如果是的話，則一個信念之成立必先預設有懷疑之止息，而後者又預設懷疑之存在。換言之，懷疑之存在以及懷疑之止息，都是信念成立的必要條件。這種說法，可能不會爲一般人接受，因爲我們有許多未經省察即接受的信念。不過，這的確是珀爾斯所堅持的主張。對珀爾斯而言，眞正的懷疑必始於信念之破裂，同理，眞正的信念亦必起於懷疑之刺激。由此，亦可看出珀爾斯對「信念」一詞的使用有不同的意義；它有時是指一般的意思，有時則是指經由探究而後達到的結果。我們一般所說的信念，可以包含那些未經審察即已接受的意見，在此，信念之成立不必預設懷疑之存在或懷疑之止息；我們在此頂多可以說，信念之成立即意謂著懷疑之缺如。但是當一般意義的信念遭遇外在經驗的挫折時，懷疑即出現，此時的不安之感激發我們進行探究，以求止息此處的懷疑，而當探究的目標達成之際，我們即得到一個信念，而同時止息了原先的懷疑。這裡的信念是經由探究而得到的，不同於一般意義的信念；前者以懷疑之存在與懷疑之止息做爲必要條件，後者則不必。因此，我們可以對上述的問題回答如下：一個人之持有一般意義的信念不必以心中懷疑之止息做爲必要條件，但是一個人之持有經由探究而得到的信念則是以心中懷疑之止息做爲必要條件。此外，如果就懷疑之缺如而言，則不論一般意義的信念或經由探究而得到的信念，都必須以懷疑之缺如做爲必要條件；這點由字義即可得知，因爲信念與懷疑是兩個相反相斥的觀念。當然，這一層並不是珀爾斯此處所說的必要條件的意思，因爲此處所說的信念是就探究的結果而言。

就第三個性質而言,我們的問題是,「行動規則或習慣之成立」是否爲「信念之持有」的必要條件?由行動規則、行動模式、或習慣去說信念,即是在說信念之傾向狀態;這是珀爾斯說信念的重點,他更以此爲信念的本質所在。珀爾斯在對第三個性質說明時指出:「信念之本質即是習慣之成立;而不同的信念是由它們所激起的不同的行動模式而區別開來。如果信念在這方面沒有差異,如果它們是藉著產生同樣的行動規則而平息同樣的懷疑,則在對它們的意識方式中沒有什麼差異可以使它們成爲不同的信念。」[CP, 5.398]這就是由實用主義的立場去了解的信念之意義。依珀爾斯的看法,由於信念之本質即是習慣之成立,這表示缺少這種本質就不可能成爲信念,因此,珀爾斯顯然會以「行動模式或習慣之成立」做爲「信念之持有」的必要條件。(事實上,如果我們把這個必要條件放在探究的脈絡中了解,則它更可成爲「信念之成立」的充分條件;亦即,一旦經過探究的努力而建立習慣,即表示成立了信念。不過,就信念及習慣的一般意義而言,我們是否適合如此說,則有問題。因爲,習慣除了在我們持有信念時出現之外,亦可能出現在其他情況中。因此,除非珀爾斯將習慣等同於信念,否則,我們只能說,唯有在探究的脈絡中所成立的習慣才是信念之成立的充分條件。)

在此,我們可以進一步探討珀爾斯何以如此強調以習慣去說信念。首先,他是站在客觀研究者的立場來考慮,在此,某人之是否持有信念即在於他在某種情境中是否會表現某種特定的行爲。我們把這種行爲模式稱爲習慣。不過,習慣並不是當下的發生狀態,而是一種傾向狀態;亦即,「假如」有某種情境發生,則習慣會使我們在此情境中以某種特定的行爲模式回應之。換言之,就信念之爲一種傾向狀態而言,它是「假言的」。可是就客觀研究者而言,他所著重的,與

其說是習慣或信念之傾向狀態，毋寧說是習慣或信念之傾向狀態在某一情境中的具體表現。換言之，他必須由習慣具體表現之有無來判定信念之存在與否。如此一來，在沒有相應情境出現的狀況中，即無從判定信念之有無。因此，我們必須再由另一個角度來說明珀爾斯何以如此強調以習慣去說信念。

如果我們純粹由客觀研究者的立場來考慮信念，則我們只能由行為模式或習慣之具體表現處來了解信念。但是如果我們由存在的立場來看，我們不必只由具體表現處來看信念，而可以，甚至更應該，由習慣或傾向狀態本身去說信念之本質。因為，我們之所以能有此類行為模式之具體表現，其根本即在於習慣或信念之傾向狀態。由存在的立場來看，習慣之存在決定了習慣具體表現之存在（或曰信念之傾向狀態決定了某種傾向的具體表現），亦即決定某人是否會在某種情境中表現某種行為。其次，我們之所以能處於某種安定而滿足的心理狀態，其根本亦在於習慣或信念之傾向狀態。換言之，信念之傾向狀態與發生狀態之間具有因果關係，前者之存在決定了後者之存在。此外，在止息懷疑之不安的作用上，只要習慣一旦成立，即已足以止息之，而不必等待習慣之具體表現；這也表示懷疑之所以能被止息，其根本不在於習慣之具體表現，而在於習慣本身或信念之傾向狀態本身。

由以上的說明可以看出，在珀爾斯所說的信念三性質中，第三個性質才是信念的根本本質；它決定了第二個性質，亦即止息了懷疑之不安；它決定了第一個性質，亦即造成確信之感或安定滿足的心理狀態。更重要的一點是，由習慣之成立去說信念之成立，不僅可以適用於做為探究終點的信念，亦可適用於一般意義的信念；事實上，信念與懷疑（皆就一般意義而言）的根本差異即在於習慣之成立與否，由

此「實踐上的差異」即決定二者心理狀態上的不同。而由上述的第一個性質及第二個性質去說信念，都只能適用於做爲探究終點的信念，而不能適用於一般意義的信念；換言之，只能適用於有相應情境出現的信念，而不能適用於缺乏相應情境的信念。在此，我們看到珀爾斯之以習慣之成立去說信念之成立而不以習慣之具體表現去說信念之成立的特殊用意。

附　註

❶ 珀爾斯並未明確地說明「行動」這個概念所能應用的範圍。艾耶亦指出珀爾斯此處不明確之缺點；他說，行爲主義的信念論有一個共同的弱點，即是未能明說明「行爲」這個關鍵詞語，而珀爾斯則未能明確說明他所使用的「行動」一詞。我們不清楚這個詞語所應用的範圍是否只局限於物理運動；如果不只局限於此，我們也不清楚它到底可擴大到什麼程度[Alfred Jules Ayer, *The Origins of Pragmatism: Studies in the Philosophy of Charles Sanders Peirce and William James* (San Francisco: Freeman, Cooper & Company, 1968), p. 35.]。根據我們後面的討論，我們可以確定的是，珀爾斯所說的行動不只局限於物理運動，但是明確的範圍則含混不清。

❷ 珀爾斯在一九〇二年所寫的〈信念與判斷〉中對「習慣」及「審愼」有比較詳細的定義。他指出，「習慣」一詞有狹義及廣義，前者較恰當，後者較有用；而他採取後者。狹義的習慣：對比於天性的傾向，故可名之曰「後天的習慣」(acquired habit)。廣義的習慣：一個人、一個動物、一株葡萄樹、一種可結晶的化學質、或任何其他東西的本性之特殊化（不論是先天的或後天的），而使他或它會以下述方式行爲、或總是傾向於行爲：在某種情境，行爲會表現某種特性。而「審愼」一詞大致上被定義成，對過去經驗的記憶及個人當前的目的之注意，再加上自我控制[CP, 5.538]。

❸ Robert Almeder, *The Philosophy of Charles S. Peirce: A Critical Introduction* (Oxford: Basil Blackwell, 1980), p. 2.

❹ 艾默德指出，雖然珀爾斯時常把信念說成是使我們以某種方式行動的心理狀態，但是他的根本關切是提出對信念這個概念的分析，以求能檢証有關某人持有某一信念的陳述。為了達到這個目的，他終究決定將信念等同於由觀念之間習慣性的連結而造成的行為。此外，艾默德又指出，珀爾斯根據行為而分析信念，基本上是一種行為主義式的分析。不過，珀爾斯對於信念的行為主義式的分析乃是方法學的行為主義(methodological behaviorism)的一個實例，而方法學的行為主義與身心之二分乃是完全一致的。方法學的行為主義者主張，心理學唯一的題材是人的身體行為，但是他不需要去否定心理狀態的存在。如果一個方法學的行為主義者同時又要去否定心理狀態的存在，則即成為分析的行為主義(analytical behaviorism)，而這種主張做為歸約唯物論(reductive materialism)的一種形式乃是與身心二分的說法不相一致[Cf. Almeder, p. 2]。簡言之，珀爾斯之以行為分析信念，基本上是出於一個旁觀者在方法學上的考慮。在此可以不必預設心理狀態之存在；不過，就珀爾斯本人的說法來看，他顯然是肯定心理狀態的存在。

❺ 我們在此可以看到貝恩(Alexander Bain)對信念的定義如何影響珀爾斯的觀點。貝恩認為信念即是一個人準備行動的依據；珀爾斯在一九○六年回憶早年在形上學俱樂部中有位朋友經常闡揚貝恩對信念的定義，並且明白指出，實用主義只不過是這個定義的衍伸而已[CP, 5.12]。

❻ 艾默德依此再度強調珀爾斯與分析的行為主義之間的不同。分析的行為主義主張，有關某人持有某種信念的陳述，乃同義於或完全等同於一組描述個人的傾向行為或實際行為的陳述（這組陳述的數量是有限的）。而珀爾斯從未主張，也不可能主張，有關某人持有某種信念的陳述乃是嚴格地涵蘊一組描述個人的傾向行為或實際行為的陳述，或

是後者嚴格地涵蘊前者。他頂多只是說，有關某人持有某種信念的陳述，非常可能由描述其傾向行爲的陳述中推出。事實上，根據他對意義本性之看法自然會有如此的觀點。由於此點，再加上他堅決主張心理狀態的存在，一般對分析的行爲主義的批評不能用來攻擊珀爾斯。但這並不是說他的說法是沒有問題的。至少，珀爾斯沒有想要去澄清傾向行爲這個概念，也未說明傾向如何可能做爲行爲的原因[Cf. Almeder, p. 3]。

❼ Ayer, pp. 30-31.

❽ 同上。

❾ 同上。

❿ 這裡所說的情境有實際發生的也有在擬想中的，關於這點，珀爾斯明白地表示於〈信念與判斷〉一文中。他指出，神經系統的習慣及心靈的習慣之獲得乃依循下述原則：對於某一種刺激而來的反應，它的任何一個特別的性格（除非疲勞介入）是更可能屬於對這種刺激第二次來臨而引起的後續反應，而不是屬於先前的反應。但是習慣之獲得有時並沒有任何表現在外的先前反應。只是想像以某種方式反應，在多次重複之後，似乎也能使這種想像的反應眞正地發生在刺激出現之際。在審愼行動之習慣的形成中，我們可以想像刺激的出現，而推想出不同行動的結果會是什麼。其中之一會顯得特別令人滿意；而這時心靈會有一個動作使這種反應模式獲得「審愼許可証」(deliberate stamp of approval)。結果是，當一個類似的情境首度實際出現時，我們會發現，以這種方式實際反應的習慣已經建立了。珀爾斯在此舉他小弟赫伯的反應爲例。當他母親的裙子著火時，赫伯立即起地毯將火撲滅。大家都非常訝異於他反應的敏捷，而赫伯的回答是，他前幾天就在想如果有這種意外發生自己應該如何處置[CP, 5.538]。

第四章　探究的方法

　　珀爾斯對於探究方法比較有系統的說明，最早見於一八七七年的〈信念之固定〉(The Fixation of Belief) 一文。自一八七七年起，珀爾斯陸續在《通俗科學月刊》(Popular Science Monthly)發表一系列總標題爲「科學邏輯之說明」(Illustrations of the Logic of Science) 的六篇文章。〈信念之固定〉即是其中的第一篇，其餘的五篇分別爲：〈如何使我們的觀念清楚〉(How to Make Our Ideas Clear)、〈機緣說〉(The Doctrine of Chances)、〈歸納之或然性〉(The Probability of Induction)、〈自然的秩序〉(The Order of Nature)、以及〈演繹、歸納、與假設〉(Deduction, Induction, and Hypothesis)。這些文章雖然於早期發表，不過，其中的主要思想直到後期仍然被珀爾斯認可 ❶。

　　整體言之，這六篇文章在於說明科學的邏輯。分別言之，其中的前兩篇不但是珀爾斯最廣爲世人研讀的文章，亦是一般人了解珀爾斯實用主義的主要憑藉。事實上，珀爾斯晚年仍指出，這兩篇文章表達了他對實用主義的主張；他在一九〇三年甚至想把這兩篇合在一起而名爲〈我對實用主義的辯解〉(My Plea for Pragmatism) ❷。不過，平心而論，實用主義的主張主要出現在第二篇的〈如何使我們的觀念清楚〉，至於第一篇則集中在探究歷程及探究方法上。因此，在這一章裡，我們即由第一篇的〈信念之固定〉入手，進行探究方法的討論。

第一節　珀爾斯對三種前科學方法之批評

　　在〈信念之固定〉一文中，珀爾斯列舉四種方法，而指出只有科學方法可以眞正達成探究的目的。珀爾斯說的第一種前科學方法名爲「固執法」(the method of tenacity)。由於探究的目標是穩定的信念，而不是必然爲眞的信念，有人會以爲最簡單而經濟的做法就是對原先已經相信的繼續相信下去，而拒絕接觸一切可能動搖原初信念的事物，甚至把一切有異於自己原初信念的意見當成是避之唯恐不及的禍害。「對一個問題選擇任何一個我們能想像到的答案，而且不斷地將它重複告訴我們自己，安於一切可能促成那個信念的事物，並以不滿與憎恨背離一切可能干擾它的事物。」[CP, 5.377]這種刻意保護自己原初信念的做法，或許是出於本能上對不安定的心理狀態的厭惡，而企求經由穩定而毫不動搖的信念使心靈得到平靜。固然這種方法有時會造成一些不便之處，像是一個人若是堅定地相信如果他淋到雨就一定會倒霉，那麼這樣必會在他的生活中造成一些不便之處。但是，採取這種方法的人仍然可以認爲，這種方法爲他帶來的好處要遠超過那些不便之處。珀爾斯指出，假設人死之後，眞的是一死百了，而沒有死後的世界；那麼，如果有人相信只要他一生安分守己，死後即可上天堂，則他也可能享有某種快樂而且不會在現世中遭遇任何希望破滅的打擊[CP, 5.377]。

　　由某種角度來看，使用固執法的人就像是駝鳥一樣埋首於沙中而迴避事實；他拒絕去看危險，卻說危險不存在。但是，如果他能終其一生一貫地堅信他本來的信念，並成功地杜絕一切可能改變其信念的管道，我們有什麼理由去駁斥他呢？或許有人會對他批評說，這是一

種不理性的做法。的確，這種方法是不理性的，但是珀爾斯並不以此
爲其眞正的弱點；因爲，他認爲，我們沒有權利在一開始即預設理性
的方法要比不理性的方法更該被接受。珀爾斯表示，如果我們指責某
人使用固執法來固定信念是一種不理性的方法，那麼，我們這樣做，
就好像是在指責某人的方法與我們的不同；反過來看，那些採取固執
法的人們也可能認爲理性的方法根本是不可取的[CP, 5.377]。珀爾斯
反對這種方法的眞正理由在於，固執法在實際上是行不通的。他指
出：「社會的衝擊即反對之。採取這種方法的人將會發現，其他的人
與他的想法不同，而且在某種更清醒的時刻，他很容易想到，他們的
意見完全像他自己的意見一樣好，這樣就會動搖他對自己信念的信
心。」珀爾斯接著又說：「除非我們使自己成爲隱者，否則我們一定
會影響彼此的意見；如此一來，問題即成爲，如何在社群中，而不只
是在個人中，去固定信念。」[CP, 5.378] 由於我們處身在人群之中，
就會碰到與我們不同的信念，這種情況所產生的社會衝擊是無法以固
執法來抵抗的。若是能夠體會此點，即可看出，信念之固定不是一個
單獨的個人本身的事，而是一個生活於社群互動中的個人的事❸。

　　珀爾斯說的第二種前科學方法名爲「權威法」(the method of
authority)。在此，由一個強大的組織規定所謂正確的信念，不斷地
加以重複宣揚，用來灌輸並教育其成員。同時封鎖一切相反的看法，
不讓其中的成員知道一切可能產生懷疑的事情。使人們對於不尋常的
意見感到憎恨及恐慌，對於那些持反對意見的人同聲譴責，並加以懲
罰。這是一個相當有效的方法，它在古代埃及的法老政權以及中古歐
洲的教會系統都獲致相當大的成功 [CP, 5.379]。事實上，這種成功不
僅出於由上而下的壓力，更來自社群成員之間的壓力。那些護衛正統
信念的人們，經常以一種替天行道的心情，毫不留情地以各種方式

「制裁」離經叛道之士。此外，這種方法的成功更來自大眾本身具有的一種想要成爲思想奴隸的衝動[CP, 5.380]❹。

但是，這種方法的成功無法維持長久。首先，這種人爲規定的效力範圍是有限的；其有限可分兩層來說，一是就成員範圍之有限而言，一是就信念範圍之有限而言❺。就前者而言，再強大的組織亦不可能對其中的每一個成員都做到規定其信念的地步，就後者而言，事實上，沒有一個組織可能對一切問題都規定出所謂的標準意見；在某些問題上，個人必須去形成他自己的意見，而這一定要由其他的方法加以形成，其結果很可能不同於官方的意見。簡言之，權威法的缺點在於，沒有一個組織能規定出每一個人的所有意見。其次，當不同的社群相互接觸時，某一個社群中的人會發現同樣的方法在自己的社群所造成的意見正相反於它在別的社群所造成的意見；這不僅使他懷疑自己的意見未必優於他人的意見，更會導致他對建立這些意見的方法本身產生懷疑。

事實上，珀爾斯在此表示的言外之意應該是說，不同時代或不同社群的不同意見，如果純粹就這些意見都是約定俗成的觀點來說，其間無所謂價值的高低，因爲約定俗成的東西皆帶有隨意性(arbitrariness)。固執法所建立的信念是帶有隨意性的，因爲它取決於個人過去所接受的意見，而這些意見之接受乃是偶然的，而且往往是不自覺的。權威法所建立的信念也是帶有隨意性的，因爲它取決於某一組織所規定的意見，而這些意見之規定亦可能是沒有客觀標準的。事實上，珀爾斯之反對第三種固定信念的方法，也是基於同樣的理由。因爲，依珀爾斯的分析，先驗法仍是取決於個人的偏好。總而言之，前三種方法之缺點在於其中的主觀性及隨意性，而科學方法之優點則在於能夠提供客觀的標準。

第三種方法即是所謂的「先驗法」(the a priori method)。依據這種方法,「不讓天性偏好的活動受到阻礙,然後,在它們的影響下,讓人們一同對話並以不同的見解考慮事情,而逐漸發展出與天性原因相和諧的信念」[CP, 5.382]。依此,讓本性的偏好不受阻礙地發揮其作用,由此而得出一些意見。這種方法之優於前兩種方法之處,在於它不僅能產生相信的動力,還能決定信念的內容[CP, 5.382]。依照上述引文中的方式,我們接受的乃是彼此都能承認是有吸引力而又可信的信念。珀爾斯指出,形上學家最擅長運用先驗法,他們相信某些基本命題的理由主要在於它們是合乎理性的(或是說,他們接受信念系統的理由是由於其中的基本命題似乎合乎理性)。換言之,他們而並不考慮這些信念是否合乎經驗事實,而只關心他們自己是否傾向於相信它們。在這層意義上,他們所謂的「合乎理性」,實際上即是合乎他們天性的偏好;因此珀爾斯有時乾脆稱這種方法為「偏好法」(the method of inclination)[CP, 5.382n]。由理性的觀點看來,先驗法固然較優於前兩種方法。經由這種方法建立的信念乃是本能的表現;珀爾斯指出,如果沒有更好的方法可用,那麼,這種本能的表現必定是所有信念的究極原因[CP, 5.383] ❻。不過,先驗法的缺點也是很明顯的,即是過於主觀及隨意。它不但不能消除前兩種方法所帶來的那些偶然及隨意的成分,反而是有過之而無不及;因為,本性的偏好往往是由許多偶然的因素決定的❼。

第二節　科學方法之特性

在對前三種方法批評之後,珀爾斯提出他心目中的理想方法。他首先說,要平息懷疑,則必須先找到一種方法,由此方法,我們的信

念可以不被任何個人性的因素決定，而是被某種「外在的恆常者」
(external permanency) 決定[CP, 5.384]；這種方法即是「科學方法」
(the method of science)。艾耶指出，依珀爾斯看來，科學方法之優於
其他三種方法，即在於只有它爲眞理設定了一個公共的標準，而使眞
理不再依靠個人的幻想或任意的興之所致（諸如所謂的理性洞見、神
秘直覺、宗教啟示等）❽。珀爾斯在此提出的公共標準即是「外在的
恆常者」，亦即「實在者」(something Real)。他指出，這種信念的決
定者不受思想的影響，反過來，倒是思想不斷地受到它的影響。有人
以爲他們的神秘方法也有這種特色，因爲高高在上的上帝會對他們個
人有所啟示。但是珀爾斯指出，這並不是他所說的「外在」的意思。
他說：「外在的恆常者將不再是我們所說的外在的意思，如果它的影
響只局限於單一個體。它必須是影響或可能影響每一個人的某種事
物。」[CP, 5.384] 在此明白表示，眞理必須是公共的(public)。某一命
題之是否爲眞，不是取決於個人或團體之任意的偏執或喜好，而必須
取決於外在的恆常者。若以外在的恆常者做爲所有探究者的公共標
準，則所有的人在此意見都是一致的。而珀爾斯相信，任何人只要
充分堅持以科學方法做爲探究的方法，則必能達到同樣的外在的恆常
者，亦能從而獲致同樣的結論❾。

　　經由上述對科學方法的簡略說明，我們仍然無法確切地掌握科學
方法的要義。要想對科學方法有比較明確的了解，我們必須先了解其
特性及其具體內容，然後才能進一步去了解它的功能。有關具體內容
的問題，將涉及珀爾斯整個的科學方法論，我們不擬在此詳述，而僅
由科學方法與其他三種方法之對比來討論科學方法的特性。珀爾斯之
批評前三種方法，由某種角度來看，乃是爲了要在追求眞理的道路上
去除一般常見卻不自覺的障礙❿。而由另一個角度來看，珀爾斯之所

以在〈信念之固定〉一文中批駁其他三種方法，乃是爲了藉此對比而凸顯科學方法的特色；以下即由此角度進行討論。

首先，珀爾斯認爲，在他提到的四種方法中，科學方法是唯一能夠呈現對錯之別的方法。他指出，經由科學方法，「我能以已知而觀察到的事實爲起點，而推進到未知；但是，我這樣做所遵循的規則未必是科學研究所贊同的規則。要測試我是否眞的遵循這個方法，並不是直接訴諸我的感受及目的，相反的，測試的本身即涉及這種方法的應用」[CP, 5.385]。在此，珀爾斯肯定科學方法具有自我修正的功能。在這點上，科學方法迥異於其他三種方法。如果一個人一貫地採取固執法，則他不可能發現他的做法是錯的；因爲根據他所採取的固執法，他可以先入爲主地排斥一切與他原初信念有任何抵觸的意見。同樣的，如果一個政府一貫地採取權威法，它也不可能發現它的做法是錯的；因爲，依據權威法，政府認爲對的即是對的。對於一個採取先驗法的人，情形亦是如此；因爲，先驗法的本質就是要他接受他本性所偏好接受的。

由上面的說明，我們固然可以看出珀爾斯對科學方法在自我修正功能上的強調，我們也可以看出這點與珀爾斯「可錯論」之間的關連。不過，我們仍然不明白珀爾斯憑什麼肯定科學方法能夠具有自我修正的功能。事實上，對於這點，珀爾斯本人在此亦未詳細說明，他在此似乎只是把它當成一個事實而指出來罷了。不過，我們或許可以透過珀爾斯對科學方法與其他三種方法的另一些對比，約略看出珀爾斯之所以提出第一點對比的理由。

我們在前面看到，珀爾斯反對固執法的眞正理由在於，這種方法在實際上是行不通的。而固執法之所以行不通，原因在於，信念之固定不是單屬個人本身的事，而是一個人之生活於社群互動中的事。在

此，我們看到珀爾斯對於「社群」(community) 觀念的重視。事實上，珀爾斯在對前三種方法批判時，對社群之強調乃是他一貫的重點。一個採取權威法的政府並不能控制所有成員的意見，這些未被控制的成員即會在該社群中動搖「官方說法」的穩定性。此外，兩個同樣採用權威法的社群可能會規定出不同的「正確意見」，而當這兩個社群接觸時，其中的人們即可能會動搖對自身「正確意見」的信念。至於採取先驗法的人們，他們只是依循個人主觀的偏好而執持信念；但是，人有不同的偏好，即會產生不同的信念。在此，先驗法只會造成信念的歧異，而無法造成信念的一致。一個採取固執法的人，如果不做一個隱者，則必須處身於一個包含不同信念的社群中，而與持有不同信念的人們互動的結果，即會動搖他自身信念的穩定性。對比於前三種方法，珀爾斯認為，科學方法的一個優點即在於，依循這種方法，每個人都會得到相同的究極結論[CP, 5.384]。如果科學方法真的有此優點，則由科學方法而獲致的信念不會受到其他人或其他社群的衝擊；它可以保持相當的穩定性，因為所有的人都有相同的結論或信念（亦即這個由科學方法而得到的結論或信念）。大家的意見均趨於一致，也就無所謂社群的衝擊了。

不過，我們必須提醒一點，珀爾斯所說的社群乃是針對那些使用科學方法的人所組成的社群而言❶。換言之，唯有那些使用科學方法的人才可能得到共同的穩定信念。使用其他方法的人或許可以短暫地持有共同的信念，但是這個信念是不穩定的，他們之間在意見上的一致是沒有保障的。在此，我們可以進一步追問，為什麼只有使用科學方法的人才能得到共同的穩定信念，而使用其他方法的人卻不能呢？對於這個問題的部分答案，可見於我們下面的討論中。

珀爾斯雖然以三種前科學方法做為他攻擊的靶子，但是他也承認

這些方法仍有其各自的優點。例如，先驗法可以帶來令個人安適的結論，權威法可以使混亂的社會走向和平，而固執法更具有堅定、單純、直接的特性，甚至可以培養剛毅果決的性格[CP, 5.386] [cf. CP, 1.59-60]。以上所說的這些優點都是科學方法比不上的，那麼，我們爲什麼還要採取科學方法呢？珀爾斯在此提出他的看法，同時也透露了科學方法的另一點本質特性。他指出，我們在看到其他三種方法在確立信念上具有上述優於科學方法的好處之後，我們接著應該反省到，我們畢竟是希望自己的意見能夠與事實相合；但是，在使我們的意見與事實相合這點上，其他三種方法根本無法提供任何保障，而這卻是科學方法的專利。經過這一番考慮之後，我們應該做出一個選擇。如果我們要使自己的意見合乎事實，則必須選擇科學方法。這是一個重大的原則性的價值抉擇，一旦選定，就必須終生奉行之。珀爾斯最後更表示，任何相信有眞理這麼一回事的人，都應該選擇科學方法[CP, 5.387]。

如此，在〈信念之固定〉一文的結尾處，珀爾斯終於明白地表示出，他之支持科學方法而反對其他三種方法的根本理由在於，唯有科學方法才能使我們的意見或信念與事實相一致。這裡所說的事實，即是我們前面提到的「外在的恆常者」或「實在者」。對於它，我們的思想沒有任何影響的效力，反之，它決定了我們的信念。「使信念合乎事實」，這是科學方法的專利；其他方法則未必能產生與事實相一致的信念。珀爾斯在提到先驗法時，曾說先驗法所造就的美夢會被「事實」驚醒[CP, 5.386]。此外，珀爾斯在批評其他三種方法時，常說它們是主觀的、隨意的、偶然的；我們在此應該可以看出，這些批評的根源在於，其他三種方法不能以事實爲依歸，故而有上述的缺點。事實是客觀的，則與事實相合之信念亦是客觀的。事實是唯一

的，則與事實相合之信念亦是唯一的。科學方法能使我們得到與事實相合之信念，則所有使用科學方法的人都能得到唯一客觀的信念。如此，由科學方法得出之信念，不致受到社群的衝擊而影響其穩定性。又由於科學方法以唯一客觀的事實爲依歸，如果我們應用科學方法得到不同的結論，我們即會反省是否其中有一些錯誤，進而修改自己的錯誤。如此，科學方法具有自我修正的功能。

簡言之，在與其他三種方法對比之下，珀爾斯指出科學方法的三個特性。第一、科學方法是唯一能夠呈現對錯之別的方法，而具有自我修正的功能。第二、任何使用科學方法的人，最後都會得到相同的結論，而具有共同的信念；如此更可避免社群之衝擊的問題。第三、唯有科學方法才能使我們的意見或信念與事實相一致。在這三個特性之中，第三點是最根本的。由於科學方法能使我們的信念合乎唯一客觀的事實，因此，所有成功地使用這種方法的人，最後都會得到相同的結論。亦由於科學方法以事實爲依歸，因此，它會根據新發現的事實而修改其先前的結論⓬。

經由以上的討論，我們了解珀爾斯所說的科學方法之特色。但是，其中仍然隱含幾個重大的問題，必須進一步加以討論。首先，珀爾斯肯定科學方法可以使我們的信念合乎事實，然而科學方法如何能夠具有這種功用呢？換言之，珀爾斯必須設法証成他在此的肯定⓭。從另一個角度來說，當珀爾斯說科學方法可以使我們的信念與事實一致時，他的意思也就是說，科學方法可以使我們得到真理。因此，我們可以把上面那個問題放在真理論的脈絡中來討論；其中將涉及科學方法與真理的關係，以及真理（真的信念）與穩定的信念之間的關係。其次，珀爾斯固然先行肯定科學方法可以使我們的信念合乎事實，然而「事實」（或曰「實在者」或「外在的恆常者」）究竟是什

麼呢？在此涉及珀爾斯的實在觀，這也是我們需要進一步討論的課題。最後，珀爾斯雖然肯定科學方法可以使我們的信念合乎事實，但是，在說「合乎事實」之際，已經預設事實的存在；如果事實不存在，又如何能說與事實之一致呢？問題是，我們能否對事實之存在提出任何証明呢？在此，它似乎成為我們追求的一個理想目標、或是我們評估信念的一個根據。換言之，如果我們知道的只是自己的信念，我們如何能夠知道自己的信念是否合乎事實呢？在此反省之下，事實似乎是我們的一個預設。我們以此預設為基礎，而進行知識與真理的追求。在這點上，珀爾斯自覺地承認之，他明白表示，事實或實在之存在乃是科學方法的基本預設。不過，他也在此提出一些支持的理由。因此，我們有必要考察珀爾斯的理由是否堅強。

上述有關珀爾斯真理觀及實在觀的問題，將留待後面的章節再詳細討論。以下先就科學方法的基本預設進行討論。

第三節　科學方法的基本假設

珀爾斯承認，科學方法以下述之基本假設為基礎：「實在的事物是存在的，它們的特性完全獨立於我們對它們的意見；這些實在者根據規律的法則影響我們的感官，而且，雖然我們的感覺之不同有如我們與這些對象的關係之不同，但是，藉助於知覺法則，我們能夠由推理確定事物如何實在地及真正地存在；而任何人，如果他有充分的經驗而且對經驗有足夠的推理，即會被引導到唯一真的結論。」[CP, 5.384]

根據胡克威的分析，這個假設即在主張實在的事物是存在的，而且這些實在的事物具有下述性質：一、它們獨立於任何個人或團體的

意志或意見；二、它們是具有足夠經驗而且以正確的方法進行探究的那些人所共同同意的對象；三、這種共識不只限於一個特定的社群，而是包括所有的有理性者；四、這種共識出自於外在的實在對我們的感官（並進而對我們的意見）的作用❹。此外，依胡克威的詮釋，珀爾斯之提出三種前科學方法而與科學方法做爲對比，乃是要顯出前三種方法全部都與實在之假設相衝突。在前兩種方法中，何者爲眞乃是由個人的意志或團體的意志所決定；而第二種方法雖然可以在承認同一個權威的社群中使其中所有的成員達成共識，卻不能說明所有的有理性者所擁有的共識。至於先驗法，它似乎能提供這種共識，但是它無法滿足實在之假設的第四個性質，因爲它並不是基於外在的實在對我們的活動而造成這種共識。因此，胡克威認爲，珀爾斯之選擇這三種方法做爲討論的對象，並不只是因爲它們被廣泛地應用在科學、哲學、及日常生活中，而毋寧是由於它們每一個都能用來凸顯實在假設中的不同要素❺。

珀爾斯本人承認實在事物之存在是科學方法的基本假設，他也意識到這是一個有待証成的基本假設。不過，這個假設的証成不能訴諸科學方法。因爲科學方法以這個基本假設爲其支持的基礎，則科學方法不能反過來再去做爲支持此一假設的基礎；否則即是循環論証。珀爾斯說：「如果這個假設是我探究方法的唯一支持，我的探究方法絕不能用來支持我的假設。」[CP, 5.384] 在此認識之下，他提出四個論証來說明他何以知道有實在事物的存在。

壹、珀爾斯對實在事物存在的四個論証

珀爾斯的第一個論証是說：「如果研究不能被視爲已証明了實在事物之存在，它至少不會導出相反的結論；而且做爲其基礎的方法與

想法一直維持和諧的關係。因此，對這方法的懷疑不會像所有其他方法那樣，必然地由其實際的運用中產生出來。」[CP, 5.384]根據艾耶的看法，此一論証或許是這四個論証中最強的。其大意是說，由於科學研究預設此一假設，因此科學研究不能証明此一假設之為眞；儘管如此，但是它也不會証明此一假設為假。科學研究能夠証明某一個別事物之是否為實在的，但不能証明所有的事物都不是實在的。這就表示，對於科學方法之應用並不會使我們對這方法本身產生懷疑，而對其他方法的使用則會讓我們對這些方法喪失信心⓰。

珀爾斯此一論証最大的問題在於，科學研究不能証明此一假設為假，並不表示此一假設為眞。事實上，科學研究對其方法上所預設的假設，根本不具有証明其為眞或假的能力。因此，說科學研究不會証明此一假設為假，並沒有觸及到實在事物存在與否的問題。簡言之，對於實在事物是否存在的問題，珀爾斯的第一個論証根本是不相干的。它頂多說明，在與其他方法比較之下，我們為何會對科學方法比較具有信心；因為其他方法的運用會導致對其本身的懷疑，而科學方法則不會。基於我們對科學方法在這方面的信心，我們轉而對科學方法所預設的假設亦具有信心。在這個論証中，我們看到的只是科學方法與其他方法在應用上的優劣之分，以及由此優劣之分而使我們對於科學方法之基本預設（實在事物之存在）的信心，卻沒有看到任何關於實在事物是否存在的証明⓱。

珀爾斯的第二個論証是說，我們之所以需要有一個固定信念的方法，乃是由於我們對兩個相互對立的命題感到不滿。但是此處已預設存有某一事物是命題所眞正代表的，否則我們不會不安於兩個相衝突的命題。因此，沒有任何人能眞的懷疑實在事物的存在，否則懷疑不會成為不滿足之來源。珀爾斯結論說：「因此，這是一個所有心靈都

必須承認的假設。如此一來，社會衝擊不會促使人們懷疑之。」[CP, 5.384]

我們由此論証可以看出，珀爾斯認爲，當我們說命題之眞假時，實已預設實在事物之存在。珀爾斯提出此一看法時，顯然是以眞理的對應論爲其根據。唯有在肯定眞理乃是一種命題與實在之間的關係時，我們才能說，承認命題之有眞假可言即已預設實在事物之存在，而且，命題之爲眞乃因其對應於實在，命題之爲假乃因其不對應於實在。珀爾斯在此是以一個有待証成的理論爲前提而推論實在事物之存在，但是此一前提已肯定實在事物之存在，因此這是一個犯了「丐問謬誤」的論証。此外，艾耶指出這個論証所隱含的另一個問題，亦即其中所說的命題只限於有眞假可言的命題。艾耶對此提出質疑：「爲什麼應該假定，唯有關乎事實的懷疑才是我們所能感受到的眞正的懷疑，或唯有這種懷疑才能造成不滿足？」❸倫理學及美學中的價值判斷無所謂眞假，但人們在此如何取捨，亦可造成眞正的懷疑。總之，對珀爾斯此一論証的批評可以綜結爲兩點：承認眞假不必同時承認實在事物之存在，而眞正的懷疑不必預設眞假，亦不必預設實在。

珀爾斯的第三個論証說：「每個人均將科學方法用於許多事情上，而唯有當他不知如何運用之際，才會停止使用。」第四個論証則說：「對於這種方法的經驗不曾使我們懷疑之，相反的，科學研究在確定意見的道路上卻一直獲得最不平凡的勝利。」[CP, 5.384]這兩個論証都是訴諸實然而強調科學方法所造成的功效。但是，縱使我們承認珀爾斯所說的都是事實，這也只能增強我們對科學方法的信心，而絲毫無關乎實在事物是否存在的問題。

貳、珀爾斯實在論証的功能定位

　　艾耶認爲，珀爾斯的四個論証旨在証明實在事物的存在，並認爲珀爾斯的論証没有一個足以令人信服❿。如果我們同意艾耶的看法，而把珀爾斯實在論証的功能看成是在証明實在事物的存在，則珀爾斯的企圖無疑是失敗的。因爲，在分别看完珀爾斯的四個論証之後，我們可以發現，這四個論証最大的作用只在說明科學方法是優於其他幾種方法的，而對於科學方法之基本假設的証成卻毫無幫助。但是，如果我們仔細衡量珀爾斯論証的用心，我們應該可以發現，艾耶對珀爾斯四個論証的攻擊似乎是出於某種「稻草人式的謬誤」；亦即，珀爾斯的論証原本不是用來証明實在事物的存在，而艾耶卻誤解了珀爾斯的用心。因此，我們必須考慮如何恰當地定位珀爾斯實在論証的功能，如此方不致加以曲解。

　　珀爾斯的四個實在論証出現在〈信念之固定〉一文，而根據胡克威的看法，這篇文章在「科學邏輯之說明」系列中所佔的地位即在指出：科學邏輯有一個預設是「對實在的假設」❷。因此，在我們討論珀爾斯實在論証的功能定位之前，我們似乎應該先來討論下面幾個問題：一、珀爾斯爲什麼關心科學邏輯？二、珀爾斯爲什麼關心科學邏輯的預設？三、對實在的假設在科學邏輯中佔有什麼地位與功能？由於對實在之假設被珀爾斯認爲是科學邏輯之預設，因此，在回答第二個問題之後，第三個問題自然也得到了解答。

　　我們一般都知道，科學研究的目的在於發現有關世界的知識，並進而做出正確的預測。雖然中世紀的哲學家曾經認爲，權威是知識的一個重要來源[cf. CP, 5.359]。但是，經過其他哲學家的反省，我們發現，權威不僅不能做爲根本的知識來源❷，更有可能成爲眞理的障礙[cf. CP, 5.360]。現代的哲學家大致同意，感官經驗與推理，是我們獲得知識的兩大根本來源❷。此外，大家也知道，我們對於世界的知

識,只有很少的一部分是來自直接的經驗,而大部分是來自於推理。依照珀爾斯的說法,推理的目的是要根據已知去發現未知[CP, 5.365]。因此,推理不僅可以擴大我們知識的範圍,更可幫助我們做出正確的預測。就此而言,推理在科學研究中所佔的重要性是顯而易見的。邏輯的重要工作之一,即在研究推理。許多人認為推理沒有什麼好研究的,因為每個人都會推理。珀爾斯對這種看法不以為然,他指出,據他觀察,許多人只是自以為會推理,而不是真的如此[CP, 5.358]。換言之,許多人所做的推理根本沒有達到推理的目的。珀爾斯指出,好的推理(亦即達到推理目的的推理)要能由真的前提得出真的結論,而不是得出假的結論[CP, 5.365]。而邏輯的研究即在幫助我們完成推理的目的,做出好的推理。因此,邏輯在科學研究中佔有重要的地位。

我們在說明珀爾斯為什麼關心科學邏輯的理由之後,接著再來看珀爾斯為什麼關心科學邏輯的預設。胡克威指出,珀爾斯經常以「隱含的邏輯」(logica utens)對比於「顯明的邏輯」(logica docens) [cf. CP, 2.186-188];此二者所關心的都是那些可以用來評估推理及控制推理的標準。任何人在推理時,都會運用一些推理的標準以引導他的自我批判並解決如何進行的問題;這種未形構的一套邏輯可名之曰推理者的隱含的邏輯;顯明的邏輯則是邏輯學家精心形構出來的。我們由珀爾斯的著作中,看到他想要發展一套顯明的邏輯。但是,珀爾斯在〈信念之固定〉中所關心的卻是去了解科學研究者所用的隱含的邏輯,並予以批判的評估㉓。用珀爾斯本人的術語來說,他試圖指出科學研究所涉及的一些「推論的指導原則」(guiding principles of inference)[CP, 5.367]。

珀爾斯指出,心靈的某種習慣(不論這種習慣究竟是天生的或經

學習而來的）決定我們由一些已知的前提做出某種推論而非另一種推論。這種習慣之好壞，即在於它是否由眞的前提導出眞的結論。這種決定推論的習慣如果以命題的形式表示出來，即成爲推論的指導原則。舉例來說，我們觀察到一片轉動的黃銅在置於磁極之間即迅速靜止，而我們推論說，所有的銅片都會發生同樣的情形。在這個推論之中，我們所服膺的指導原則是：對某一銅片爲眞者，亦對其他銅片爲眞[CP, 5.367]。珀爾斯承認，對於這類指導原則的研究，對那些只關心身旁切近事務的人來說，的確無甚大用。但是，如果我們面對一個陌生的領域，如果我們的一些想法不能不斷地被經驗測試，我們就會感到推論的指導原則的確具有相當大的功效。因爲，在這類情境中，這些指導原則就像是航行於無垠大海的船隻所依賴的航海規則一樣，可以幫助我們一步步向目標邁進，而不致整個偏離航道[CP, 5.368]。

原則上，任何一個事實都有可能被用來做爲推理的指導原則。因此，珀爾斯在研究指導原則之際，不能不有所簡別而加以取捨。他取捨的標準在於，當我們在問「某一個結論爲什麼被認爲是由某些前提導出」時，這個涉及正確推理的邏輯問題必需預設那些事實？珀爾斯認爲，凡屬這個問題所必須預設的事實，即是根本的指導原則；否則，即不是。珀爾斯所關心的當然是那些做爲根本指導原則的事實，這些指導原則是正確推理所必須預設的事實。關於這類事實，他也舉了一些例子，諸如：存有懷疑及信念這類心靈狀態，由懷疑過渡到信念是可能的，而思想的對象在此過程中保持不變，而且這個過程服膺所有心靈皆受其約束的某些規則[CP, 5.369]❷。

至此，我們可以進一步來回答，珀爾斯爲什麼關心邏輯或正確推理的基本假設。他說：「由於這些是在我們能夠對推理具有任何一點清楚概念之前所必須已經知道的事實，因此我們不能以爲，對其眞假

之探究還具有什麼興趣。」換言之，對於這些基本假設，原則上可以有兩個不同的問題，亦即：「這些假設是否爲眞」與「這些假設是否爲邏輯的基本預設」；而珀爾斯關心的顯然是第二個問題。在此，珀爾斯的思路使我們想到康德的思考方式；正如康德不是在問「是否有知識」而是問「知識如何可能」，同樣，珀爾斯也不是在問「是否有正確的推理」，而是在問「正確的推理如何可能」。他在此只是要指出使正確推理或邏輯研究之所以可能的那些先決條件是什麼。此外，珀爾斯又認爲，服膺這些規則而進行的推論，至少不會使我們由眞的前提導出假的結論[CP, 5.369]。

經由以上的說明，相關於實在事物存在之假設而言，我們可以了解，珀爾斯的目的並不是要去証明這個假設是一個眞的命題；換言之，他的興趣不在証明實在事物的存在與否，而在指出這是我們在採用科學方法之際必須預設的一個指導原則。如果不承認這個預設，則科學方法根本不能成立，也無法被採用。掌握這點之後，我們不必像艾耶那樣把珀爾斯的四個實在論証看做是對於實在事物存在之証明，我們也才有餘地重新對珀爾斯實在論証的功能做下述定位。

參、珀爾斯實在論証的重新定位

珀爾斯在提出對於科學方法之基本假設的四個論証之後，也明白地表示對自己所提出的論証採取正面肯定的態度。他指出，這些論証說明了他爲什麼不懷疑科學方法以及科學方法所預設的基本假設。珀爾斯認爲，對於任何一個並不懷疑科學方法及其基本假設的人來說，要他去証成科學方法及其基本假設，乃是不必要的，而且在心理上也是不可能的；這種証成的工作應該留給那些眞正對此有所懷疑的人。當然，依珀爾斯的口氣，他似乎不大相信會有這種人的存在。[CP,

5.384] 簡言之，珀爾斯本人只是在說明他何以不懷疑並相信科學方法及其基本假設。在此了解下，或許我們不應該把上述的四個論証看做邏輯上的論証，而應該把它們看成一種說明。如此，儘管我們無法絕對確定地証成科學方法所預設的基本假設，但是這並不表示科學方法的基本假設是不可信的或科學方法本身是不可取的，我們仍然有許多理由可以說明我們何以相信科學方法的基本假設，並且說明我們何以採取科學方法做為最可靠的探究方法。

經由上述對珀爾斯四點論証之性質及功能的定位之後，我們可以回過頭來對他的說法做比較同情的了解；當然，這並不表示他的說法就是沒有問題的。接下來，我們首先討論珀爾斯為什麼相信科學方法之基本假設的理由，其次討論他為什麼相信科學方法的理由。

就前面提到的四個論証而言，第一個在於說明，科學方法的實際應用並未証明實在事物是不存在的，亦即，並未使我們懷疑科學方法的基本假設。第二個論証在於說明，當我們不滿於相互對立的命題而採用某種探究方法以取捨之際，即已表示我們相信有實在事物的存在。這就是說，探究方法之採用，正好加強我們對科學方法的基本假設之信念。第三個論証在於說明，懂得使用科學方法的人可以將它運用到許多事情上。如此，由科學方法之使用而增強對它的信念，更由此轉而增強對其基本假設的信念。第四個論証在於說明，由科學方法在過去所獲致的成果而增強我們對它的信念，更由此轉而增強對其基本假設的信念。除此四點之外，珀爾斯在一八九三年對此段的附註中提到另一點理由。他說：「意見之改變是由一些超出人類控制的事件造成的。所有的人都曾如此堅定地相信重物一定比輕物落得更快，以致於任何其他的看法皆被恥笑為荒謬的、怪誕的、甚至是胡說的。然而一旦某些荒謬而怪誕的人能夠成功地說服一些執持常識的人們去觀

看他們的實驗（這不是容易的事），則顯然可以看出大自然不會跟從人類的意見（不論如何的沒有異議）。因此，唯一能做的是，人類的意見必須移到大自然的立場。」[CP, 5.384n]由於意見之取捨最後乃是取決於外在世界，而不是取決於主觀的個人，甚至不是取決於人類全體，因而增強我們對於「外在的恆常者」之存在的信念㉕。

以上是珀爾斯對其相信科學方法的基本假設所提出的理由。我們接著再來看他對其相信科學方法所提出的理由。在此，上述第三個及第四個論証依然有效，亦即，可由科學方法之使用及其功效而增強我們對它的信念。這點是訴諸過去的經驗及歷史的事實。當然，就理論上來說，在過去有效的不一定在未來亦有效，而在過去成功的也有可能在未來失敗。但是，人類傾向於相信在過去成功的亦會在未來成功，這種心理傾向的確是一個不容爭辯的事實。因此，儘管科學方法在過去的成功不能絕對地保証它在未來亦會成功，但是卻能增加我們對它的信心。

肆、實在事物存在之証成的可能性

由上述的討論可知，珀爾斯在〈信念之固定〉一文中提到實在事物之存在時，只是要指出這是科學邏輯或科學方法的一個基本預設；而他提出的四個論証亦不在証明此一基本預設，而只是說明他何以相信此一基本預設。珀爾斯本人亦曾強調，他的興趣在於指出科學邏輯的基本假設，而不在証成其為真。在此，儘管我們了解珀爾斯真正的用心，但是，我們仍然可能會問他為什麼不進一步去証成實在事物之存在。不過，在回答這個問題之前，我們必須先討論另一個問題，亦即：實在事物存在之証成是否可能？如果實在事物之存在是可証成的，則珀爾斯的論証顯然是一種避重就輕的做法；我們甚至可以設法

爲珀爾斯補足此一工作。如果實在事物之存在是不可証成的，則我們
應該更能體諒珀爾斯何以只說明他爲何相信實在事物之存在而不証明
其存在的苦衷。因此，我們必須反省一個更基本的問題：「人類是否
有能力對實在事物之存在加以証成？」

　　艾耶曾經針對日常語言哲學的說法加以駁斥，而指出我們之要求
對實在事物之存在的証成乃是一個合理的要求。當我們說有實在者之
存在時，我們會問自己如何知道？當珀爾斯說有實在者之存在時，我
們也會問他如何知道？艾耶指出，對許多當代日常語言學派的哲學家
而言，這似乎是一個不恰當的問題。他們認爲，我們事實上在使用
「實在」一詞，我們事實上能夠把實在者對比於想像的、幻想的、僞造
的、或人造的東西。這些事實即說明，必定存有某種意義的實在事
物。但是艾耶不認爲這種日常語言學派的說法能解決問題，上述事實
只能証明「實在」一詞對應於使用此詞的人之某種經驗，而他們對此
經驗之說明則大有問題。簡言之，想訴諸日常用法而去解決哲學家所
提出的概念問題，根本是離題的做法。在此，亦是如此。珀爾斯所想
做的不是去証成實在的人存在之假設，以對比於幻想小說中的人物，
或以實在的蛇對比於醉漢幻覺中的蛇，或以實在的錢鈔對比於僞鈔。
如果他真是如此，則我們提醒珀爾斯注意經驗事實就可以了。他所想
要証成的是對一個爲外在事物而準備的概念系統之使用，亦即它允許
設定事物之存在乃獨立於我們對其之思考或知覺。我們要求對於這點
加以証立，是合理的要求。因爲，我們不能視爲當然地以此說法爲唯
一令人滿意的解釋經驗的觀點㉖。

　　艾耶的論點主要是說，對於某一名詞的使用並不代表這個名詞所
指涉對象的存在。因此，儘管我們在日常語言中使用「實在」一詞，
但這並不表示實在事物就是存在的。退一步來說，縱使當我們使用

「實在」一詞時,即表示我們承認實在事物之存在,但是,我們承認實在事物存在並不等於實在事物真的存在。因此,實在事物之存在仍然是一個有待証成的問題。不過,艾耶對日常語言哲學的批評並未觸及到我們是否有能力証成實在事物之存在的問題。顯然,如果我們根本沒有能力去証成實在事物之存在,而仍然要求去証成,則此要求本身即是不合理的。此外,艾耶的說明也忽略了一點,即是,哲學上所說的實在與表象的分別,諸如柏拉圖所說的觀念界與感官界之分或康德所說的物自身與現象之分,並不同於日常語言中的說法。這兩點在我們以下的說明中應該可以得到某種程度的解決。

舉例來說,在日常生活中,我們會說一塊布在某種燈光下「看起來」是一種顏色,而它本身「其實」是另一種顏色。有人認為,這就表示我們已經預設了「表象」與「實在」的分別。但是,這並不是哲學家做出這種分別的意思;上述兩種情況都是哲學家所說的「表象」。在日常生活中,一般人只是把事物在某種情況的表象當做日常意義中的實在,而把這個事物在其他情況中的表象當做日常意義中的表象。就上面這個例子來說,我們在日常生活中是把事物在陽光下呈顯的顏色當做它實在的顏色或所謂的「本色」,而把事物在其他情況中所呈顯的不同顏色當做它看起來的顏色㉗。在哲學家看來,這些都是屬於我們經驗的範圍,而我們經驗到的皆為表象。哲學上關心的問題是,我們如何確定我們所經驗到的即是實在的。

簡言之,如果以絕對確定性做為証成的必要條件,則吾人不可能証成實在事物之存在。有關這點,不論由英國經驗論的說法、笛卡兒的惡魔論証、或康德所說的物自身,皆可得到同樣的結論。在此我們只能希望或相信實在事物的存在。如果退一步來看,我們不以絕對確定性為標準,而只要求相對的確定性,則人類在此仍應提出一些証

據，而不應只是把一切留給希望或毫無根據的信念來決定。事實上，
這就是珀爾斯的做法，他一方面指出實在之存在是科學探究者的一
大「希望」，而同時又提出一些理由來說明我們為什麼相信實在之存
在。由某種角度來說，前者是由規範性或理想性的路向去思考實在問
題，後者則是由經驗性的路向去思考之❷。珀爾斯在對實在的看法上
有這兩個層面面，而他在眞理觀上亦是如此。我們認為，由此去了解
珀爾斯，比較能夠得到同情的了解。在此，我們不會要求珀爾斯實在
論証能夠對實在之存在獲得絕對確定性的証成，而在了解人類在這種
証成上的限制之後，也能體會到他的實在論証已經是在可能的範圍內
對實在所提出的証成了❷。

附　註

❶ 以上六篇文章分別收於《珀爾斯論文輯》：5.358-387、5.388-410、2.645-660、2.669-693、6.395-427、2.619-644。其中的前三篇都在後來被珀爾斯重新修改，並加上一些說明。且以第一篇及第二篇修改最多，並有不同的修訂版本。一八九三年，珀爾斯曾計畫將第一篇的一個修訂稿列爲《大邏輯》一書的第五章，另一個修訂稿則做爲《方法之追求》一書的第七篇文章。第二篇的一個修訂稿計畫做爲《大邏輯》的第十六章，並做爲《方法之追求》的第九篇文章。第三篇計畫列爲《大邏輯》的第十八章，並做爲《方法之追求》的第十篇文章。此外，第四篇計畫列爲《方法之追求》的第十一篇文章，第六篇則列爲該書的第十三篇文章（參見《珀爾斯論文輯》第五卷二二三頁、二四八頁以及第二卷三八九頁、四一五頁、三七二頁之編者註）。從上述文獻的根據來看，我們至少可以說，這五篇文章（不包括〈自然的秩序〉一文）直到一八九三年仍未被珀爾斯否定。此外我們將可以由後面幾章的討論看出，就實質內容而言，這幾篇文章的主要思想仍然保留在珀爾斯後期的哲學著作中；雖然，在表達的方式及証成的路向上有某些改變。

❷ 《珀爾斯論文輯》，第五卷二二三頁，編者註。

❸ 在此，史凱基斯泰指出，「在某種更清醒的時刻」這句話值得我們特別注意。人的合理性使他放棄固執法；但是，理性的方法並不是先驗地優於不理性的方法。事實上，我們是經由經驗而得知完全的不理性乃是不實際的，因爲個人的不理性在事實上沒有能力抗拒相反的社會

衝擊。十八世紀的蘇格蘭道德學家，尤其是休姆及史密斯，在社會哲學方面有個想法，即是承認有一些非理性的社會力量會逼使我們走向合理性。珀爾斯首度將此觀念應用到知識論上，近來則有波柏之闡發。Cf. Peter Skagestad, *The Road of Inquiry: Charles Peirce's Pragmatic Realism* (New York: Columbia University Press, 1981), p. 33. Karl Popper, *The Open Society and Its Enemies* (London: Routledge & Kegan Paul, 1945), 2:216-17. David Hume, *A Treatise of Human Nature*, Bk. III, Part 2, Sect. VII. Adam Smith, *The Wealth of Nations*, Bk. I, ch. 2.

❹ Cf. Erich Fromm, *Escape from Freedom*, 1941.

❺ 前者爲珀爾斯之本意："no institution can undertake to regulate opinions upon every subject. Only the most important ones can be attended to, and on the rest men's minds must be left to the action of natural causes."[CP, 5.381] 後者爲史凱基斯泰對珀爾斯之說明 [Skagestad, p. 33]。我們把這個說明與珀爾斯的原文比較之後，可以看出，這個說明並不完全合乎珀爾斯的原意。不過，其中所說的卻可視爲珀爾斯原意之引申發揮，故而此處亦兼採之。

❻ 在此，珀爾斯雖然不贊成先驗法之依靠本能，但是在另一方面，他似乎又肯定本能具有某種正面的作用。這種看法在一九〇三年的《實用主義講演錄》中有更明白的表示。珀爾斯在其中指出，如果你問一個研究者，爲什麼不試一試某一個出奇的理論，他會說，它看起來「不合理」。可是，令人好奇的是，在我們可以明白看出我們運作過程的嚴格邏輯之處，我們很少使用這個字。我們不會說一個數學錯誤是不合理的。我們稱某一意見是合理的，當它唯一的支持是本能[CP, 5.174]。此外，珀爾斯更指出本能在科學研究中所佔的地位：「没有一

個稍微正常的人會否認科學已造成許多眞的發現。但是在今天已成立
的科學理論的每一個單項都是歸功於假推。但是，我們如何憑著這種
沒有強制性的歷程而發現出這許多眞理呢？難道是靠運氣嗎？對於某
一現象的解釋，可能會有許許多多的理論被建議出來。當物理學家在
他的實驗室中發現一個新的現象時，他怎麼知道這只是與行星的某種
角度有關，而不是由於一年以前在中國的女王隨口說出的魔咒或是某
一種看不到的精靈？在成千上萬可能的假設中，只有一個是眞的；然
而，物理學家只是猜想出兩三種、頂多十幾種的假設，即擊中了正確
的假設。如果只是靠運氣，並不能做到今天這樣的科學成就。在此，
心理學的說明是不夠的。事實上，把世界中所有的心理學搬出來，都
不能解決這個邏輯問題。進化論的解釋也行不通，固然這是一種進
化，但是如果要以機緣解釋進化，我們還沒有足夠的時間。這種能力
也不是由一個自我控制的、批判的邏輯而來的。到目前爲止，人類無
法提出任何精確的理由來說明他何能表現如此多的最好的猜想。我認
爲對此邏輯情境，我們頂多能做的最清楚的說法是，人有某種『洞
見』，對於自然界的第三性（概括要素），這種洞見沒有強到對多於
錯的地步，但強到可以不致於錯遠多於對的地步。我稱之爲洞見，因
爲它指涉的運作，在一般的種類上相同於知覺判斷所屬的種類。這種
能力同時具有『本能』的一般本性；它與動物的本能之相似處在於：
它凌駕我們理性的一般力量，而且它之指引我們的方式好像我們掌握
到一些完全超出吾人感官所及的事實。此外，在它之不常會錯的特性
上，它也類似本能；因爲雖然它出錯的機會要比正確的時候多，但是
就整體而言，它之爲對的相對頻率仍然是吾人本性中最令人驚奇的
事。」[CP, 5.172-3]

❼ 珀爾斯指出，依據偏好而決定信念，這種做法使得探究的工作變成是

個人品味的發揮。他認爲,正是由於這項原因,西方的形上學家一直未能得到共同的結論,而由古至今擺盪於唯心論與唯物論的兩端。在這點上,詹姆斯有類似的意見;只不過,詹姆斯是由更廣泛的角度以理性論與經驗論爲例,而不是以唯心論及唯物論爲例。關於詹姆斯這方面的觀點,筆者曾表達於〈詹姆斯徹底經驗論的假設性格〉一文中,茲引述於此以供參考。「經驗論與理性論的對比是經常出現在詹姆斯著作中的一個基調;它們有時被稱做兩種不同的心靈類型,有時被視爲哲學思考的兩種類型,有時被當做人類性情在哲學上表現的兩種類型。詹姆斯認爲,這兩種類型在西洋哲學史上重複的出現與相互對抗,不僅是單純的歷史事實,更反映出人類性情上的分別。由此可說,整個哲學史即是人類兩種性情的對抗史,更可以說,每個人在本性上,不是理性論者,就是經驗論者。詹姆斯認爲這種性情上的差異有相當大的影響。在哲學史中,我們經常發現一個哲學問題會有不同的解答。就眞理問題而言,有人可能把自己視爲眞理的發現者,有人則可能把自己視爲眞理的創造者。就眞實問題而言,有人可能認爲另一個超越的世界才是眞實的,有人則可能認爲這個經驗世界即是眞實的。就知識問題而言,有人可能認爲概念之知最爲可靠,有人則可能認爲感覺之知最爲可靠。詹姆斯認爲,儘管哲學家提出許多理由來支持他的看法或批駁不同的看法,然而隱藏在這些表面理由之後,還有個更根本的理由,那就是性情上的偏好。有理性論偏好的人自然贊成理性論式的解答,而提出的種種理由只不過是附加的,用來支持其偏好;有經驗論偏好的人亦是如此。」(朱建民,〈詹姆斯徹底經驗論的假設格〉,鵝湖月刊,第一五卷第六期,頁十四至十五,七十八年十二月。)此處有關詹姆斯的文獻根據爲:*A Pluralistic Universe* (Cambridge: Harvard University Press, 1977), pp. 9-12. *Some Problems of Philosophy* (Cambridge: Harvard University Press, 1979), p. 23. 詹姆斯及珀爾斯都看出哲學史上的許多爭論往往是出於個人主觀的偏好，所不同的是，詹姆斯只是指出此一事實，而珀爾斯則試圖運用更好的方法來取代造成這個事實的方法。簡言之，珀爾斯一生的努力即在找出一套客觀的方法，以避免其他三種方法所包含的偶然成分、主觀成分、及隨意的成分。

❽　Alfred Jules Ayer, *The Origins of Pragmatism: Studies in the Philosophy of Charles Sanders Peirce and William James* (San Francisco: Freeman, Cooper & Company, 1968), p. 19.

❾　珀爾斯在此主張的顯然是一種眞理的對應論 [Cf. CP, 3.430]。

❿　在這點上，珀爾斯之批駁前三種方法很可以與培根的四偶像說相提並論；因爲，培根的四偶像說也是在指出吾人在求取眞知的過程中所可能遭遇到的種種蒙蔽。有關培根的四偶像說之闡釋，可參考筆者所著《人間的悲劇與喜劇》，頁三五至四二，臺北：漢光文化公司，七十六年。

⓫　這點也是了解珀爾斯眞理觀的重要關鍵之一。

⓬　表面看來，第一點似乎與第二點有相互矛盾之處；因爲，第一點表示科學的結論是可修改的，而第二點又指出科學方法會帶大家走向共同的究極結論。事實上，二者的脈絡不同；第一點是就尋找眞理的過程之中而言，故爲階段性的說法，第二點是就最後的目的地而言，故屬究極的說法。此外，珀爾斯之主張科學方法具有自我修正的功能，乃是由於科學方法以事實爲依歸，而且事實對我們的認識有某種強制性。在此，他是就普遍範疇中的第二性而言；關於這點，可參見後面論及範疇論的章節。

⓭　關於珀爾斯如何証成科學方法之能使我們的信念合乎事實，在上面的

討論中，固然可以找到部分理由，但是，若要詳細地加以說明，則必須涉及珀爾斯對於科學方法的實際說法，諸如他對知覺判斷與各種推理（演繹、歸納、假推）等論題的說法。這些論題的詳細探討不是本書所能完成的，故而在此不擬進一步處理珀爾斯如何証成科學方法之能使我們的信念合乎事實的問題。

⑭ Christopher Hookway, *Peirce* (London & Boston: Routledge & Kegan Paul, 1985), p. 44.

⑮ Ibid., p. 46.

⑯ Cf. Ayer, p. 21.

⑰ 根據胡克威的看法，珀爾斯在第一個論証中強調的是，在科學方法的運用中沒有懷疑是必定由之而生的，而表示，其他方法的使用必定會產生這種懷疑。原因是這種方法「與其所以爲基礎的觀念是保持一種和諧的關係」。但是，在〈信念之固定〉一文中，我們不容易看出其他三種方法有什麼不和諧之處，因爲我們很難看出其他三種方法所賴以爲基礎的概念是什麼。不過，胡克威指出，這些想法在珀爾斯日後的思想中有更明白的說明 [Hookway, pp. 48-9.]。

⑱ Ayer, p. 22.

⑲ Ibid., pp. 21-24.

⑳ Hookway, p. 44.

㉑ Cf. John Hospers, *An Introduction to Philosophical Analysis* (New Jersey: Prentice Hall, 1988) , 3rd edition, p. 46.

㉒ Ibid., pp. 41-6.

㉓ Hookway, p. 43.

㉔ 邏輯的功能在於確保推理的正確；在此，珀爾斯強調說，推理之正確與否純屬事實上的問題，而不是我們以爲如何的問題[CP, 5.365]。在

一個正確的論証中，不但前提與結論所陳述的都是事實，而且其間具有下述實在的關連：若前提爲眞，則結論一般亦會是眞的。如果一個論証的前提與結論不具有這種關連，它就不是一個正確的論証。簡言之，這種關連之有無，決定了論証的正確與否。由於這種關連的有無乃是就事實上存在與否而言，而不是就心理上的感受來說，因此，論証或推理的正確與否亦是就事實而言，而非由心理判定。依珀爾斯的說法，推理之是否正確，問題絕不在於「當心中接受前提時，我們是否感到一種衝動要也接受結論」。他指出，「眞的結論仍是眞的，縱然我們沒有想要接受它的衝動；而假的結論仍是假的，儘管我們無法抗拒相信它的傾向」[CP, 5.365]。在此，我們也可以看出，爲什麼科學方法或科學邏輯乃以實在爲其預設。因爲科學邏輯研究正確的推理，而推理之正確性是個事實的問題。

㉕ 珀爾斯在此的四個論証旨在說明他何以相信實在之假設，事實上，我們也可以由另一個角度來說實在之預設在探究中的效用。首先，任何相信實在者存在的人，在其進行探究工作時必須理性而自覺地採用科學方法；因爲，只有科學方法能使我們正確地了解或描述實在事物。其次，當我們採取實在之假設時，我們即投入專心而無關乎利害地向眞理之追求。爲了最後的共識，這是恆久地穩定的，我們寧可犧牲短期的對意見之固定。事實上，珀爾斯主張一種純粹的探究，他對將科學的結果運用到實際的目的之做法乃抱著疑慮的態度。因此，珀爾斯謹守傳統，而把探究看成想要發現實在之本性的無關乎利害的企圖 [cf. Hookway, p. 51]。

㉖ See Ayer, p. 20-21.

㉗ Cf. Hospers, pp. 52-56.

㉘ 依某種角度來看，這兩種路向也可視爲絕對主義與相對主義的對立。

關於這方面的問題可參見：Joseph Margolis, *Pragmatism Without Foundations: Reconciling Realism and Relativism* (New York: Basil Blackwell, 1986).

㉙ 當然，我們在此仍然可對珀爾斯探究理論的証成基礎加以反省。事實上，在珀爾斯思想的發展中也表現出他本人在此問題上曾經做過深入的反省。胡克威曾經指出，在珀爾斯一八七〇年代的探究理論中，強調探究之目標在於得到穩定的信念，而科學方法是唯一能夠使我們得到穩定信念的方法，因此，探究者應該採取之。換言之，一個相信探究之目標即在得到穩定信念的人，自然會以實在做為探究的目的因，因為它反映在探究所能安息的穩定信念之中。（這點可由珀爾斯對真理與實在的定義中看出。）這樣的說法不難了解。不過，在整個証成上述主張的過程中，珀爾斯似乎是以心理學為其基礎。如果我們問：「探究的目標為什麼是穩定的信念？」或：「我們有什麼理由相信探究之目標在於得到穩定的信念？」在〈信念之固定〉中，珀爾斯提出的論証很簡略，而以下幾句為基礎：「懷疑的不安是努力獲取信念的唯一直接動機。」「當懷疑被穩定的信念取代時，探究及懷疑也就同時結束。」這幾句只能被當成心理學上的概述：它們反映人類行為的基本法則。同樣的，由於珀爾斯如此強調真理是如此基本而是人類生活所不可缺少的，我們很難看出他所說的「科學方法是唯一能得到穩定信念的方法」，如何可能不也是個心理學上的概述：社會的衝擊或者是心理上的力量，或者是生物學上的力量。但是珀爾斯在一八六八年的文章中堅持邏輯不應該利用心理學，因此令人不解的是，他又以這種方式為邏輯的基本預設辯護：在此使人猜想是否一八七八年的論証是珀爾斯的歧出，或是他在此時轉為「人類學的邏輯學家」。事實上，珀爾斯後來放棄此時的論証。以心理學的原則去解釋探究的

這種自然主義（在邏輯中使用有關人類心靈的構造及人類探究的一些事實）普見於珀爾斯一八七〇年代及一八八〇年代的著作中。它部分反映了形上學俱樂部中一些人的影響，諸如賴特、格林，以及他們對達爾文主義及貝恩心理學說的關懷。它也反映珀爾斯對康德式的範疇所做的系統發展。此外，它與珀爾斯的早期著作不一定造成重大的絕裂：在一八六八年，我們發現珀爾斯允許哲學家可以使用任何支持其論點的論証；而在一八七八年，他對心理事實的使用並未使他不去使用客觀有效性的概念，對論証的研究乃是經由對邏輯形式的省察，而不是經由對心靈自然傾向的研究。因此，他在一八八四年說：「形式邏輯在其新的發展中，由生理學及歷史汲取滋養，但是卻不動邏輯形式的根本。」[CP, 8.42]簡言之，在邏輯中使用心理的事實並不是必然會造成錯誤，而是容易造成錯誤。一八六八年珀爾斯之反對心理主義的論証只是在於指出在邏輯中經常伴隨著心理事實之使用而來的錯誤。當珀爾斯在一八九〇年重新回到此一論題時，他以一種更全面而具系統的方式提出全新的論証，而主張邏輯可以根本不使用來自於任何特殊科學的事實 [cf. Hookway, pp. 52-3]。簡言之，在一八七〇年代，珀爾斯以心理學的事實做爲發展其探究理論的基礎，他同樣以這種心理學的路向去証成他的實用主義。這一階段的証成路向隨後遭到他本人拋棄，而轉採非心理學的路向，這方面的轉向，可參見後面論及實用主義之証成的幾章。

第五章 探究的目的

　　上一章討論了科學方法之特性以及科學方法之基本預設，其中當然還有一些問題有待解決。首先，正如我們在前面提到的，珀爾斯肯定科學方法可以使我們的信念合乎事實，然而科學方法如何能夠具有這種功用呢？換言之，珀爾斯必須設法証成他在此的肯定。關於這一點，我們雖然無法在此詳細討論，不過，從另一個角度來說，當珀爾斯說科學方法可以使我們的信念與事實一致時，他的意思也就是說，科學方法可以使我們得到真理。科學方法是一種探究方法，而珀爾斯曾說，穩定的信念是探究的唯一目的。在此，令我們感到困惑的問題是，探究的目的究竟是真的信念（真理）或穩定的信念？本章即以此問題為中心而進行討論。其中將討論科學方法與探究目的之間的關係，穩定的信念與真的信念之間的關係，並將涉及珀爾斯對真理的看法。不過，在討論之初，我們必須對「目的」一詞略加說明。

第一節　探究的終點與探究的目的

　　本章的標題是探究的「目的」，而第三章的標題為探究的「終點」；在此，我們顯然認為目的與終點是兩個不同的概念。但是，由於「目的」與「終點」這兩個詞語在一般用法中經常被當做同義語，因此，我們在此所做的分辨反而會引起一般人的困惑，故而我們必須

爲此處刻意的分辨提出說明。此外，珀爾斯本人在論及相關問題時，曾使用「 end 」一字；例如：「 the settlement of opinion is the sole end of inquiry 」[CP, 5.375]。一般說來，這個字同時可以表示終點之義與目的之義；這也可能使一般人不去刻意分辨這兩個詞語的意義❶。這兩個詞語所以會經常被視爲同義語，當然是基於其間的某些共同之處；不過，我們也不應因此而忽略其間存在的根本差異。更重要的是，我們認爲，此二概念的分辨將有助於釐清珀爾斯探究理論中某些容易造成混淆的地方。

「終點」一詞，就像「起點」一樣，都是針對客觀的歷程而言，而且皆屬於此一歷程本身。「目的」則涉及行爲者的主觀意圖；目的與終點有時會重疊，有時則未必。在一個旅程中，這個旅程的終點也許是旅人的目的，也許不是。以台北開到高雄的火車爲例。就此歷程而言，台北是起點，高雄是終點。對一個要到台中的人而言，他的目的在台中，而不在高雄；在此，一個歷程的終點不同於行動者的目的。不過，在此，目的之達成是這個歷程所能完成的；亦即，在此以高雄爲終點的旅程中，如有人以台中爲目的，亦是可以在此旅程中達成其目的。有的時候，行動者的目的並不能在此歷程中完成。例如，在以高雄爲終點的旅程中，某人以墾丁公園爲目的，則他的目的無法在此旅程中達成。從某種角度來說，目的乃是一種應然的終點。例如，當我以高雄爲目的，而實際上我只能走到台中；在此旅程中，台中是我實然的終點，而高雄是我應然的終點。依此，終點乃就實然的層面而言，可名之曰「實然的終點」；目的則就應然的層面而言，可名之曰「應然的目的」。

根據珀爾斯對探究歷程的描述，我們知道，一個探究歷程或活動之所以會出現，乃是由於懷疑的刺激。可是當探究者在此活動中得到

了穩定的信念，則整個探究歷程即宣告結束。除非又出現一個新的懷疑的刺激，否則我們不會進行另一個新的探究活動。在此，我們應該可以看出，珀爾斯是以穩定的信念做爲探究的「終點」。不論探究者是否以穩定的信念做爲他進行探究的目的，關鍵是，一旦他獲得穩定的信念，這一個探究歷程即告終止。因爲，依照珀爾斯的說法，探究活動必起於懷疑之刺激，可是，在探究者得到信念之際，即表示他已消除原先的懷疑；在此，探究活動的起因消失，探究活動也隨之結束。從另一個角度來說，如果某一個探究歷程在未達到穩定的信念之前即已停止，則此歷程即未完成；嚴格說來，它不足以稱做一個完整的探究歷程。換言之，任何一個探究歷程如果要成其爲探究歷程，就必須以穩定的信念爲其終點。

基本上，我們認爲，珀爾斯之以穩定的信念做爲探究的終點，乃是對探究活動做一心理事實上平舖直述的實然描述。眞正的懷疑之出現，不是、也不能由我們自己刻意地造作出來，而必源於外在新奇的經驗。當懷疑出現之後，我們不得不進行探究的活動，以期消除之。而當我們得到穩定的信念之後，懷疑隨之消失，我們亦不得不結束我們相關的探究活動。凡此皆表示探究活動的各個進程都是事實上之必然如此；在此，無關乎個人主觀的意願，也不涉及任何價值的評定。

基於上述的討論，如果我們承認「穩定的信念是探究的終點」這句話是一個關乎事實的陳述句，則我們在此最恰當而直接的問題即是問：「就事實而言，探究活動是否以穩定的信念做爲終點？」大致說來，對於珀爾斯有關探究活動之描述，學者並未質疑他之以穩定的信念做爲探究終點的說法，儘管他之以懷疑做爲探究之唯一起點的說法曾經受到某些質疑❷。如果我們同意「穩定的信念是探究的終點」是一個眞的陳述句，而對上面這個實然的問題給予肯定的答案，則我們

即不宜再問它是否應該如此。換言之，在肯定穩定的信念確實是探究終點的情況下，「探究活動是否應該以穩定的信念爲其終點」即成爲一個不恰當的問題。

不過，在這種情況下，我們仍然可以由其他的角度提出另外兩個恰當的問題。首先，我們可以問：「探究活動爲什麼以穩定的信念爲其終點？」這是一個涉及目的解釋的問題。在本書第二章論及珀爾斯探究理論的思想背景之處，我們曾經提過，有的學者認爲珀爾斯的探究理論最初是受到達爾文主義的影響。依此觀點，〈信念之固定〉一文在一開始就如達爾文主義一樣，把人類看做動物世界中的一員，而人類的活動即是面對環境而來的適應過程。科學探究是人類活動的一種，因而亦被視做有機體適應的一種形式；在此係以一種生物學的模式去了解探究歷程。當有機體處於需求狀態時，即開始了探究的歷程。探究歷程本身即是有機體適應的表現，其目的在於建立生存所必要的寧靜。當探究終結於適應的行爲模式時，則此探究即是成功的❸。姑且不論我們是否接受上述的說法，它至少爲探究活動之以穩定的信念爲其終點的這個事實提供了一個目的上的解釋。

其次，當我們承認「穩定的信念是探究的終點」這句話是一個眞的陳述句時，儘管我們不宜再問「探究活動本身是否應該以穩定的信念爲其終點」這樣一個應然的問題，但是我們仍然可以在承認事實如此的情況下，提出另一種應然問題，亦即：「我們是否應該以此事實上的終點做爲我們探究的目的？」原則上，對於一個實然的命題，我們不能問其本身是否應該如此，但是我們可以就行動者的立場考慮我們是否應該依照此一實然命題去行事。例如，就利己主義而言，可以有心理上的利己主義，也可以有倫理上的利己主義。心理上的利己主義主張利己是人類實際的天性；此乃一實然的描述。倫理上的利己主

義則主張人類應該以利己做為其行事的準則；此乃一應然的說法。由於這是兩種本質上不同的主張，因此，對其中一者的否定，不必蘊涵對另一者的否定。同樣，對其中一者的肯定，也不必蘊涵對另一者的肯定。換言之，當我們否定心理上的利己主義時，亦可贊成倫理上的利己主義；而當我們肯定心理上的利己主義時，亦可不贊成倫理上的利己主義。這就表示，儘管我們同意某一實然之描述為真而不宜再問此實然之描述本身是否應該為真，但是我們仍然可以問，我們應不應該依此實然之描述去行事。在此，涉及價值抉擇的問題，也牽涉個人對目的之認定與選取的問題。

以上所說的兩個恰當的問題，一者屬於目的之解釋的問題，一者屬於目的之選取的問題。有關目的之解釋的問題，我們未曾、亦不準備詳加討論，而只是依循一般學者的看法，以達爾文生物學的模式去解釋探究活動的目的，這種說法當然不是唯一的解釋；有關目的之選取的問題則是本章討論的重點。此外，雖然我們一般常把「目的」與「終點」這兩個詞語視為同義語；在前面的討論中，我們亦未刻意加以區分。不過，經由上述的說明，我們應該可以看出，此二者仍有若干差異。其間主要的不同即在於「目的」一詞涉及主觀的意圖，而「終點」一詞則僅就某一歷程之本身而言。以下即運用此二概念的區分，以及由之而來的對問題之限定，進行討論。

第二節　探究的目的與科學方法

本節討論探究目的與科學方法之間的關係，並由此進而論及科學方法的功效。我們在此關心的根本問題在於，如果我們承認穩定的信念是探究歷程的實然的終點，在此情況下，我們是否應該以穩定的信

念做爲探究的應然目的？在此，我們可以逐步藉著討論科學方法與信
念之獲得的關係、科學方法與穩定的信念之間的關係，而對此問題提
供一些反省。換言之，珀爾斯在論及各種探究方法時，乃以科學方法
做爲他心目中的理想方法，然而問題在於，他根據什麼理由做出這樣
的評斷呢？是由於科學方法最有助於獲得信念？或是由於科學方法最
有助於獲得穩定的信念？或是由於其他的理由？

壹、科學方法與穩定信念之獲得

　　籠統說來，珀爾斯以懷疑做爲探究的起點，而以信念做爲探究的
終點。依此，就科學方法做爲一種探究方法而言，我們當然可以說它
有助於獲得信念，亦即，有助於探究終點之達成。但是，在整個探究
的活動中，如果我們單純針對信念之獲得而言，則方法上的考慮並不
值得重視；因爲我們往往不必刻意地依靠任何方法即可達到此一效
果。此外，即使在需要運用方法以獲得信念的情況中，我們究竟要依
據什麼標準去說科學方法是最佳的方法呢？難道要依據取得信念數量
之多寡或信念取得之難易而加以評定嗎？如果就數量與難易的考慮而
言，科學方法不見得優於其他方法。事實上，這也不是珀爾斯所關心
的問題。比信念之獲得更大的問題在於，當我們獲得某一信念之後，
如何保證此一信念不會輕易動搖。換言之，值得我們關心的，不只是
如何獲得信念，而應該是如何獲得「穩定的」信念。因此，當珀爾斯
關心信念之獲得時，他實際是在關心穩定信念之獲得。如此一來，對
珀爾斯而言，信念之獲得與信念之固定可以是同一回事，而我們的問
題也可表達爲「科學方法是否比其他方法更有助於穩定信念之獲
得」。

　　依據我們過去的經驗，我們可以承認科學方法的確有助於信念之

獲得與固定，這是一個歷史的事實。但是，如果只是由此而去說科學方法之值得推崇，並沒有多大意義。因爲，除了科學方法之外，我們一般也承認，還有其他許多的方法皆有助於信念之獲得與固定。如果僅就其有助於信念之獲得與固定而評估某種方法之是否值得採用或推崇，則其他許多方法也都是值得採用或推崇的。如此一來，我們沒有理由說明我們何以唯獨鍾情於科學方法，而不去信任其他那些亦有助於信念之獲得與固定的方法。在此，如果珀爾斯仍然要堅持以科學方法做爲理想的探究方法，則他必須說明它如此堅持的理由。原則上，珀爾斯可以運用下述兩種策略去說明他如此堅持的理由。

第一種策略是訴諸本質上的差異，而指出唯有科學方法才能使我們獲得穩定的信念。如果珀爾斯能証明此點，則他不僅可以主張科學方法是最理想的探究方法，更可進一步主張科學方法是唯一合法的探究方法。問題是，在我們一般的想法中，我們也承認其他的方法也能使我們獲得穩定的信念。因此，如果珀爾斯堅持科學方法與其他的方法具有本質上的差異，則他必須否定一般的想法。在此，他可以說，他心目中所想的那種穩定的信念，並不同於一般的意義。在對穩定的信念重新定義之後，珀爾斯可以說，一般人以爲其他的方法也能使我們獲得穩定的信念，其實並不如此，它們並不能得到眞正穩定的信念；唯有科學方法才能眞正地使我們獲得穩定的信念。

第二種策略是訴諸程度上的差異，而指出科學方法最有助於穩定信念之獲得。這種策略並未與一般的想法衝突，它承認其他方法也能使我們獲得穩定的信念。它強調的只是：與其他方法比較之下，科學方法更能幫助我們獲得穩定的信念。依此，就穩定信念之獲得而言，科學方法與其他方法只有程度上的差異，而無本質上的差異；換言之，科學方法具有程度上的優越性，而無本質上的優越性。

　　我們發現，上述兩種策略皆可在珀爾斯的著作中找到一些線索。以下先討論珀爾斯對上述第二種策略的運用，並省察科學方法是否在程度上比其他方法更能幫助我們獲得穩定的信念。

　　簡言之，珀爾斯以穩定的信念做爲探究的終點，而且以科學方法做爲理想的探究方法。原則上，一個探究上的方法之理想與否，應該取決於它是否最有助於完成探究之歷程。如果信念之固定是探究的終點，則科學方法要成爲一個理想的探究方法，就必須最有助於信念之固定，否則即不足以稱爲最理想的探究方法。因此，如果珀爾斯要堅持科學方法比其他方法更爲有效，他就必須提出一些証據來說明科學方法在這方面的功效。在〈信念之固定〉一文中，珀爾斯提出四種探究方法，並先對三種前科學方法在固定信念上的缺點加以批評。當我們看到這些批評時，我們很可能預期珀爾斯接著會指出科學方法在固定信念上的優點。可是，當珀爾斯實際討論到科學方法時，他卻似乎忘了這個問題。他固然也將科學方法與其他三種方法加以比較，但是，我們發現，他只是藉著這種比較去凸顯科學方法的特性。諸如：科學方法是唯一能夠呈現對錯之別的方法；任何使用科學方法的人，最後都會得到相同的眞的結論，而避免社群之衝擊的問題；唯有科學方法才能使我們的意見或信念與事實相一致。此外，我們也看到，他非但沒有藉著這種比較指出科學方法在固定信念上的優越性，反而大方地指出其他三種方法的一些好處。

　　在此，我們看到，珀爾斯似乎迴避了他原先提出的問題，而這種迴避也表現一種策略的轉換。不過，我們也必須指出，珀爾斯在此的迴避其實有其必要性；因爲我們無法直接指出科學方法在信念之固定上是優於其他方法的。平心而論，就信念之固定的一般意義而言（尤其是就當下短期的信念之固定而言），科學方法在穩定信念的功能上

並不比其他三種方法更爲有效。固執法可以使我們眛於一切可能動搖既有信念的事實，權威法可以藉著政府的賞罰與社會的制約而鞏固我們的信念，先驗法則以我們本性的偏好做爲穩定信念的基礎，如此一來，比起具有自我修正的特性的科學方法，它們在信念之固定上，只會過之，而無不及。

貳、評估標準的轉換——對眞正穩定的信念重新加以定義

如果科學方法在穩定信念的功能上並不比其他三種方法更爲有效，那麼，珀爾斯又憑什麼以科學方法做爲理想的探究方法呢？對於這個問題，我們可由兩方面回答。一、科學方法的特長在於取得與事實相合的信念，而不在取得穩定的信念。二、科學方法所追求的合乎事實的信念，乃是眞正在長期中亦能保持穩定的信念；而其他三種方法所得到的穩定的信念只是一時的，而不是長期的，亦即經不起社群的衝擊（此乃由心理學說之）或事實的考驗（此乃就形上學說之）。基本上，這就是我們前面所說的第一種策略；亦即對眞正穩定的信念提出一些新的標準而重新加以定義，以致於唯有科學方法才能達到這個新的標準。接著，我們來看珀爾斯如何表現這種策略的轉換。

在珀爾斯反對三種前科學方法與他支持科學方法之際，他似乎運用了不同的評判標準。在他反對三種前科學方法時，他以穩定的信念做爲評判標準；而當他在支持科學方法時，他卻放棄了這個標準，而改以合乎事實的信念做爲判準。史凱基斯泰即曾指出這點。他說，在〈信念之固定〉一文中，珀爾斯原先提出的問題是：「獲得穩定信念的最佳方法是什麼？」接著，他舉出三種前科學的方法，並加以批駁。最後則提出科學方法，而以之爲最佳者。如果我們把探究當做是有機體適應的過程，那麼，我們評估各種不同方法的標準即在其去除

懷疑而建立穩固信念的實際效力。依此,最好的方法即是最有助於有機體適應環境的方法;亦即,在探究者與其環境適應過程的測試中,長期之後依然保存下來的那種方法。由此觀點,對何種方法能引向真的信念加以評估,倒不是直接相干的[CP, 5.375, 377]。因此,珀爾斯一開始主要的關心似乎只是在說明科學方法在建立穩定信念上的優越性,而不是直接去關心信念的真假❹。

但是,當珀爾斯對科學方法做比較詳細的說明時,他卻暗地裡放棄一開始所用的自然主義的、生物學的觀點。如果他還是由此角度來說科學方法,則他必須說明科學方法在信念之固定上是比其他三種方法更爲有效,而科學方法必須在自然的篩選中與其他三種方法相互競爭。可是他卻轉而由另一個角度來說明科學方法的優越性;亦即主張,科學方法是唯一能使我們信念合乎事實的方法。相對地,前三種方法共同的一個缺點即在於,它們不讓事實本身去決定信念,而讓個人或群體的偏見加以決定。珀爾斯顯然相信,一個信念要成爲真正穩定的,則必須由某種穩定的東西加以決定;亦即由外在的恆常者加以決定❺。在此,我們固然可以更清楚地體會到珀爾斯何以強調科學方法的基本預設即是實在事物之存在,但是我們同時也清楚地看到其間評估標準的轉換。我們在此可以引用謝福勒 (Sheffler)的一段話。他說,珀爾斯在爲他的科學方法提出辯護之際,根本沒有提到它優越的功效,反而扯進幾種全新的考慮:有的是形上學方面的,關連於實在事物之預設;有的是方法學方面的,關連於自我修正性;有的是知識論方面的,關連於對意見之合乎事實的要求;而有的甚至屬於道德方面的,關連於追求眞理的價值抉擇❻。

至此,我們看到珀爾斯在比較各種探究方法時,採取不同的判準;而這種判準的轉換也反映其比較策略的轉換。有些學者(例如上

述的謝福勒）對於珀爾斯在此不一致的表現，抱持不以爲然的態度。
因此，他們並沒有進一步去思考珀爾斯如此表現的理由何在；故而亦
無法看出這種轉換的正面意義。此外，或許我們可以抱持前面曾提過
的一種同情的態度，體諒到珀爾斯在此的迴避有其不得已之處，而爲
其辯解說：因爲我們無法直接指出科學方法在信念之固定上是優於其
他方法的；因爲就信念之固定的一般意義而言（尤其是就當下短期的
信念之固定而言），科學方法在穩定信念的功能上並不比其他三種方
法更爲有效❼。不過，即使在這種同情的態度下，我們所做的亦只是
消極的辯解，而無法進一步彰顯珀爾斯在此轉換策略的積極意義。

參、評估標準轉換的積極意義——探究者對目的之選取

我們認爲，如果透過前述「終點」與「目的」兩個概念的區別，
我們不僅可以爲珀爾斯策略的轉換提出消極的辯解，更可進而看出此
一轉換所含的積極意義。簡言之，穩定的信念是探究的「終點」，而
合乎事實的信念或眞的信念才是探究的「目的」。當我們說探究是以
穩定的信念爲其終點時，這是一個針對一般意義的探究所做的實然陳
述，其中不含任何價值評估的問題。而當我們說探究乃以眞的信念爲
其目的時，這是一個專就科學探究所做的應然主張，其中含有探究者
的價值抉擇。就一般意義的探究而言，只要我們去除懷疑而得到信
念，則此探究歷程即告結束。在此，我們根本不需要考慮此時所得到
的信念究竟是暫時的穩定或長久的穩定，我們也不需要考慮這個信念
是否經得起衝擊（不論是來自於社群的或來自於未來經驗的衝擊），
我們甚至不需要考慮這個信念是否合乎事實。我們相信，事實上，在
整個人類歷史上出現過的許多方法都具有這種完成探究歷程的功效，
而珀爾斯提到的四種，不過是其中的一小部分。在完成探究歷程的功

效上,這許多方法之間只具有程度上的差異,而不具本質上的差異。如此,做爲這許多方法中的一種,科學方法至多只能具有程度上的優越性;而事實上,它在此甚至比不上其他的方法。因此,純粹就達成探究之終點而言,我們沒有任何直接的理由要去特別推崇科學方法。

不過,做爲一個探究者,我們可以對此實然意義的探究終點加以反省與評估。當我們由於懷疑之刺激而開始進行探究之際,我們可以反省自己是否願意僅僅以穩定的信念做爲我們的目的或應然的終點。(此一反省並不必然否定穩定的信念是探究之實然的終點。)此時,我們可以反問自己:我們是否希望我們所得到的信念不只是穩定於一時,而更能保持長期的穩定呢?我們是否希望我們所得到的信念能夠經得起社群的衝擊而不動搖呢?我們是否希望我們所得到的信念是合乎事實的呢?如果我們在此的答案是肯定的,則我們即不能安於只以探究的實然終點做爲我們進行探究的目的,而會進一步以合乎事實的信念做爲目的。

在此,如果我們以合乎事實的信念做爲探究的目的或應然的終點,則我們是在實然的終點之外,加上了一個價值的抉擇。在此價值抉擇之後,珀爾斯認爲,我們必定以科學方法做爲我們唯一的探究方法。換言之,如果我們單純地僅以信念之固定做爲吾人探究之目的,則任何方法都是可以採取的,只要它能具有相關的功效。但是,如果我們以合乎事實的信念或眞理做爲吾人探究之目的,則唯有科學方法才具有這方面的功效。因此,珀爾斯強調,任何一個選定合乎事實的信念做爲其探究目的的探究者,必定要完全遵循科學方法,而不可中途改用其他方法[CP, 5.387]。珀爾斯如此堅持的理由在於,他相信唯有科學方法才能使我們得到合乎事實的信念(這是科學方法的特長或專利),而不只是得到穩定的信念[CP, 3.430]。在此,我們看出,一

般人之推崇科學，固然多由其能控制自然、造福人類的實際效用處說之，但是，珀爾斯之推崇科學則是由於他認為科學能發現眞理，而科學方法之值得推崇亦在於它能夠幫助我們發現眞理；換句話說，發現眞理是科學方法的特長，也是我們運用科學方法進行探究的目的。究極言之，珀爾斯認為，我們只是為了眞理本身而追求眞理，並不是為了其他的目的。

　　其次，珀爾斯更相信，經由科學方法得到的信念才是在長期中亦能保持穩定的信念，也才是經得起社群的衝擊而不輕易動搖的信念。我們可以由前面的討論看出，珀爾斯在探究的目的上所關心的不只是信念之獲得，而是「穩定的」信念之獲得；更明確的說，他關心的不只是穩定的信念，而是「在長期中」穩定的信念。進一步來說，珀爾斯更認為，唯有合乎事實的信念或眞的信念才是在長期中亦能保持穩定的信念❽。換言之，穩固信念之成立的必要條件是此信念必須是眞的[cf. CP, 7.77, 3.430]。在此，科學探究之實然的終點即是探究者心目中所選取的探究之目的。從這個角度來說，即使我們不直接以合乎事實的信念做為我們探究的目的，而以穩定的信念做為我們探究的目的，珀爾斯亦可主張，我們仍然應該以科學方法做為唯一合法的探究方法[CP, 5.384, 5.406]。換言之，如果我們只是以信念之固定為目的而採用其他的探究方法，雖然一時之間可以達到我們的目的，但是在長期中我們終究會發現，如此而得到的信念不能維持穩固，而我們原初的目的終必失落。反之，如果我們不以追求穩定的信念為出發點，而以追求合乎事實的信念為出發點，最後反而能夠得到長期中仍能保持穩定的信念。簡言之，短視地以當下的信念之固定為目標，最後並不能眞正達到固定信念的目的；反而以追求眞理為目標，才能間接地達成這個目的。在此，我們看到，珀爾斯雖然不能直接說明科學方法

在固定信念上的優越性，但是透過這一層轉折（亦即，合乎事實的信念才是真正穩定的信念），他也間接地証成了科學方法在固定信念上的優越性。

最後值得提醒的一點是，經由本節上述的討論，我們看到在珀爾斯對探究活動的反省中，同時包含了經驗性的路向與規範性的路向。在經驗性的路向中，他指出探究的實然終點在於穩定的信念；而在規範性的路向中，他強調探究的應然目的乃在於合乎事實的信念（亦即真的信念或真理）。做為一個有理性、有主動能力、能夠自我控制的探究者，我們不是憑著本能而盲目地去進行探究以消除懷疑，而應該審慎地選取探究的目的，並且主動地、理性地以科學方法控制探究歷程的進行，以求完成此一目的❾。

在這一節中，我們由「終點」與「目的」兩個概念的區別說明珀爾斯為何有時強調穩定的信念，而有時卻又強調合乎事實的信念（真的信念）。在接下來的一節中，我們將專門針對「穩定的信念」與「真的信念」這兩個概念進行討論。

第三節　穩定的信念與真的信念

經由上一節的說明，我們知道，珀爾斯主張，幫助我們獲得合乎事實的信念或真的信念乃是科學方法的專利，而任何以真的信念做為探究目的的探究者都必須完全遵循科學方法。這樣的說明似乎已經很清楚了。但是，當我們看到珀爾斯另一段令人困惑的話時，我們就會發現我們有進一步說明的必要了。

珀爾斯說：「意見的確立乃是探究唯一的目標。或許我們會想像說，這樣對我們來說是不夠的，並說，我們不只是追求一個意見，而

是一個眞的意見。但是，將此想法加以測試，我們發現它是毫無根據的；因爲，只要得到一個穩固的信念，我們就完全滿足了，不論這個信念究竟是眞是假。而且，很明顯的是，超出吾人知識領域的東西不能成爲吾人之對象，因爲對心靈毫無影響的東西不能成爲心靈努力的動機。頂多能被主張的是，我們尋求一個我們將『認爲』它是眞的信念。但是我們認爲我們每一個信念都是眞的，因而如此的說法其實只是一種套套絡基。」[CP, 5.375]

當我們看到珀爾斯強調科學方法的專利在於獲得眞的信念，而又看到他這段話時，很可能會認爲珀爾斯是自相矛盾的。不過，藉著我們上一節對「終點」與「目的」的區分，應該可以解決此處表面上的衝突。藉著這種區分，我們可以看出，上述引文中所說的「探究唯一的目標」指的其實就是探究的「終點」。就這層意義來說，珀爾斯在此乃是依循經驗性的路向對探究歷程做實然的描述；因此才會說：「只要得到一個穩固的信念，我們就完全滿足了，不論這個信念究竟是眞是假。」其次，這段引文又提到我們不能說自己追求到的是眞的信念；這點亦是對探究歷程所做的實然描述。在承認這句話的同時，我們也還是可以說，我們應該以眞的信念做爲我們追求的目的。我們在前面曾經以利己主義爲例來說明實然命題與應然命題的相容性，在此亦可適用。我們乃是以眞的信念做爲我們探究的理想目的，但是當我們獲得某一信念時，我們的探究歷程即告結束。在此，我們即會以爲這個穩固的信念就是眞的信念；這是一個心理上的事實。但是，我們不能進一步去說我們自以爲眞的信念就是實際上爲眞的信念。簡言之，上述引文完全是對探究歷程所做的實然描述，它並不與應然的說法或規範的說法相衝突。它的意思是說，我們不能以眞的信念做爲探究的終點，而只能以我們自以爲眞的信念做爲探究的終點；雖然我們

能以客觀地爲眞的信念做爲我們探究的目的。

在此，我們看到，珀爾斯之所以反對以眞的信念做爲探究終點的基本理由在於：就心理的事實而言，眞的信念（更精確地說，我們自以爲眞的信念）與穩定的信念是無從區別的⓾。關於這一點，艾耶曾經做過相當精闢的分析。他指出，假設有一個人被要求在一張紙上寫下一些眞的命題，而在另一張紙上寫下一些他所堅定相信的命題，並要求這兩張名單是完全相斥的，則此要求根本無法理性地完成。當然，這種要求在邏輯上並不是自相矛盾的；很可能在他所堅定相信的命題中有一些是假的，而顯然有許多眞的命題是他所未相信的，因爲他根本未曾對它們思考過。因此，他可以任意地列出名單，而其中爲他所相信者可能是假的，爲他所不相信的卻可能是眞的。然而重點是，他無法以理性的方式去完成此一工作。因爲他無法理性地做出下述的判斷：「我堅定相信這些命題，但是它們是假的」，或「這些命題是眞的，但是我不相信它們」。這兩個連言句，各自均非自相矛盾的，因爲各自均可能是眞的。但是，這句話只能由我們去說他，或是由他以日後反省的方式去說他自己，卻不能由他去說他自己當下的狀況。這不僅是由於社會上約定俗成地認爲，如果一個人肯定某一命題即表示他相信之。更主要的理由是，如果任何人被要求提出眞命題或假命題的名單，則他完成此一要求的最佳做法即是提出他所堅決相信者或堅決不相信者⓫。

由上述的分析，我們可以確知，珀爾斯之反對以眞的信念做爲探究的終點，相當實際的一個理由在於，我們在當下的心理上無法分辨穩定的信念與眞的信念。就當下的心理實情而言，我們所堅定相信的命題即是我們信以爲眞的命題。因此，珀爾斯才會強調：「頂多能被主張的是，我們尋求一個我們將『認爲』它是眞的信念。」但是，由

上述的說明中，我們也應該看出一點，即是，珀爾斯並不以為，我們所堅定相信的命題即完全等於事實上為真的命題。珀爾斯說：「真的結論仍然是真的，縱使我們沒有接受它的衝動；而假的結論仍然是假的，即使我們無法抗拒去相信它的傾向。」[CP, 5.366]換言之，我們對一個命題之信念，並不能使它成為一個真的命題。關於這一點，艾耶的說明也值得我們參考。

艾耶指出，我們由邏輯上即可明白看出，一個命題之真假不可等同於此一命題是否被人堅定地相信，不論是被某一個人、或大多數人、或甚至所有曾考察此一命題的人所相信。否則，我們將無法說明下述命題之真假：「某一命題的確被某人堅定地相信。」在此，我們暫且將括弧中的某一命題稱為「命題甲」，而將陳述「命題甲的確被某人堅定地相信」的命題稱為「命題乙」。命題甲是一個第一序的命題，而相對於命題甲而言，命題乙則是一個第二序的命題。如果我們主張，命題甲的真假乃是由某人之相信與否而決定的，則我們的意思是說，命題甲頂多只能成為一個主觀的真理，而不能成為客觀的真理。但是，當我們要將這種說法應用到命題乙時，就會產生一些困難。首先，我們一般都會承認命題乙是一個客觀的真理。如果這種承認是正確的，則上述的說法就出現了一個例外。而一旦一個例外出現，我們看不出有任何理由不允許其他例外的成立。換言之，我們看不出有任何理由去主張，指謂某一命題被人相信的這類命題才應該被承認是客觀的真理。如此，為求一致，我們似乎必須說，命題乙之為真即在於它是被堅定地相信。但是，如此一來，我們即陷入一種無窮後退。命題乙之被堅定地相信（亦即，命題甲之被堅定地相信乃是被堅定地相信），其本身即是一個命題，而其真假即在於它是被堅定地相信；如此即可形成無窮後退。由於將命題之真假等同於信念之有

無，將會造成無窮後退的困境，因此在邏輯上必須將二者獨立看待⓬。

艾耶經由上述的邏輯分析而為真理的客觀性提出辯護，不過艾耶也提醒我們，不要過度膨脹它的效力。在此處，上述論証所確立的只是，說一個命題是被堅定地相信，永遠不能在理論上或邏輯等同於說它是真的。但是，我們並不能由此一論証去主張，一個命題之被堅定的相信與一個命題之為真在實踐上永遠不可能是同一回事。換言之，上述論証所否定的是，我們說一個命題是真的即等於是說我們相信它；但是它並未否定，就我們的關心或主觀的認定而言，何者是真的這個問題即成為何者是我們所相信的這個問題⓭。事實上，在上述兩份名單的例子中，我們已看出，我們有可能以任意的方式提出兩種名單。這種可能性即顯示，一個命題是否為真的問題與是否有任何人相信它的問題，在邏輯上是相互獨立的。但是此種名單之不能以理性的方式提出，這也表示了何者為真與我們相信何者為真之間的區別並不是我們自己實際上在當下所能提供的一種分別。

在上述的討論中，我們看到珀爾斯由經驗性的路向強調人類在心理上的一個現實的限制，亦即我們在當下的信念狀態中實際上無法分辨自以為真的穩定信念以及客觀上為真的信念。在此情況中，我們把穩定的信念即當成是真的信念。不過，經由艾耶的分析，我們也承認，命題之被相信為真與命題本身之為真，在邏輯上仍然有其區別。事實上，珀爾斯雖然強調我們在心理上有這種現實的限制，但是他同時也強調我們仍然可能由其他的脈絡去分別自以為真的信念與客觀地為真的信念。他說：「在此有兩點極為重要的事必須記住。一、一個人不是絕對地做為一個個體。他的思想是他對他自己所說的，他是對另一個正來到生活中的自我說話。當一個人推理時，他試圖說服的是

批判的自我；整個的思想是一個記號，而大多具有語言的本性。二、人的社會圈是一種鬆散結合的人格，在某些方面要比一個個人的層次更高。就是這兩點，使你可能在一種抽象的意思下去分別絕對的眞理以及你所不懷疑的信念。」[CP, 5.421]簡單地說，珀爾斯在此係以自我之批判與社群之批判來解釋我們何以能夠以抽象的意義去分別穩定的信念與眞的信念。我們由自我之批判意識到我過去所堅定相信的已在目前動搖了，在此即可反省到過去的信念只是自以爲眞而已，未必是客觀地爲眞。雖然，對於我目前所相信的來說，這種區別則根本不能起任何作用。就信念的當下狀態而言，對於我所相信的，我即相信其爲眞；而我所視爲眞者，即是我所相信者。但是，對於我們過去所持有的信念，我們可以運用此一區別；對於別人所持有的信念，我們也可以運用此種區別。對於我自己，我可以說，我過去如此相信，但是我現在知道我以前錯了；對於別人，我們可以說，他相信某一命題，但是他錯了。在實際上之所以有上述的判斷，乃是由於我現在持有的信念與他的不合，或是由於我現在不相信我以前所相信的。而從另一個角度來說，我雖然在當下的信念狀態中，必定相信我目前所堅定相信的即是眞的，也必定是以我所以爲眞的做爲我所堅定相信的。但是，當我說別人所堅定相信的命題是錯的，同時，我們也可反省到，我所堅定相信的也有可能是錯的。此外，當我說我過去所堅定相信的命題是錯的時，我更容易反省到我目前所堅定相信的也有可能在將來被認爲是錯的。如此一來，我反省到，我目前所堅定地信以爲眞的命題不見得即是事實上爲眞的命題。換言之，經由這一層反省，我們也可體認到命題之被堅定地相信並不等於命題之事實上爲眞。

除了自我的批判與社群的批判可以使我們認識上述信念之區別外，珀爾斯亦可以其可錯論爲基礎而主張上述的區別。依據珀爾斯的

可錯論，我們所有的信念都是會錯的。由此，一個命題之被相信的這個事實永遠不足以確保此一命題的眞理。珀爾斯由可錯論而做出上述的區別，是一種相當簡捷的方式，但是其中所包含的意思要比經由邏輯的分析而得出的更多，也比由主觀的反省而得出的更強。如果我們僅由艾耶提供的邏輯分析而接受上述的區別，則我們只能說一個命題之被相信不應該等於它之爲眞，而不能說所有的信念都是會錯的。如果我們由主觀的反省而接受這種區別，則我們只會承認我們某些部分的、或絕大部分的信念可能是錯的，而不至於承認我們所有的信念都是會錯的。就後面這點來說，也使我們體會到爲什麼一般人不太能接受珀爾斯的可錯論。艾耶也指出，在這點上，並不是所有的哲學家都同意珀爾斯的看法。有些人認爲，對於當下呈顯在我們感官中的，我們不可能弄錯。有些人則認爲，對於數學中必然命題之眞理，我們不會錯。但是依珀爾斯看來，即使是最基礎性的知覺判斷、或是對個人自己思想及感受最簡單的述說，都摻雜有解釋的成分。一旦解釋出現，就不能排除錯誤解釋的可能性。珀爾斯承認，對於二加二等於四這種必然命題的眞理，我們有權去堅定地相信。但是他也指出，這類命題之所以爲必然，乃是由於數學是我們自己建構出來的。如果我們小心地運算，就應該不會出錯。不過，事實上人們在數學運算中的確會犯錯，而在理論上此處的錯誤也沒有一個極限。我們也可以想像，也許未來有一天我們會發現二加二並不等於四❹。

依據珀爾斯的可錯論，所有的信念都是會錯的。但是，這並不表示珀爾斯認爲我們應該去懷疑所有的信念或命題。爲了避免可能的誤解，當我們提到珀爾斯的可錯論之後，我們還應該指出他的另一個主張，亦即，批判的常識論。簡單地說，珀爾斯乃基於其可錯論而主張「命題之被相信爲眞」與「命題之事實上爲眞」二者在理論上的區

別；此外，他又基於其批判的常識論而主張此二者在實際上的關連。在理論上，眞理固然沒有所謂絕對的保証，但是在實際上，我們不能、也不應該去懷疑那些我們不是眞正懷疑的東西。我們在討論「懷疑」時已指出，珀爾斯不認爲我們可能以普遍的懷疑做爲探究的起點；在我們進行探究或哲學思考之初，我們已經挾帶了許多無法擺脫的信念。因此，他說：「事實上，一個探究，要具有叫做解証的那種完全令人滿意的結果，只需要開始於那些完全免於任何實際懷疑的命題。如果這些前提事實上根本未被懷疑，則它們不可能比它們現在這個樣子更令人滿意。」[CP, 5.376] 眞正的懷疑必有其外在的來源，我們無法靠著主觀的意志而造作出足以激起探究努力的懷疑。同樣地，在探究之終點上，當我們已經得到信念時，我們在當下即不再懷疑之；否則，就算不上是已經得到信念，也算不上是已經達到探究之終點。唯有在日後某種外在的刺激下，這個信念才有可能產生動搖。因此，就實際的探究過程而言，不論是就其起點來看或就其終點來看，都顯示一個事實，亦即，任何人眞正所能懷疑的其實有實踐上的極限；一個人所不懷疑的，即被他不加爭議地視之爲眞。雖然依據可錯論，他必須承認他有可能是錯的；亦即，他所懷疑的有可能是眞的，而他所不懷疑的有可能是假的。但是就當下的信念狀態而言，除非他眞正想要去重新審察他原先對某一命題的評估，否則，此一承認只是一種造作的信念，而他所說的眞假是沒有眞實意義的。珀爾斯在此指出，當你論及形而上的眞與形而上的假，而你卻對其一無所知時，你只是在困惑自己。事實上，你所能處理的只是你的懷疑與信念，在生活經驗中，你被迫接受新的信念，並使你能去懷疑舊有的信念。如果你所說的眞與假是可以用懷疑與信念加以定義的，則這種做法固然是可以的，不過，這時你其實也只是在論及懷疑與信念。但是如果你說

的眞與假是完全無法以懷疑與信念加以定義的，則你對你所討論的東西的存在是一無所知的，而這些可由奧坎剃刀加以剃除。因此，珀爾斯由經驗性的路向所做的建議是，如果我們不說我們想要知道眞理，而只說我們想要得到一個懷疑無法攻擊的信念狀態，則問題就簡化許多了[cf. CP, 5.416, 5.419]。

簡言之，珀爾斯在由經驗性的路向反省實際的探究歷程時，看出探究之終點只能是穩固的信念；因爲我們實際上所堅定相信的命題即是我們以爲是眞的命題。換言之，雖然就理論上或邏輯上來說，眞的命題不等於被我們所堅定相信的命題，我們以爲眞的命題不見得即是事實上爲眞的命題，這也是一般人都能承認的事實。但是就實際的心理事實及探究的實情而言，我們以爲我們所相信的命題即是眞的命題；就經驗性的路向來說，我們根本未懷疑者即必須而且事實上被我們視爲不會錯的絕對眞理。經由如此的分析，我們應該能夠了解珀爾斯如何由經驗性的路向說明穩定的信念與眞的信念之間的關係，並可了解珀爾斯如何憑藉其可錯論及批判的常識論以主張二者之間的區別及關連。

第四節　探究的實然終點與應然目的之結合

在上一節的討論中，我們大體上是依循珀爾斯經驗性的路向，而指出人類心理上的實然限制。其中雖然也提到珀爾斯承認穩定的信念與眞的信念可能在抽象意義上有所區分，但是，這種承認可以被看成是語言使用上的說明[cf. CP, 5.421]，亦即，只是由自我批判與社群批判的角度說明我們的語言中爲什麼會有「眞」、「假」這兩個字眼。在此脈絡中，我固然可以說我過去的信念是假的，但是我如何能說我

目前所堅定相信的是假的呢？在此，我仍然擺脫不了心理學的限制，而把目前相信的視爲眞的。如此一來，眞理仍然沒有獨立的意義。換言之，就經驗性的路向來看，穩定的信念即是眞的信念，而此處所說的眞的信念仍然是我們以爲是眞的信念，而未必是客觀地爲眞的信念。事實上，在珀爾斯的探究理論中，不只局限於這種經驗考察的層面，其中仍有其理想設定的層面；在此，他考慮的不再是人類現實心理上的限制，而要突破這個限制，由有理性者的立場去設定一個理想的目標❺。這點也是我們在第一節一再強調的，儘管在現實的限制上，探究乃以穩定的信念或自以爲眞的信念爲其實然的終點，但是探究者仍然應該以合乎事實的信念或客觀地爲眞的信念做爲探究的應然目的。

在此，關鍵的問題是，珀爾斯所謂的「合乎事實的信念」或「客觀地爲眞的信念」或「眞理」究竟是什麼意思？固然我們可以經由邏輯分析、主觀反省、甚至社群的批判而意識到穩定的信念或自以爲眞的信念未必就是客觀地爲眞的信念，但是，誠如珀爾斯本人所承認的，這種意識只能使我們得到一種抽象的分別。我們可以憑藉懷疑之消除、習慣之建立、預期之滿足等因素，而確定我們是否已經得到了穩定的信念。但是，我們能夠憑藉什麼因素來確定我們得到的信念即是客觀地爲眞的信念呢？如果沒有這樣的因素，則我們實際上能夠掌握到的只是「穩定的信念」，而「眞的信念」只是一句空話，除非我們把「眞的信念」了解成「自以爲眞的信念」或「穩定的信念」。在此，「客觀地爲眞的信念」沒有任何實質的意義，有意義的只是「穩定的信念」或「自以爲眞的信念」。如此一來，如果我們還要堅持以「眞的信念」或「眞理」做爲探究的應然目的，那麼，這個目的只是一個空洞而遙不可及的理想。因此，爲了避免這種結果，我們接下

來必須討論的問題是：如果珀爾斯所說的眞理不是一句空話，那麼，它究竟有何實質意義？如果眞理指的是客觀地爲眞的信念而不是主觀上自以爲眞的信念，那麼，眞理的客觀性何在？

這兩個問題，前者涉及眞理的意義，後者涉及眞理的客觀性。基本上，珀爾斯乃是依據其實用格準而確定眞理的意義（關於這點，下一章會有比較詳細的背景說明），而在此定義中，也同時展現出眞理客觀性的部分根據。簡言之，珀爾斯所謂的眞理乃是一個科學探究社群在長期依據科學方法最後所共同同意的信念或意見。他相信，科學探究者的社群對於任何一個可解答的問題終必會得出一個最後而不可更動的意見，而這個最後而不可更動的意見即是眞理。依此，眞理固然是探究者所追求的理想，也是科學探究活動的根源動力，但是它並不是一個空洞而遙不可及的理想；科學探究社群最後達到的不可更動的信念即是眞的信念，這就是眞理的實質意義。由某種角度來說，這個社群在探究上的實然終點即是其原初應然的目的；在此，我們看到終點與目的的會合，也看到經驗性路向與規範性路向的會合。此外，由上述眞理的實質意義，我們也可以看出，眞理客觀性的部分根據即在於它是探究社群依據科學方法長期努力所獲致的共同同意的成果。在此，珀爾斯藉著社群的共同同意而消除完全訴諸個人同意的主觀因素，藉著科學方法而避免其他方法可能帶來的主觀成分與隨意成分，並藉著長期的努力而減低短期的不穩定性。

在上述的說明中，我們看到珀爾斯如何根據實用主義去確定眞理的實質意義並指出眞理客觀性的根據。但是，對許多人來說，珀爾斯的這種回答並不能令人滿意。因爲，就一般的想法而言，眞理應該是合乎「事實」的信念，而不是合乎「科學探究社群的共同意見」的信念；而「事實」或「實在」則應該是獨立於你我的看法之外的東西

[CP, 5.405]。可是，珀爾斯卻根據實用主義的意義理論，將「科學探究社群經由長期努力最後獲致的共同意見」等同於「眞理」，並將「實在」或「事實」定義做這種意見所再現的對象[cf. CP, 5.407]。如此一來，不僅實在的獨立性喪失了，眞理的客觀性也同時喪失了。在此情況之下，如果我們仍然要談實在的獨立性與眞理的客觀性，或許頂多只能像珀爾斯那樣就社群之合作、科學方法之依循、長期之努力等方面儘量減低主觀的、隨意的、不穩定的成分。但是，這樣所獲致的信念，亦頂多只是在穩定的程度上高於我們當下自以爲眞的信念，又如何算得上眞正的客觀呢？

　　大體來說，這些不滿並非無的放矢；因爲，珀爾斯的確有這類的主張。但是，我們也必須指出，這種主張乃是珀爾斯對一般想法深入思考之後才提出的修正意見，其中也反映他獨到的洞見。珀爾斯並非不了解一般人對實在的看法，事實上，他本人也堅信確實有獨立於你我看法之外的實在事物。在本書第七章對第二性範疇的討論中，我們將會清楚地看到珀爾斯在這方面的堅定信念。究極而言，獨立的實在事物之存在乃是眞理之所以能夠存在的形上根據，也是眞理之所以具有客觀性的形上根據。（它也是科學方法之所以具有自我修正性的形上根據。）因爲，依據一般的想法，眞理是合乎事實或實在的信念；如果根本沒有實在，又如何會有合乎實在的眞理呢？換言之，眞理的存在與客觀性必須由實在的存在與獨立性加以保障。不過，雖然珀爾斯堅信一般意義的實在之存在，但是他也指出，這種說法只是對於實在所做的一種抽象的定義，我們無法由此對它有任何實質上的了解[CP, 5.405]。此外，在本書上一章討論實在之証成的可能性時，我們已經指出，哲學家並沒有辦法爲這種意義的實在之存在提供具有絕對確定性的証明。因此，在這個意義下，珀爾斯也承認，實在之存在是

我們偉大的「希望」[CP, 5.407]；而在上一章討論科學方法的基本預設時，我們更看到這個「希望」對科學探究的重要性。不過，如果珀爾斯對於實在的說明僅停留於此處，則此希望又成爲空洞而遙不可及的理想。因此，他進一步設法運用實用主義的意義理論而指出實在的實質意義。同樣的，如果珀爾斯只是根據一般的看法而把眞理說成是合乎事實的信念，也會使得眞理僅僅成爲一個希望或是空洞而遙不可及的理想[cf. CP, 5.421]。因此，他也必須進一步指出眞理的實質意義。

經由上述的說明，我們可以了解珀爾斯何以不由一般的意義去說實在的獨立性與眞理的客觀性。在此，他雖然承認實在之存在是眞理之存在的形上基礎；如果沒有實在，則根本無從說眞理，更遑論眞理之獲得與眞理之客觀性。但是，他也注意到，一般意義的實在與眞理乃是抽象的、空洞的。因此，我們必須指出它們實質的意義。或許有人會認爲這種做法乃是一種不得已的下策；換言之，由於人類無法直接掌握實在、無法得到眞正客觀的眞理，才不得不退而求其次，姑且擱置實在因素，而試圖迂迴地藉著社群、科學方法、長期努力等因素儘量減低信念的主觀成分，以便爲信念的客觀性找到某種程度的保障。當然，實在因素是就眞理之獲得的形上基礎而言，其他因素則就現實之探究的努力而言。不過，珀爾斯在此之由上述其他的因素去說實在與眞理，並不是由於人類只能由此去說而採取的一種無可奈何的做法。事實上，他在此有更強的一個主張，即是，我們不只是把科學探究的結果「當做」眞理，也不只是把其中再現的對象「當做」實在；換言之，珀爾斯相信，科學探究的結果「就是」眞理，而其中再現的對象「就是」實在。對珀爾斯來說，這不是定義上的等同，不是現實限制中心理認定上的等同，也不是由於人類的限制不得已而做的

解釋上的等同，在他看來，其間乃是事實上的等同。他相信，只要依循科學方法，探究社群在長期的努力下必然得到理想中的客觀真理，而其中再現的對象即是一般意義中的獨立的實在。

在此，實在固然仍可以說是一個希望，但是，這只是就探究活動仍在進行的階段而言的一個層面；如就科學探究真正的完成而言，這個希望是可以實際上達到的。同樣的，真理在此固然仍是一個理想，但是這也只是就探究活動進行時而言的一個層面；若就科學探究之真正完成而言，這個理想已經在其終點實現了。換言之，在一般意義的探究中，探究的終點只能說是穩定的信念，它未必是真的信念，儘管人們會由於現實心理的限制而以為它是真的信念。但是，在真正完成的科學探究中，它的終點不但是穩定的信念，也是客觀地為真的信念❶。在此，探究的實然終點即是探究的應然目的；真理不再是空洞的理想，而是可以經由科學探究而達到的終點；真理不再是一個是只具有抽象意義的空洞名詞，而由探究社群所共同同意的信念賦予它實質的意義。在此，真理的客觀性不僅是由社群合作、科學方法、長期努力等因素而得到保障，更由於這種探究所達到的即是實在，真理的客觀性亦由實在得到保障❶。

在本章的討論中，我們首先藉由「目的」與「終點」的區分，以「客觀地為真的信念」或「合乎事實的信念」或「真理」做為探究的應然目的，而以「自以為真的信念」或「穩定的信念」做為探究的實然終點。我們接著指出，依據珀爾斯的看法，雖然在現實心理的限制下，我們會以穩定的信念做為探究的終點，更會以為這就是真的信念。但是，在以真理為理想目的時，我們必須擺脫這種心理上的限制，不以此為吾人探究之終點，而要以應然的目的（真理）做為我們追求的理想。最後，我們指出，珀爾斯認為，在此理想的吸引下，探

究社群依循科學方法，最後可能達到此一理想。至此，我們應該可以看出，「真理」一詞似乎可依不同的脈絡而有幾種不同的意思。首先，在實然的脈絡或經驗性的路向中，真理指的可以只是「自以為真的信念」或「穩定的信念」。其次，在應然的脈絡或規範性的路向中，真理指的可以只是一個尚未實現的理想。最後，在成功的科學探究中，實然的終點與應然的目的完全合一，這裡也是經驗性路向與規範性路向會合之處，真理在此指的可以同時是客觀地為真的信念、穩定的信念、合乎事實的信念，而不只是一個空洞的理想。在此，真理這種理想既然可以做為一個終點，這就表示它是現實上可能達到的。現實限制的突破在此是可能的，而有理性者的理想也是可以達到的。事實上，我們在珀爾斯的著作中可以發現這三種不同的說法；不過，這種表面上的不一致其實只是由於偏重的脈絡不同而造成的。在珀爾斯的著作中，我們有時看到他對經驗路向的強調[cf. CP, 5.375n2]，有時看到他對理想路向的強調，[cf. CP, 6.485]有時又看到他對這兩種路向的結合[cf. CP, 5.564] ⓯。在此會合之處，我們甚至可以說，一個由科學探究所建立的固定信念與一個真的信念之間，並無分別[cf. CP, 4.523, 5.605]。事實上，珀爾斯曾經明白表示，我們無法分別一個由科學方法所建立的穩定信念以及一個真的信念 [CP, 3.430]。這裡之所以無法分別，乃是由於它們本來就是同一回事。

珀爾斯在此的說法固然很強，但是他的說法也有許多值得商榷之處。例如，科學探究是不是對所有可解答的問題都會得到一個最後而不可更動的結果？珀爾斯固然肯定這點，並且由這種結果去說客觀的真理。然而，他所肯定的究竟是一個希望，抑或是一個事實？如果只是希望，則珀爾斯上述的說法整個是建築在希望之上。在此，科學探究的最後結果與客觀的真理之等同只是名詞定義上的等同。如果是事

實，我們又如何去証成之？退一步來說，即使科學探究可以得出一個
最後而不可更動的意見，但是我們憑什麼說這個意見即是眞理或合乎
實在的信念？凡此皆屬有待証成之處。當然，在我們上述的討論之
外，珀爾斯還有一些值得商榷的主張；例如，他曾經說過：「科學的
每一點眞理都得歸功於人類靈魂與宇宙靈魂的親和性。」[CP, 5.47]這
表示他相信心靈與實在具有某種形而上的關連，因此使得眞理之探究
成爲可能。然而，這亦是有待証成的信念。不過，由於篇幅的限制，
我們不再深入討論。在這一章中，我們看到珀爾斯運用實用主義的意
義理論來確定眞理及實在的實質意義，因此下一章即開始進行實用主
義方面的討論。

附　註

❶ 珀爾斯本人似乎曾經注意到此處有不同的意義。他在一九○六年指出：「 I compared action to the finale of the symphony of thought, belief being a demi-cadence. Nobody conceives that the few bars at the end of a musical movement are the PURPOSE of the movement. They may be called its upshot. 」[CP, 5.402n2]不過，嚴格說來，他在此只是做個比喻，不可推衍太過。

❷ Cf. Robert Almeder, *The Philosophy of Charles S. Peirce: A Critical Introduction* (Oxford: Basil Blackwell, 1980), pp. 12-13, pp. 80-81.此外，珀爾斯本人在一九○三年也對此說法提出一個例外：自我批評 [CP, 5.376n]。

❸ 參見下述資料：Peter Skagestad, *The Road of Inquiry: Charles Peirce's Pragmatic Realism* (New York: Columbia University Press), p. 32;[Almeder, p. 7]; [CP, 5.372n2, 2.176-7, 8.211, 7.186, 5.158, 5.375].

❹ Cf. Skagestad, p. 32.

❺ Cf. Skgaestad. pp. 35-36.

❻ Ibid., p. 36.

❼ 史凱基斯泰亦曾提出類似此處的辨解。他認為，如果僅由判準的轉換而推論珀爾斯是不一致的，這樣並不公平；比較恰當的說法是，珀爾斯本人並不清楚他自己希望提出的論証是那一個種類的。在〈信念之固定〉一文中包含兩種說法，一是有關三種前科學方法之起落的因果性（進化論的）說法，一是有關科學方法之優越性的規範性說法。因

果說法並未完成，而該文的根本論點即是，因果說法「必須」是不完全的。史凱基斯泰指出，由珀爾斯其他的著作中可以明白，他有一陣子受到達爾文革命的影響，但是他從未以爲達爾文的理論可以完全說明人這種認知存在者的進化。依他看來，思想這種活動在本質上得接受規範的評估。在本質上，這種活動以眞理爲理想目標，而受此一目標之控制；我們的思想之好壞對錯乃視其是否符合那些能引導我們走向此一目標的規範。若是一種說法沒有用到規範的概念（諸如「眞理」、「有效性」等），則不能恰當地描述（更遑論說明）任何認知活動（像是科學探究）。因此，對於推理的完全說法必須說到它的規範層面，亦即，它的眞假、有效無效之性能[CP, 2.152] [cf. Skagestad, p. 39]。

❽ 原則上，穩定的信念未必是眞的信念，而眞的信念必定是在長期中穩定的信念。此外，穩定的信念偏就主觀處而言，多以心理之感受爲主；眞的信念偏就客觀處而言，而有其客觀的依據。

❾ 在此，我們亦可了解珀爾斯爲什麼在科學探究的活動中強調「有控制的審思」(controlled deliberation) 的作用。珀爾斯認爲在任何理性的、自我控制的思考及探究的方法中皆涉及審思的成分，他指出：「說思考是審愼的，即表示它是被控制以求使它合乎一個目的或理想。大家都承認思考是一個主動的運作。」[CP, 1.573] 胡克威認爲，珀爾斯這方面的看法亦可在亞里斯多德及康德等人的著作中找到類似的主張。這些哲學家認爲，既然我們認定自己是在從事一種受到控制且理性的審思，有如以一種自主而負責的方式進行推理，則我們不應該以爲我們的目的是受到心理上決定的，而必須認定我們是可以自由地採取任何我們認爲我們應該採取的標準或目的。如果我們以一種審愼的方式控制我們的探究，則我們必須主張我們有能力去決定我們探究的目的

應該是什麼;如果我們觀察到人類的探究一直是以意見之固定爲其目標,我們也不能以此爲一不變的眞理。我們不能安於此而把它當成心理學的法則,卻放棄我們對理性的自我控制的要求。因此,如果承認探究的目的可由心理法則所確定,這樣做會犧牲我們的自主性;在理性的控制上,我們不應該接受任何限制。簡言之,我們絕不要以爲我們的目標及標準是在心理上被決定的 [Christopher Hookway, *Peirce* (London & Boston: Routledge & Kegan Paul, 1985), p. 55.]。相關於目的之選取的其他問題,亦可參見本書第八章關於規範科學的討論。

⑩ 除了這點理由之外,我們或許還可以由珀爾斯的可錯論找到一點更強的理由。基於珀爾斯的可錯論,沒有任何邏輯上不可能爲假的命題。因此,我們不僅不能以邏輯上不可能爲假的命題做爲探究的終點,亦不宜以此做爲探究的目的。像笛卡兒那樣的哲學家,他們在進行探究時,乃是以絕對不可能爲假的命題做爲他們進行探究的目的。如此一來,唯有當他們得到了這種命題,他們才算達成其探究的目的。但是,由珀爾斯可錯論的觀點來看,這種以絕對不可能爲假的命題爲目的的探究也是絕對不可能成功的;這樣的探究觀最後導致知識獲得之不可能,因爲沒有任何命題是邏輯上不可能爲假的。因此,進行這種探究乃是沒有意義的。換言之,一個合法的探究不應該以獲得邏輯上不可能爲假的命題爲其目的。這點理由雖然很強,但是其中有兩個問題:一、此種說法的成立必須以可錯論的成立爲先決條件;如果可錯論不成立,則我們亦有可能以絕對確定爲眞的信念做爲探究目的。二、其次,即使在可錯論成立的情況下,當我們以眞的信念做爲探究的目的時,我們心目中所要求的眞的信念不一定就是邏輯上不可能爲假的信念;換言之,我們不一定以絕對確定性爲目標,而可能以相對確定性爲目標。如此,我們仍然可以說,我們應該以眞的信念做爲探

究的目的。

⓫　Alfred Jules Ayer, *The Origins of Pragmatism: Studies in the Philosophy of Charles Sanders Peirce and William James* (San Francisco: Freeman, Cooper & Company, 1968), p. 15.

⓬　Cf. Ayer, p. 12.當然，艾耶也意識到他的這種分析也可能有一些反對的意見。例如，在此，可能有人會說，如果我們把眞理獨立於信念，亦會導致一種類似的無窮後退。如果我們一開始說，命題甲是眞的，則可能有人會問，命題甲是眞的這句話是否爲眞，又進而可問，命題甲是眞的這句話是否爲眞的這句話是否爲眞；如此亦有一無窮後退。但是艾耶認爲，此處的後退是沒有傷害的，因爲沒有任何理由逼迫我們一定要去從事此一無窮後退，即使我們從事此一進程，我們也可以在任何一點停下來。如果我們在某一點肯定命題甲是客觀地爲眞，在此即已把命題甲設立在一個堅實的基礎上。繼續去肯定命題甲是眞的這句話是眞的，對命題甲的確定性毫無增加，因爲這句話並未使我們原初的起點向前推進。依此後退之方式而形成的各命題，在形式上當然不同，但是此一系列中的每一個命題的實質內容與其前一個命題則完全相同，說命題甲是眞的這句話是眞的即等於是說命題甲是眞的。因此，由此一系列最初一個命題的確証而言，將此一系列不斷拉長並未造成任何好處，也沒有滿足任何需要。由另一方面來說，如果我們認爲命題甲之眞假即在於它是否被堅定地相信，則我們對命題甲之確証的程度至多只是說它是被堅定地相信的。而我們對這進一步的命題也再度遇到同樣的困難，如此即逼使我們陷入一個無窮後退。其缺點在於，無論我們如何往前推進，都無法達到堅實的事實基礎[cf. Ayer, pp. 12-13]。

⓭　Ayer, p. 13.

⑭ Cf. Ayer, p. 14.

⑮ 簡言之,「我們自以爲眞的信念」或「我們所具有的穩定信念」即是
探究之實然的終點,而「事實上爲眞的信念」或「合乎事實的信念」
則爲探究之應然的目的。前者係由人類現實上的限制而言,後者則係
由有理性者的立場提出的理想目標。在這點上,胡克威也曾表示過類
似的看法。他指出,珀爾斯在一八九〇年以後所提出的一些新的論証
乃是根據下述事實:邏輯能對那些在自我控制的推理或「審思」中所
使用的規則提供証成。我們要求邏輯提供一些標準,以用來控制並批
判我們的審思;我們由邏輯中得知我們「應該」如何去推理。依此,
有人可能會把一八七八年論証的錯誤說成是,它將關於「我們『應
該』以什麼做爲我們推理的目標」的問題立基於「我們本性上自然以
何者爲目標」的主張上。但是,胡克威指出,這種批評的基礎不是沒
有問題的。事實上,如果「意見之固定是人類探究者可能追求的全
部」是一個心理學的事實,則還要說「我們應該追求別的目標」,只
是一句空話;這乃是人類在設定探究目標的一個心理上的極限。不
過,在珀爾斯的後期著作中,他相信邏輯學家不應太看重這點反應;
換言之,在邏輯學家設定目標時,他不應該猜想人類的能力限制如
何。尤其珀爾斯認爲邏輯的結論不只是適用於人類,而得適用於所有
的有理性者,我們似乎應該把上述的心理事實看做是在描述人類能力
的極限,而不應該看成是理性的極限。何況,當一個人清楚他的探究
應該以何者爲目標時,不太可能在意這種目的是在心理上不可能的,
或許他會以爲這些心理學上的事實其實不是事實,其錯誤的可能正如
他所說的應然標準一樣的大[Hookway, pp. 53-4]。

⑯ 在此,這種經由科學探究長期努力所獲致的穩定信念,在某種意義
下,也可以說是探究社群自以爲眞的信念。但是由於它其實即是客觀

地爲眞的信念，因此，爲了避免混淆，我們在此寧可只把這種穩定的信念稱爲客觀地爲眞的信念，而不再說它是自以爲眞的信念。

⓱ 究極而言，我們之掌握實在，亦是由於我們在探究活動中表現了社群合作、科學方法、長期努力等要素。就探究者的立場來說，實在之實質意義與眞理之實質意義皆由此確定。對探究者而言，眞理之客觀性實際上是由這些因素保障的；因爲，除此之外，我們没有其他的途徑可以得到眞理。實在因素在此只是做爲形上的保障，而在探究歷程中，它除了做爲一個希望之外，並不能提供任何實質的助益。

⓲ 史凱基斯泰在此有類似的看法[cf. Skagestad, pp.39-41.]。

第六章　實用主義初探

　　在這一章裡，我們進入珀爾斯思想中最受世人矚目的一個部分；亦即其著名的實用主義。就正式出版的文字記錄而言，珀爾斯的實用主義最初出現於一八七八年的〈如何使我們的觀念清楚〉一文中[CP, 5.402]，他本人日後也因爲這篇文章而被奉爲美國實用主義的開山祖師❶。但是，珀爾斯在提出這個說法之後，有很長一段時間沒有再去公開加以宣揚，而世人也未注意到它的重要性❷。直到二十年後，詹姆斯首度公開使用「實用主義」一名而提出類似的主張，實用主義才似乎再度引起珀爾斯本人的關注，而世人也在此時開始注意到這個在當時唯一足以代表美國本土哲學特色的主張。由於眾多學者的紛紛投入，不出幾年，居然使得實用主義一時蔚爲風潮。到了一九〇八年，距詹姆斯之公開宣講實用主義不過十年的時間，拉弗喬伊即能將當時存在的實用主義歸納成十三種之多❸。種類之如此繁多，一方面固然顯示實用主義之盛極一時，另一方面亦暴露實用主義之眾說紛紜。這種說法上的分歧，不僅表現在一般學者的身上，也表現在幾位公認的實用主義大師（如：珀爾斯、詹姆斯、杜威等人）的身上。面對這種狀況，不少人寧可將實用主義當做是一個「運動」，而不稱之爲一個「學派」；有些學者甚至進一步以其他更廣泛的名詞來稱呼這個運動❹。

　　事實上，在實用主義剛開始嶄露頭角之際，珀爾斯，這位實用主

義的創始者，就已經強烈地感受到上述的差異性。固然珀爾斯也曾客氣地說，他與詹姆斯及席勒的實用主義沒有太多根本的差異[CP, 5.466]，不過，更多的時候，珀爾斯是在抱怨詹姆斯以及其他人（包括席勒）所闡述的實用主義並不合乎他的原意[CP, 5.3, 5.13n] ❺。或許由於這個原因，他在一九〇〇年之後寫了不少文章，重新對他所主張的實用主義做更清楚的闡釋。甚至為了使他的實用主義與其他學者所闡釋的或一般所認識的實用主義有所區別，他特意以「Pragmaticism」一名取代原先的「Pragmatism」[CP, 5.414] ❻。此外，更重要的是，珀爾斯晚年之所以重新處理此一主題，除了上述那種外來的刺激之外，還有一個內在的原因。亦即，珀爾斯後來反省到，他早期的說法乃是以心理學為基礎，而有若干弱點，因而試圖重新為其實用主義的主張提供非心理學的基礎❼。

經由上述背景的說明，我們可以了解，珀爾斯有關實用主義方面的著作何以集中分布在兩個時段。有的是在一八七〇年代出現的，尤其是一八七八年的〈如何使我們的觀念清楚〉一文。有的則出現於一九〇〇年以後，諸如：一九〇三年在哈佛大學發表的演講[CP, 5.14-212]，一九〇五年發表於《一元論者》的三篇文章：〈何謂實用主義〉(What Pragmatism Is)、〈實用主義的議題〉(Issues of Pragmaticism)、〈實用主義之辯解序論〉(Prolegomena to an Apology for Pragmaticism)，以及大量的手稿。上述這些資料大多收於《珀爾斯文輯》第五冊中。根據這些文獻，我們可以對珀爾斯的實用主義得到相當確定的了解，而看出它與其他實用主義之間的異同，甚至比較實用主義之心理學的証成與非心理學的証成之間的優劣。不過，對珀爾斯的實用主義做全盤性的省察，並非本書關心的重點；我們的討論將側重其中與探究理論關連較密切的部分，以此為起點，再進而論及

實用主義成立的理論基礎。

第一節　珀爾斯實用主義的意義論與其探究理論之間的關係

　　在這一節中，我們首先要對實用主義本身加以定位，接著再來看它與探究理論之間的關係何在。一般都知道，詹姆斯與珀爾斯同屬美國實用主義大師；不過，他們所主張的實用主義卻不盡相同。基本上，珀爾斯的實用主義原本是用來處理意義問題，而詹姆斯的實用主義則偏重於眞理問題的處理。在對珀爾斯的實用主義加以定位時，首先必須認清此點，否則很容易造成誤解。前面提過，珀爾斯的實用主義最初發表於一八七八年的〈如何使我們的觀念清楚〉。顧名思義，他的實用主義是一種使觀念清楚的方法。事實上，珀爾斯在一九〇二年明白指出，他在上述文章中陳述的實用主義，「不是一個『世界觀』，而是一種反省的方法，其目的在於使觀念清楚」[CP, 5.13n]。在此，我們必須注意到的是，實用主義這種方法雖然可以使觀念清楚，但是不見得能使觀念爲眞。

　　在〈如何使我們的觀念清楚〉一文中，珀爾斯說：「知道如何使我們的觀念清楚，當然是很重要的，但是它們可能一直如此清楚而卻不是眞的。」[CP, 5.410]換言之，一個觀念之清楚與否，與它之是否爲眞，二者並不相干。珀爾斯在提到一八七八年的實用格準時，或者說它是增加我們理解之清楚的一個規則，或者說它是可以使我們得到清楚的理解的一個格準[CP, 5.402, 5.2]。總之，對珀爾斯而言，實用主義的作用在於使觀念清楚，而不在使觀念爲眞；後者應屬一般科學

方法的作用，例如珀爾斯生前有一篇未出版的文章：〈獲得眞理的方法〉[CP, 5.574ff]，談的就是如何使觀念爲眞的問題。此外，由於對珀爾斯來說，使一個觀念清楚，即是確定其意義。因此，我們可以說，實用主義這種使觀念清楚的方法，同時就是一種確定觀念之意義的方法❽。

　　事實上，珀爾斯在一九〇六年曾經明白指出，所有的實用主義者都會同意兩點主張。首先，他們同意，實用主義不是一個形上學的主張，它並不企圖決定有關任何事物的任何眞理；就其本身而言，它只是一種方法，用來確定困難的字詞以及抽象概念的意義。至於運用這種方法可以造成什麼外在的、間接的效果，則是另一回事。其次，他們同意，他們確定字詞與概念意義的方法正是成功的科學家藉以得到高度確定性的那種實驗方法；而這個實驗方法正是《聖經》中一個古老的邏輯法則的特殊應用：「你應該由其成果去知道它們。」[CP, 5.464-5][cf. CP, 5.402n]在一九〇五年的另外一段文字中，珀爾斯將這種實驗科學家的典型思考方法明確地表達出來：「一個『概念』(conception)，亦即，字詞或其他表式的理性意義，完全在於它對生活行爲的可想像的影響；如此，由於任何不能由實驗導致的事物顯然皆不能與行爲有任何直接的影響，如果一個人能夠精確地定義對於一個概念的肯定或否定所蘊涵的一切可想像的實驗現象，他在此對這個概念將會有一個完全的定義，而且『其中絕對沒有更多的東西』。」[CP, 5.412]換言之，實用主義即是借鏡於實驗科學的方法而去確定概念之意義。由此可知，珀爾斯所說的實用主義乃是針對意義問題而言，故而基本上應該被視爲一種意義理論，而不應該被視爲一種眞理理論。當然，做爲一種意義理論而言，實用主義亦可被用來確定眞理的意義，而對眞理的本性有所說明；如此，亦可衍生出某種眞理理

論。簡言之，實用主義基本上是一種意義論，但亦可衍生成一種眞理論。不過，即使把實用主義看做一種衍生的眞理論，它的功能仍然只限於說明眞理之意義，而不能告訴我們如何獲得眞理，也不涉及眞理之判準的問題。

實用主義雖然不能直接告訴我們如何獲得眞理，但是，在某些間接的層面上，它對眞理之獲得仍有相當的助益。首先，正如前面說過的，它可以幫助我們釐清「眞理」的意義，而確定我們要追求的目標是什麼。其次，珀爾斯在一九〇三年指出，實用主義有兩種作用，它不但能使我們清除所有本質上不清楚的觀念，更可使我們弄清楚那些本質上清楚卻難以理解的觀念[CP, 5.206]。此外，珀爾斯又於一九〇五年指出，實用主義的用處在於：「它可以使我們看出，幾乎每一個存有論的形上學命題，若不是無意義的廢話（一個字詞被其他字詞定義，而後者又被其他字詞定義，永遠達不到任何實在的概念），就是徹底荒謬的；如此，可以清除這些廢物，而使哲學中剩下的問題都可以用眞正科學的觀察方法加以研究。」[CP, 5.423]換言之，做爲一種意義理論，實用主義確定概念之意義（包括眞理概念及其他概念），並藉此而清除無意義的命題，使得剩下的問題皆具有明確的意涵，而容許我們進一步使用科學方法以確定其眞假。由這幾點可略見意義論與眞理論之關連。

經由上述的說明，我們可以確定，珀爾斯的實用主義基本上應該被視爲一種意義理論❾。至此，我們解決了珀爾斯實用主義本身的定位問題。不過，由於本書係以珀爾斯的探究理論做爲研究主題，故而我們仍然需要了解，在探究理論的脈絡中，意義論或實用主義究竟佔有什麼地位呢？

首先，就文獻上的關連而言，珀爾斯對於探究歷程所做的比較完

整的經驗性考察最早見於〈信念之固定〉,而其意義理論最早見於〈如何使我們的觀念清楚〉;這兩篇文章即是「科學邏輯之說明」此一系列中的第一篇與第二篇。這是由外在的証據去看出珀爾斯探究理論與其意義理論之間的密切關連。接下來,我們可以進一步由內在義理的關連加以說明。

依據本書前一章的討論,我們知道,「我們自以爲眞的信念」或「我們所具有的穩定信念」即是探究之實然的終點,而「事實上爲眞的信念」或「合乎事實的信念」則爲探究之應然的目的。此外,珀爾斯又認爲唯有科學方法才能使我們得到合乎事實的信念。在此,或許有人會問:「科學方法爲什麼能使我們得到合乎事實的信念?」不過,在回答這個問題之前,我們必須先了解什麼是合乎事實的信念。而在「合乎事實的信念」這個概念中,涉及兩個更基本的概念,亦即:「眞理」與「實在」。固然,我們可以由此而追問珀爾斯的眞理論及實在論。不過,更基本的工作應該是先確定這兩個概念的意義。否則,整個討論可能漫無準據,而致徒勞無功。

「眞理」與「實在」是兩個相當抽象的概念,我們如何去了解它們的意義呢?在此,珀爾斯的實用主義提供我們一種掌握抽象概念之意義的方法。珀爾斯在一九○二年指出,實用主義是一種哲學方法;而哲學是實証科學的一支。實証科學乃對比於純粹數學;前者是一種進行研究的理論科學,它探究事實是什麼;後者只想知道由某些假設可以導出什麼。哲學這種實証科學不做觀察,而只滿足於一般人在清醒時所擁有的那些經驗。因此,哲學的研究在於反省,而實用主義即是一種反省的方法,它著眼於其本身的目的以及被它所分析的那些觀念的目的;不論這些目的是具有行動的本性及用處或具有思想的本性及用處。簡言之,「實用主義不是一種『世界觀』,而是一種反省的

方法，它的目的在於使觀念清楚」[CP, 5.13n]。此外，珀爾斯在一九〇五年指出，實用主義並不是要指出所有記號的意義何在，而只是要提出一種方法以決定知性概念（亦即，推理所依靠的那些概念）的意義[CP, 5.8]。而珀爾斯在一八七八年的大作中，即是以這種方法去闡釋「實在」的意義[cf. CP, 5.405, 5.3]。

　　此外，有一些學者也曾指出珀爾斯探究理論與其意義論之間的內在關連。例如，胡克威指出，實用主義原理是一個邏輯原理（照珀爾斯的說法，實用主義是邏輯的一個格準 [CP, 5.14]），而且發展於邏輯第三支的方法學(Methodeutic) 中。這門學問研究的是，如果我們想要盡可能有效地進行探究，我們應該遵行那些規則。實用主義原理提供一條規則以清楚地了解我們在科學中使用的概念及我們所研究的假設：它告訴我們應該如何做，以便清楚地了解這些概念而使我們得以盡量有效地控制我們的探究。我們更可由此而了解意義與實在❿。又如，艾默德指出，依照珀爾斯的看法，在我們應用科學方法確定某一命題的真假之前，我們必須先知道此一命題的意義；否則無從加以確定。因此，在我們論及真理問題之際，也必須同時考慮珀爾斯對意義的看法⓫。

　　基於上述的關連，我們在下一節將簡單闡述珀爾斯早期實用主義的意義論，並看珀爾斯如何應用這種方法去闡釋「真理」與「實在」的意義。不過，有一點必須先說明。珀爾斯的實用主義在早期與晚期的說法上存有些許差異，而晚期的說法在某種程度上修改了早期的說法。我們以下之所以先討論珀爾斯早期的說法而由之說明「真理」與「實在」的意義，理由在於：一、珀爾斯在一八七八年的文章中，與其說是著重於闡述實用主義本身，不如說是著重於說明如何運用實用格準以闡述「實在」之意義；甚至於「真理」意義之說明也是在

對「實在」意義之說明中被附帶提到的。此外,我們沒有看到珀爾斯在其他的文章中如此直接地將實用格準應用到「實在」意義之說明上。因此,當我們關心「實在」與「真理」之意義時,最恰當而直接的文獻依據就是這篇文章。二、珀爾斯雖然在一九○二年批評這篇文章對實用格準的說法,不過,他同時也指出,他在這篇早期的文章中雖然說得不好,但是他做的卻沒有錯。換言之,當他運用實用格準去闡述「實在」之意義時,說法上的不周全並沒有影響到他的解釋[CP, 5.3]。如此而得出的結論亦是為後期的珀爾斯所認可的。因此,我們可以先來看他如何闡述;至於說法上的不周全,則留待後面的章節處理。

由以上的說明,我們可以看出珀爾斯的實用主義與其探究理論之間的外在關連與內在關連。不過,以上所說的幾點內在關連只告訴我們實用主義對探究理論的重要性。事實上,在珀爾斯的早期思想中,實用主義與探究理論還有一點非常直接的內在關連,亦即,珀爾斯早期的實用主義乃是以探究歷程的經驗性考察做為基本的預設;詳言之,珀爾斯在一八七八年提出的實用格準,預設了探究活動中的一項基本原則:「思想活動或探究活動的唯一作用即在於產生信念或行動的習慣。」[cf. CP, 5.394-8] 在下一節的討論中,我們可以明白地看到這一點關連。在此,我們由另一個角度看到了探究理論對實用主義的重要性。而且,比起前面提到的那些內在關連,這一點顯然是更為直接而重要的。不過,我們也不能過於執著於此點上,因為,我們發現到,珀爾斯在後期對這點內在關連明白表示不滿並做了相當程度的修正[cf. CP, 5.3]。因此,比較謹慎的說法是:這一點直接的內在關連只對珀爾斯早期的思想有效,而前面提到的其他幾點比較間接的內在關連,則對珀爾斯早期及後期的思想皆有效。

第二節　實用主義的早期説法及其應用

　　前面提過，根據珀爾斯，實用主義是一種反省的方法，它的目的在於使觀念清楚。不過，更精確的説法應該是，實用主義的目的在於使「我們的」觀念清楚，亦即使我們對觀念有清楚的了解。換言之，觀念之清楚與否乃針對我們的理解而言，一個清楚的觀念即是我們對它有清楚了解的觀念。然而，什麼樣的觀念才足以稱爲清楚的觀念呢？換言之，我們要對一個觀念了解到什麼程度才足以稱爲清楚呢？在此，必須先對這個問題有所答覆，然後才能進而考慮我們應該憑藉什麼方法去獲得清楚的觀念。

　　珀爾斯指出，以往的邏輯學家認爲，如果我們對一個觀念的了解，到了不論在何處均可認出它而不致誤以爲他者的地步，則它就是一個清楚的觀念。在此，我們對概念的掌握可以使我們不加思索地將它運用於經驗上。珀爾斯對這種定義不表同意；首先，這樣的清楚性在現實世界中很少遇到；其次，這樣是把觀念的清楚性歸於主觀的熟悉，而主觀的熟悉之感很可能完全錯誤[CP, 5.389] ❷。除了這種將清楚性定義爲熟悉性的説法之外，也有人主張，以抽象的字詞對某一觀念提出精確的定義，方能使我們對此觀念有清楚的理解。在此，我們可能對它提出字詞上的定義而將它關連於其他的概念。不過，珀爾斯認爲這兩種説法所根據的哲學基礎早已崩潰，因而亟欲提出他自己的主張[CP, 5.390, 5.392]。此外，珀爾斯曾經指出，他的這套説法可以使我們在理解上得到「第三層的清楚性」[CP, 5.402]。如此，似乎意謂著前面提到的第一種説法只能使我們得到「第一層的清楚性」，而第二種説法只能使我們得到「第二層的清楚性」。在〈信念之固定〉

一文中，珀爾斯列舉了四種固定信念的方法，在批評了前三種方法的缺點之後，他才提出自己心目中最理想的科學方法。在〈如何使我們的觀念清楚〉一文中，珀爾斯採取了同樣的策略；他列舉了三種使觀念清楚的方法，而在批評前兩種方法之後，才提出自己主張的方法。而在珀爾斯的心目中，這種方法顯然是一種最能使我們觀念清楚的方法。接下來就讓我們來看珀爾斯如何說明這種方法。

珀爾斯指出，他在〈信念之固定〉一文中所說的原則可以使我們掌握一種更能使觀念清楚的方法。這個原則是：「思想活動是由懷疑之不安所激起，而當信念獲得之際即停止；如此，信念之產生是思想的唯一作用。」[CP, 5.394] [cf. CP, 5.371ff]（在此，我們明白地看到，珀爾斯早期如何以其探究理論中的信念說做爲基礎，以建立實用主義這種「更能使觀念清楚的方法」。）珀爾斯接著舉了兩個例子對上述原則提出進一步的說明。首先，他指出，他所說的「懷疑」與「信念」乃是指任何一個問題（不論多大或多小）的開始與解決。例如，當我需要付出五分錢車資，而我發現我的錢包有一枚五分錢的硬幣以及五枚一分錢的硬幣，那麼，此時只要對於以何種方式付費的問題有一絲的猶豫（如果已經養成某種習慣，當然就無此問題），即可稱爲「懷疑」，因爲我必須決定如何行動。而此決定即是「信念」，因爲一旦做成決定，即表示問題得到了解決，而依珀爾斯的用語，問題之解決即是信念之成立。其次，常見的懷疑固然大多出於行動的猶豫，但也不盡然如此。例如，我在火車站等車，爲了打發無聊的時間，我比較火車時刻表上的各個班次以及各種我並未想要經過的路線。這種「虛構的猶豫」(feigned hesitancy)，不論是純粹爲了娛樂而虛構或是爲了某種崇高的目的而虛構，對於科學探究活動的產生，均佔有重大的地位❸。最後，珀爾斯提醒我們說，不論懷疑是如何產

生，它都會刺激心靈活動。這個活動可能是輕微的、也可能是充滿活力的，可能是平靜的、也可能是動亂的。這個活動可能只維持一刹那，也可能要好幾年才能結束。不過，在其結束時，我們發現自己已經決定在某種情境下應該如何行動；亦即，我們得到了信念[CP, 5.394] ⓮。

　　依據上述原則，思想活動的唯一作用乃是爲了產生信念。然而，信念的本質何在呢？珀爾斯的說法是：「信念之本質即是習慣之成立；而不同的信念是由它們所激起的不同的行動模式而區別開來。如果信念在這方面沒有差異，如果它們是藉著產生同樣的行動規則而平息同樣的懷疑，則在對它們的意識方式中沒有什麼差異可以使它們成爲不同的信念，就像在不同的琴鍵上彈出同一個音調不能算是在彈不同的音調。」[CP, 5.398] 有些信念的不同僅屬表現模式(mode of expression)上的不同，卻經常因此而被誤以爲具有本質上的差異；就像「朝三暮四」與「朝四暮三」一樣。珀爾斯指出，把原本無差異者誤以爲有差異，這樣所造成的傷害毫不遜於誤把原本有差異者混爲一物所造成的傷害；而且，這種錯誤最常發生於與形上學有關的論題中。例如，我們經常會把我們自己思想上的不清楚之感誤認爲是我們思想之對象的性質；換言之，當我們說某一事物具有神祕的本性時，往往是由於我們未能認清它，而我們卻將自己主觀的感受推出去當做對象的性質。又如，我們經常會因爲表達文字的不同，即以爲它們所表達的觀念或意義亦不相同；這種想法也經常會造成錯誤[CP, 5.398-9]。

　　面對這種經常發生的錯誤，珀爾斯認爲，只要我們能反省到思想之全幅功能即在產生行動的習慣，即可避免上述的誤解。任何與思想有關而與其目的無關者，均爲思想之外在的添加物，而非其內在部

分。既然思想的目的在於產生習慣，那麼，當我們要了解一個思想的意義時，最恰當的方式即是去了解它所產生的習慣。討論至此，我們看到珀爾斯如何由思想活動或探究活動之唯一作用去說信念，再如何由信念之本質去說行動之習慣，最後又如何由習慣去說意義。由此說法中，我們也看到珀爾斯在早期如何以其探究理論中的信念說與習慣說去建立其實用主義的主張。簡言之，依珀爾斯的看法，一個思想的意義即在於它所產生的習慣。當我們說兩個思想具有不同的意義時，即表示它們所產生的習慣是不同的。然而，我們如何分辨不同的習慣呢？珀爾斯的答案是，我們只要去考察，在相同的情境下，它們是否使我們產生不同的行動。詳細說來，「一個習慣是什麼，乃取決於它『何時』以及『如何』導致我們去行動。說到『何時』，每一個行動之刺激均源於知覺；說到『如何』，每一個行動的目的皆在造成某種可感覺到的結果」[CP, 5.400]。依此，我們得以分辨意義之不同。

珀爾斯認為，由此實踐上所可能造成的差異去分辨思想上的不同以及意義上的不同，即是最佳的方法。他在此並對有關「化體論」的問題加以分析，以展示這種方法的效力。根據基督新教的看法，聖餐中的酒與餅只是象徵著耶穌的血與肉，它們之滋養我們的靈魂，有如食物之滋養我們的肉體。而根據天主教的看法，聖餐中的酒與餅即是耶穌的血與肉；儘管二者在感覺上有相當的差異。面對這種在哲學上並非罕見的爭論，一般人往往束手無策，而只能將問題留給權威替他們做決定，或是以「見仁見智」的輕巧說法去迴避問題。然而，珀爾斯在此，不僅認真地面對這種問題，更為這一類型的問題提供了一條共同的解決途徑。他指出，我們不可能對酒有任何概念，除非我們相信某樣東西是酒或是相信酒具有某些特性。如果我們具有這些信念，那麼，在某種情境下（例如，眼前放了一杯東西），我們會依據我們

對酒之種種特性的信念而對我們所相信爲酒的東西做出某種行動。珀爾斯接著說：「這種行動的情境是某種可感覺的知覺，它的動機在於產生某種可感覺的結果。如此，我們的行動指涉的完全在於對感官有所影響的東西，我們的習慣與我們的行動具有同樣的影響，我們的信念與我們的習慣具有相同的影響，我們的概念與我們的信念具有相同的影響；因此，酒對我們的意義只不過是對我們的感官具有某種直接的或間接的效果的東西；而說某種東西雖然具有酒的全部可感覺的特性，其實卻是血，這乃是無意義的廢話。」[CP, 5.401]珀爾斯認爲，說思想具有任何與其唯一的功能無關的意義，乃是一種荒謬的說法。換言之，「我們對於任何一個事物的觀念『即是』我們對其可感覺效果的觀念；而如果我們幻想還有任何其他的觀念，我們是欺騙自己，並誤把一個只是伴隨著思想的感覺當做是思想本身的一部分」[CP, 5.401]。

　　經由以上對思想功能、信念本質之反省，再加上他對實驗科學家的思考模式之深入的了解與堅定的信心❶，珀爾斯在一八七八年提出著名的「實用格準」(pragmatic maxim)：「想想看，我們認爲我們概念的對象具有那些可想像地帶有實踐影響的效果。那麼，我們對於這些效果的概念即是我們對此對象之概念的全部。」[CP, 5.402]這條規則使我們由一個觀念所可能造成的結果去了解此一觀念的意義，珀爾斯認爲這是我們了解觀念的最佳途徑，也是使我們的了解最清楚的方式。換言之，這種方法可以使我們在對於觀念的理解上得到第三層的清楚性。珀爾斯本人曾經舉了一些例子，諸如「硬」、「重量」[CP, 5.403]、「力量」[CP, 5.404]、「實在」[CP, 5.405-7]、「鋰」[CP, 2.330]、「或然性」等[CP, 5.20-33]，說明如何運用這條規則去清楚地了解這些觀念，並分析它們的意義。例如，根據實用格準，當我們

說一個東西是「硬的」，我們的意思即指：它不會被其他許多種類的物質磨損。在此，我們對於「硬」這個性質的了解，完全在於它的被想像到的效果。又如，當我們說一個物體是「重的」，意思即是說：如果沒有支撐的力量，則它會落下[CP, 5.403]。不過，在本節中更值得我們注意的是，珀爾斯如何運用實用格準去說明「實在」觀念及「真理」觀念。

珀爾斯指出，如果把熟悉當成清楚，則實在觀念即是一個最清楚的觀念；因為每一個孩童都能非常自信地使用這個概念，而從未以為自己不了解它。就第二級的清楚而言，儘管有很多人會覺得很難對這個概念提出一個抽象的定義，不過，這個定義可以藉著比較實在與幻想之間的差異而找出。如此，一個東西的性質如果獨立於你我的想法，即是一個外在的實在；這就是一個對於實在者的抽象定義[CP, 5.405]。不過，珀爾斯也指出，這個定義有待進一步的說明，否則會引起某種誤解。因為，我們發現，有一些心靈現象，它們並不獨立於我們的思想，可是我們仍然說它們是實在的。我們之說它們是實在的，乃是就其性質之獨立於任何人的想法而言，而不是就其本身是否獨立於任何人的思想而言。例如，只要有人真的做了夢，則此夢境做為一個心靈現象而言，乃是實在存在的；因為，儘管夢境不能獨立於此人的思想而存在，但是，就此夢境之具有如此這般的內容而言，卻不是任何人的想法所能決定的。

然而，珀爾斯認為，不論我們提出多麼令人滿意的定義，它都不能使實在觀念完全清楚。因此，他仍然運用實用格準，以期對實在觀念獲得更清楚的了解。依此方法，實在性的意義，像所有其他的性質一樣，乃是在於具有此性質的事物所產生出來的那些可感覺的效果。珀爾斯在此宣稱：「實在事物所具有的唯一效果即在造成信念，因為

實在事物所激起的所有感覺乃是以信念的形式進入意識之中。因此，問題是，如何區分真的信念（對實在之信念）以及假的信念（對幻想之信念）。」[CP, 5.406] 他進一步指出，分辨真假乃是科學方法的專利。採取固執法的人只能用真理一詞去強調他選取某一信念的決心。對採取權威法的中世而言，真理即是宗教的信仰。至於採取先驗法的人，他們只是去找那些合乎其系統或其本性的真理。如此，他們亦容許對某人為真者不必對另一人為真；這樣根本違反真理概念的本義。相對於這三種前科學方法而言，珀爾斯指出，「在另一方面，所有的科學信徒都被一個令人愉快的希望鼓舞，亦即，對於運用科學方法所研究的問題，只要研究的歷程推進得夠遠，即會得到一個確定的解答」[CP, 5.407]。他以光速的研究為例，說明科學家們如何由不同的途徑進行研究；一開始或許會得出不同的結果，但是當他們各自使其處理方式及過程趨於完善，則其結果亦穩定地趨近於一個「命定的中心」(destined centre)。換言之，研究之進展以一股外在於研究者的力量（在此有如命運之非人力所能違抗），把他們推向一個相同的結論。基於上述的分析，珀爾斯對實在與真理觀念的闡釋是：「這個偉大的希望體現在真理與實在概念之中。註定究極地為全體研究者所同意的意見，即是我們所謂的真理的意義，而在此意見中所再現的對象即是實在者。」[CP, 5.407] ⓰

　　由某個角度來看，上面這段話即是珀爾斯依據實用格準而對「實在」與「真理」所做的定義。以珀爾斯所舉的光速之研究的例子來說，科學家們在研究之初必須相信最後必定有一個唯一的正確的答案，他們不會以為最後的結果將是「公說公有理，婆說婆有理」的分歧狀況，否則他們不必花那麼多的時間與心力去進行研究，以求取一個確定的結果。這就表示他們相信終必有一個唯一的「真的」答案。

當然，在研究之初，各個科學家所得到的答案未必相同，也許沒有任一個人的答案是眞的。但是，他們仍然相信經過長期的研究之後，終必會有一個答案是大家所同意的；這就是他們所了解的眞理的意義。而這個眞的答案所指的事，即是實在的；這就是他們所了解的實在的意義。

第三節　實用主義的三個層面

我們在上一節簡略地說明珀爾斯如何運用實用格準以詮釋「實在」與「眞理」的意義。在此說明中，我們對珀爾斯早期實用主義的說法也得到一些初步的了解。對一般的讀者而言，珀爾斯早期對於實用主義的說明或許已經足夠了；但是，在嚴格的省察之下，我們不難發現其中仍然存有不少值得質疑的地方。事實上，珀爾斯在後期也明白表示對其早期說法的不滿，而做了許多後續的補充，甚至提出了一些重大的修改。但是，這並不表示珀爾斯早期對實用主義的說明必須被全盤否定，更不表示珀爾斯早期運用實用主義這種方法所得出的結論必定不再被後期的珀爾斯接受。要了解這一點，我們必須先釐清一個觀念，即是，實際去使用一種方法是一回事，而把這個方法本身、甚至這個方法所根據的理論基礎說出來則是另一回事。在日常生活中，我們看到不少人，他可以把某一個方法運用得非常熟練，而且沒有錯誤，但是，要他自覺到自己所使用的方法、或是進一步把這個方法說出來，則是相當困難的事。對於這類「日用而不知」的人來說，如果我們還要要求他把這個方法說清楚，甚至要求他提出足以支持這個方法的理論根據，更是難上加難的事了。不過，對於珀爾斯這種以反省爲能事的哲學家來說，他就不能只停留在日用而不知的階段，而

必須由「實際應用」的層次進入到「反省說明」的層次，甚至進入到「理論証成」的層次。而事實上，就珀爾斯的實用主義來看，不論是早期的或後期的，全都照顧到了這三個層次。

我們在前面說過，一般學者大致公認珀爾斯一八七八年的〈如何使我們的觀念清楚〉一文是一篇陳述珀爾斯早期實用主義主張的代表作。這點是沒有問題的，因為，在這篇文章中，我們看到珀爾斯早期對於實用主義最為完整的說法。不過，一般也很容易根據這點認識而誤以為珀爾斯這篇文章就是為了陳述實用主義而寫的。這種誤解之產生，顯然是出於對這篇文章出現脈絡的忽略。這篇文章固然非常重要，但是，我們不要忘記，它不是一篇孤立的文章，而是做為「科學邏輯之說明」這一系列六篇文章中的第二篇。放在這個脈絡來看，我們發現，它原本的主要目的並不在於提出實用主義，而是在於說明科學方法所涉及的一個重要的基本預設，亦即「實在」觀念。換言之，他是為了使我們對於實在觀念能有清楚的理解，才順道提出實用主義這種最能使觀念清楚的方法。就一般文章的寫法來說，珀爾斯原本可以直接提出他對實在觀念的說明。但是，做為一個深具反省能力的哲學家，珀爾斯在提出他對實在觀念的看法之前，不僅說明他用了什麼樣的方法去了解實在觀念，更指出這種方法得以成立的理論基礎。在〈如何使我們的觀念清楚〉一文中，珀爾斯先說明實用主義這種方法的理論根據[CP, 5.394-401]，接著陳述實用格準這種使觀念清楚的方法[CP, 5.402]，最後才提到這種方法的實際應用。而在應用的說明中，珀爾斯先是舉例說明「硬」、「重」、「力」等觀念[CP, 5.403-4]，最後則歸結於「實在」觀念 [CP, 5.405-10]；我們在此應該可以看出，前面的幾個例子純粹只是做為說明的輔助而被提到，事實上，實在觀念才是整篇文章說明的重點與目的。

　　經由以上對於〈如何使我們的觀念清楚〉一文的寫法與架構所做的分析，我們固然看出這篇文章原初寫作的用心乃是在於說明實在觀念，而實用主義這種方法則是在此背景下順道提出的；但是，這個背景絲毫不能減輕這篇文章在珀爾斯實用主義哲學發展中所佔的重要地位。這篇文章之所以重要，不僅因為它是實用主義最早的一篇文獻，更因為我們在其中看到珀爾斯早期實用主義的完整說法；而我們之所以說這是一個「完整的」說法，乃是由於其中已經完備地表達出實用主義的三個層面：方法的証立、方法的說明、以及方法的應用。在此，我們必須注意，當珀爾斯在後期對其早期的說法提出修正時，他針對的不是方法應用的部分，而是方法的說明與証立的部分。關於這一點，我們可以由珀爾斯在一九○二年為《哲學與心理學詞典》所寫的一個條目中清楚地看出[CP, 5.3]。在此條目中，珀爾斯指出，他不再滿意於早期說法之假設人的目的是行動；這表示珀爾斯重新思考實用主義成立的理論根據。此外，他又說，在一八七八年的文章中，他做的要比說的好；這表示他雖然不滿意於原先對實用主義的說明，但是仍然同意原先運用實用主義所得出的一些結論。換言之，珀爾斯的實用主義，不論是早期的或後期的，都完備地照顧到方法論的三個層面；而後期說法之異於早期說法，並不在於修改早期說法的應用部分，而在於修改了其中的說明部分與証成部分⓱。當然，如果要對珀爾斯的實用主義有更深入的了解，我們必須進一步討論後期說法中如何修改早期實用主義的說明部分與証成部分。此外，一方面由於証成部分在理論結構的邏輯順序上乃優先於說明部分，另一方面由於珀爾斯對於實用主義理論基礎的修改直接影響到他對其說法上的修改，因此，我們在下面的章節中應該先討論証成部分，然後才能進一步對其說明部分有更明確的認識。經由如此的討論，我們不僅可以對珀爾斯

實用主義的全貌有更爲完整的了解，也可澄清一些因早期說法之過於簡略而引起的誤解。

附 註

❶ 在此，我們可以順道說明珀爾斯實用主義的發展過程。雖然著名的實用格準於一八七八年才見諸正式的出版物，不過，珀爾斯這方面的想法必定在此之前即已開始發展。史凱基斯泰即曾指出，在一八六八年至一八七三年間，珀爾斯同時發展其士林實在論以及實用主義之主張，而把它們當做同一個學說的兩個層面。因此，在珀爾斯於一八六八年發表的士林實在論中，已有實用主義的精神[Peter Skagestad, *The Road of Inquiry: Charles Peirce's Pragmatic Realism* (New York: Columbia University Press, 1981), p. 87.]。此外，珀爾斯在一八七一年對《柏克萊著作集》所做的書評中也有一段相當富有實用主義精神的話：「要避免語言的欺騙，這是一條更好的規則：事物是否實踐地滿足同樣的功能？若是，則讓它們稱以相同的字眼。若否，則讓它們稱以不同的字眼。」[CP, 8.34]事實上，珀爾斯於一八七〇年代初期首度在形上學俱樂部中使用「實用主義」一詞，並加以說明。他在一九〇六年回憶說，當時為了使形上學俱樂部中的討論不致沒有留下任何文字記錄，他寫了一篇短文，表達他曾以實用主義為名而提出的一些想法，並頗受大家好評。（根據《珀爾斯文輯》第七卷編者柏克斯的研究指出，這篇文章很可能就是收在文輯第七卷三一三段至三六一段的文章。）大約六年之後，他略加擴充而為〈信念之固定〉與〈如何使我們的觀念清楚〉二文，隨後分別發表於一八七七年十一月及一八七八年一月的《通俗科學月刊》上。雖然在其間的幾年中，珀爾斯與形上學俱樂部的成員早已經常在彼此的對話中使用「實用主義」一詞。

但是，珀爾斯自己承認，那時他受到坎貝爾過多的影響，而不敢以新名詞去表達新義。而且，他當時也尚未體認到：如果哲學要躋身科學之林，必須要犧牲文字的優雅，以求有效，哲學家必須像生物學家及化學家那樣勇於創造新名詞去表達他所發現的新的科學概念[CP, 5.13]。因此，珀爾斯才會刻意避免在當時出版的文章中使用「實用主義」一詞；而他第一次在出版物中使用「實用主義」一詞，乃是出現於一九〇二年出版的《哲學與心理學詞典》之中，這還是應該書編者之請而爲「實用主義」這個條目撰文時，才不得不提到的[CP, 5.414n, 5.1-4]。就出版的記錄來看，詹姆斯倒是第一位在世人面前公開使用此一名詞並使世人重視此一主張的人。就實用主義之推廣而言，詹姆斯當居首功，而世人也多由詹姆斯的著作中了解實用主義，甚至以爲詹姆斯是實用主義的創始者。不過，詹姆斯在一八九八年首次公開闡述實用主義時，即已指出這原本是珀爾斯早在二十年前就提出的主張[William James, *Pragmatism* (Cambridge: Harvard University Press, 1975), p. 29.]。甚至當珀爾斯爲了撰寫上述條目而向他詢問誰是「實用主義」一詞的創始者時，詹姆斯也很大方地將此榮銜歸給珀爾斯[CP, 8.253]。此外，珀爾斯說，實用主義雖然在過去的哲學史上即有表現，不過，自覺地採用之以做爲討論黑暗問題的明燈，並努力使之成爲幫助哲學探究的一種方法，則是最初出現於一八七〇年代初期形上學俱樂部的討論中[CP, 5.12, 6.482, 6.490]。當時在這個團體中有一位成員格林(Nicholas St. John Green)，他是邊沁的信徒。他經常強調應用貝恩信念定義的重要性；貝恩把信念定義做「一個人依之而準備行動的依據」。珀爾斯認爲，實用主義不過只是由此定義導出的系論(corollary)；因此珀爾斯把他看做實用主義的祖父[CP, 5.12]。依此看來，珀爾斯並不否認自己做爲實用主義之父的地位。事實上，珀爾斯

在一九○二年下筆撰寫上述詞典之條目時即指出，他是最早提出實用格準的人；不過，他也指出，他乃是經由對康德第一批判的反省而提出這個格準。在此，涉及珀爾斯實用格準的起源問題。但是，珀爾斯對這個問題提出幾個不同的答案。他在此處雖然說是受到康德的影響，有時則說是受到貝恩的影響[CP, 5.12]，有時又說受到實驗科學家的思考模式的影響[CP, 5.411-2]。或許我們可以照單全收，而把這些都視爲實用格準起源上的影響因素之一。不過，就字詞的起源上而言，珀爾斯倒是根據康德的說法而提出「實用」一詞[CP, 5.1, 5.412]。

❷ Cf. CP, 5.17.不過，珀爾斯也一再提到他曾多年運用實用主義的思考方式，如此看來，他並非眞的遺忘了這個主張[cf. CP, 5.3, 5.14, 5.415]。

❸ Arthur C. Lovejoy, *The Thirteen Pragmatisms and Other Essays* (Baltimore: The Johns Hopkins Press, 1963), pp. 1-29.

❹ S. Morris Eames, *Pragmatic Naturalism* (Carbondale: Southern Illinois University Press, 1977), pp. ix-xiv.此外，派里也直接將實用主義稱爲一種運動；請參見註五引文。而另外一本書的書名也反映了該書作者的看法：Charles Morris, *The Pragmatic Movement in American Philosophy* (New York: George Braziller, 1970).

❺ 珀爾斯在一九○三年曾經以譏諷的口吻指出，他對那些「新實用主義者」唯一的抱怨就是他們太生動了，而這點意謂著輕巧、浮淺[CP, 5.17]。此外，在討論各個實用主義者之間的異同問題上，珀爾斯與詹姆斯之間的異同受到最多學者的關注。派里，這位著名的學者雖然曾爲詹姆斯寫了兩大本精闢的思想傳記，但是他並沒有爲詹姆斯做任何辯護，反而直接了當地說：「當代名爲實用主義的這個運動大多是出於詹姆斯對珀爾斯的誤解。」[Ralph Barton Perry, *The Thought and Character of William James* (Boston: Little, Brown and Company,

1936), vol. 2, p. 409.]史凱基斯泰指出，詹姆斯把珀爾斯的意思了解成是在說信念即在於行動，而珀爾斯的原意卻是在說信念在於行動的傾向或習慣[Skagestad, p. 88]。不過，也有學者並不關心詹姆斯是否誤解了珀爾斯，卻由另一個角度指出詹姆斯實際上是擴大了實用主義的應用範圍；亦即由科學的關懷跨入非科學的關懷，甚至包含了宗教的關懷[Francis E. Reilly, *Charles Peirce's Theory of Scientific Method* (New York: Fordham University Press, 1970), p. 164.]。如果這層範圍的擴大是有意義的，則詹姆斯之偏離珀爾斯的原意，亦是可諒解的。此外，關於詹姆斯的實用主義與珀爾斯的實用主義之差異可參見下述著作：Arthur Lovejoy, *The Thirteen Pragmatisms* (Baltimore: Johns Hopkins University Press, 1963)，pp. 6-10. Charles Morris, *The Pragmatic Movement in American Philosophy* (New York: George Braziller, 1970), pp. 29-32. Israel Scheffler, *Four Pragmatists: A Critical Introduction to Peirce, James, Mead, and Dewey* (London: Routledge & Kegan Paul, 1974), pp. 100-4.

❻ 珀爾斯在一九〇五年指出他之所以使用此一新名的一些理由。他說，要使哲學家能像科學家一樣相互合作而不是彼此攻訐，至少先要使哲學術語有確定的意義。甚至可以仿效化學那樣，賦予字首及字尾以固定的意義。例如，一個名詞前面加上字首「prope-」，則表示對此名詞意義之擴大而較不明確的衍伸；一個主張的名稱自然會以「-ism」爲字尾，而「-icism」則表示對此主張更明確的說法。由於「實用主義」一詞被大家用得愈來愈背離珀爾斯的原意，使得他認爲應該到了與自己的孩子說再見的時候了，故而另外造出「pragmaticism」一詞，用來指稱他本人對實用主義更爲精確的說法。他之所以造出這樣的一個名詞，另外一點理由是，他認爲這個新詞醜到沒有人肯去綁架

的地步。此外，珀爾斯也舉出他本人的實用主義優於其他說法的一些地方：一、其他說法之對的地方可以由之導出，而它卻沒有其他說法之錯的地方。二、它較其他說法更爲簡潔而統一。三、最重要的是，它更容易與對其爲眞之批判的証明發生關連[CP, 5.413-5]。

❼ 珀爾斯在一九〇二年寫信給詹姆斯，承認他自己在早年對實用主義的了解頗爲粗糙 [CP, 8.255]。在一九〇三年他又指出，他在一八七八年的文章中將實用主義格準的根據溯源於心理學上的原則，而訴諸一個想要一貫地行動、想要有一個明確的意圖的原初衝動。但是他自我批判說，首先，這個表達不夠清楚；其次，令人不滿的是它把某些根本的東西歸約到心理學的事實。因爲，如果這個衝動不是有利的或適合的，則人能改變他的本性，或是他不想改變時環境亦會改變之。爲什麼進化要使人心如此構造？珀爾斯由此指出，這是他在後期必須問的問題，而所有試圖將邏輯的根本立基於心理學上的企圖在本質上都是浮淺的[CP, 5.28]。此外，珀爾斯在一九〇五年發表〈實用主義之辯解序論〉一文，他在這篇文章中提出思想的圖式法，並計畫日後用這種圖式法去証明實用主義之爲眞，而完全擺脫心理學上的証明[CP, 4.540, 4.572]。珀爾斯原本計畫實際運用這種方法再寫一篇文章，但是未能完成。不過，其中的一部分看法可見於 CP, 1.305n, 1.306n, 4.534n, 4.553n, 4.561n, 4.564n, 5.549f。有關珀爾斯之所以再度用心於實用主義的動機，亦可參見胡克威的說法[Christopher Hookway, *Peirce* (London & Boston: Routledge & Kegan Paul, 1985), p. 235.]。

❽ 我們在此必須提醒一點。實用主義乃是藉由一個概念所可能帶來的結果而確定其意義，由此而使我們對於此概念之了解得到某種程度的清楚性。珀爾斯認爲，比起經由主觀熟悉而來的第一級清楚性以及經由抽象定義而來的第二級清楚性，這種經由可能效果而來的第三級清楚

性，在清楚的程度上是最高的。不過，我們必須注意，這種最高程度
的清楚性，亦只是相對地來說。珀爾斯本人在一九○二年指出，實用
格準的大用在於使思想得到相對地高度的清楚性[CP, 5.3]。用通俗的
話來說，實用主義這種方法比起其他方法，更能夠使我們對概念有清
楚的了解。換言之，它更能使我們確定概念的意義。在此，經由實用
主義的方法而得到的清楚性是一種相對的清楚性，由此而得到的意義
之確定性亦是一種相對的確定性。此外，珀爾斯在一九○三年說：
「大家都知道，笛卡兒主張，如果一個人只要能夠得到一個完美地清
楚而明晰的觀念（萊布尼茲則加上第三個要求，亦即，它應該是妥當
的），則此觀念必定是眞的。但是，這樣是太過嚴厲了。因爲，到目
前爲止還沒有任何一個人曾經在理解上達到完美的清楚與明晰，更不
用說到妥當了；但是我仍然以爲眞的觀念已經被得到過。」[CP, 5.593]
由這段文字亦可看出，珀爾斯所說的清楚性只是一種相對的清楚性，
而依珀爾斯看來，絕對的清楚性尚未被任何一個人得到過。

❾ 事實上，其他的學者也曾強調這點。例如，瑞禮曾經指出，珀爾斯在
一八七○年代中期用「實用主義」一詞來指他的信念論，不過，在一
八七七年及一八七八年的文章中，則用它來指意義論[Reilly, p. 147]。
此外，艾默德也曾明白指出，珀爾斯在〈如何使我們的觀念清楚〉中
提出的「實用格準」(pragmatic maxim) 主要即是用來做爲意義的判準
[Robert Almeder, *The Philosophy of Charles S. Peirce: A Critical
Introduction* (Oxford: Basil Blackwell, 1980), p. 14.]。嚴格說來，艾默
德的說法有欠周全。首先，所謂意義的判準，指的應該是「the
criterion of meaningfulness」，而不是「the criterion of meaning」；
這點分別是艾默德沒有講清楚的。其次，珀爾斯的實用格準不僅可以
用來分辨有意義與無意義的概念，更重要的是，它還可以用來確定概

念之意義。因此，正確的說法應該是，珀爾斯的實用主義是一種用來確定概念之意義的方法，而在此作用之下，亦足以附帶地辨明一個概念是否是有意義的。但是，不論艾默德的說法是否精確，有一點是相當確定的，即是，他把珀爾斯的實用主義看做一種意義理論，而非眞理理論。最後，值得一提的是，史凱基斯泰也把實用主義當做一種意義判準，不過，他同時也指出這種看法過於偏狹，而進一步由一種更廣闊的觀點闡述實用主義與記號學之間的關係，以便看出實用主義也可以做爲一種廣泛的意義理論[cf. Skagestad, p. 87, p. 119]。

❿ Hookway, p. 235 。

⓫ Almeder, pp. 13-14 。此外，關於探究理論與實用主義之間的義理關連，瑞禮的說法亦頗值得參考。我們在前面已經知道，懷疑是探究的起點，信念是探究的終點。瑞禮指出，在珀爾斯探究理論的脈絡中，探究指的是科學家或具有科學心靈的人所進行的研究，而做爲科學研究的起點與終點的懷疑與信念，乃是科學家的懷疑與信念。瑞禮認爲，實用主義即是科學研究中使用的探究方法，雖然沒有提到方法的細節，但是提供一種總方向 [Reilly, p. 14]。

⓬ 事實上，在我們日常使用的概念中，有許多只是經由多次的重複而使我們在主觀上對它們有一種熟悉之感，而我們經常基於這種心理上的熟悉之感而以爲自己對它們具有清楚的理解。此外，這種錯誤的想法也經常阻礙我們進一步努力去求得眞正清楚的理解。例如，對於中國哲學典籍中常見的「心」、「性」、「理」、「氣」等，有不少熟悉古典的人往往以爲自己對它們有清楚的理解，而當不熟悉這些概念的人要求他們加以解說時，卻又說不出來。又如，一個從小能夠背誦《道德經》的人，在遇到外國留學生問起何謂「道可道，非常道，名可名，非常名」之際，很可能無從答起。原因是，這些人原先所以爲的

清楚，事實上只不過是熟悉罷了。同樣的，在西方哲學中也有許多常用的概念，諸如「entity」、「substance」、「person」等，有不少經常把這些名詞掛在嘴邊的西方人一旦遇到對這些概念覺得陌生的人要求他們說明白時，才發現自己的理解其實是不清楚的。這些例子告訴我們，熟悉並不意謂著清楚。此外，我們由這些現象也可體會到，當我們要去了解另一個陌生的文化傳統或哲學系統時，我們固然會有許多因陌生而來的障礙，但也正因爲陌生，我們比較不會落入「日用而不察」的蒙蔽而輕易地放過一些基本的概念。

⓭ 瑞禮指出，雖然所有的信念皆關連於行動，但是，我們絕不可誤以爲珀爾斯主張所有的信念都是實踐的。事實上，有些信念是實踐上的，有些則是理論上的。就珀爾斯在此處舉的兩個例子來說，瑞禮認爲，第一個例子所說的懷疑與信念是實踐上的，因爲它們關心的是一個要被實際做出的行動；而第二個例子所說的懷疑與信念則是理論上的，它們涉及想像的行動，但是並沒有要去實現之。換言之，後者所做的決定是關連於行動，但不是爲了行動而做的；前者所做的決定，不但是關連於行動，而且是爲了行動而做的。珀爾斯所說的探究，毋寧是就後者而言；亦即，科學的探究在本質上是理論性的。對珀爾斯來說，實踐的信念與科學無關，因爲它的目的就是爲了行動，而行動需要某種盲目的自信；在此，依靠本能與性情的成分要遠超過它對推理的依賴[Reilly, p. 17, p. 162]。

⓮ 依珀爾斯的看法，實際的或行動的猶豫以及虛構或想像的猶豫皆可造成懷疑；相對地來說，在一個實際發生的情境中決定如何行動，固然形成了信念，而在一個虛構的情境中想像如何去行動，也應該算是形成了信念，儘管這種行動可能永遠只是存在於想像之中。關於這一點，亦可由我們前面對於信念本質之分析中看出。

⑮ 珀爾斯在一九〇五年回顧說，他自六歲即擁有自己的實驗室，此後，不僅時常投入實驗工作，交往的朋友又以實驗科學家爲主，因此相當了解實驗科學家的思考方式。他指出，他們的思考方式多少受到實驗室經驗的影響。因此，當你對一個典型的實驗科學家做出任何一個斷言時，他只會把你的意思了解成：如果執行某種實驗，則會產生某種經驗。除此之外，他看不出你的斷言有任何意義[CP, 5.411]。依此，珀爾斯將實驗科學家的典型思考方法明確地表達出來：「一個概念，亦即，字詞或其他表式的理性意義，完全在於它對生活行爲的可想像的影響；如此，由於任何不能由實驗導致的事物顯然皆不能對行爲有任何直接的影響，如果一個人能夠精確地定義對於一個概念的肯定或否定所蘊涵的一切可想像的實驗現象，他在此對這個概念將有一個完全的定義，而且『其中絕對沒有更多的東西』。」珀爾斯更以實用主義稱此主張[CP, 5.412]。簡言之，珀爾斯由科學實驗中得到的經驗，可以說是促成其實用主義產生的外在背景。

⑯ 珀爾斯在此意識到，或許有人會說這種看法正好與他原先對實在性提供的抽象定義相衝突，因爲它使實在者的性質依靠於研究者對它們的究極想法。珀爾斯對此質疑的回答是：「在一方面，實在不是必然地獨立於思想之一般，而只是獨立於你或我或任何一群數量有限的人對它所可能有的想法；而在另一方面，雖然最終意見的對象依靠於那個意見是什麼，但是那個意見是什麼並不依靠於你或我或任何一個人的想法。」[CP, 5.408]他甚至相信，人類即使絕種，亦無改於眞的意見只能有一個的這個事實。（CP, 5.409亦在強調此一堅強的信心。）

⑰ 就此處提到的三個層面而言，如果由邏輯的優先性或理論結構的優先性來看，其間的順序應該是由証成到說明，再到應用。但是，如果由時間的優先性或發生過程的優先性來看，則通常是先有應用，再有說

明，最後才是証成。換言之，就實際發生的過程而言，我們在一開始通常是不自覺地有一些做法，而在反省到我們慣常的做法背後有某種一貫的方法之後，我們才會進一步去說明這種方法，甚至爲它找一些理論上的根據。同樣的，珀爾斯在一開始也只是基於他由實驗室生活培養出來的思考習慣去了解一些概念的意義[cf. CP, 5.411-2]；珀爾斯在這個層次上所獲致的一些結論，不論是早期的或後期的，大都是一致的，也很少受到珀爾斯本人日後的質疑[cf. CP, 5.19]。或許我們可以將這個層次稱爲方法的應用層次，雖然這個名詞不很恰當；因爲，就發生的過程而言，在這個階段原本不必有什麼自覺的方法。當然，在一八七〇年代初期，珀爾斯顯然已經超出不自覺的階段；他明白地表示，自己經由各種困難問題的實際討論，逐漸對實用主義這種方法益發明瞭，而更自覺地加以採用[CP, 5.12]。而到了一八七八年的〈如何使我們的觀念清楚〉，我們看到，他不但進入到方法本身之自覺的說明，甚至到了方法之証成的層次。不過，由於當時的目的主要在於說明實在觀念，而不在說明方法本身或方法之証成，因此，後兩個層次並沒有得到充分的發展。簡言之，當時的重點不在方法本身之說明或証成，而在方法之應用。但是，在一八九八年之後，當世人開始矚目於實用主義之際，他們關心的不是方法之應用，而是方法之本身。這種「無心插柳柳成蔭」的外界關心也使珀爾斯本人不得不重新調整他的研究重點，而回頭來更深入地反省原先對此方法之說明，並對不足之處做了不少相當重要的補充與修正。以上，我們簡述了珀爾斯實用主義的發展過程，並由其中看出，珀爾斯早期之說實用主義，相對於其後期而言，只是附帶地談，而他在後期之說實用主義，才是比較專門地針對實用主義本身來談。

第七章 實用主義之証成與範疇論

珀爾斯在許多地方提到實用主義的重要功用；例如，他在一九〇三年的哈佛演講中，一開始就提到，他大多數的思想都是以實用主義這種邏輯格準做爲指導，而在這種實際的運用中，他發現自己對它的認識日增，也益發感到它的重要性。珀爾斯指出，這種極爲有效的工具，不僅可用於哲學，更可用於科學的每一分支，甚至可用於生活行爲之中[CP, 5.14]。但是，除了就實用主義的用處來強調它的重要性之外，我們仍然需要証明實用主義是一個眞的主張。而珀爾斯顯然承認，說明一個主張的用處，並不等於証成它之爲眞；否則，他不會說：「只要它是眞的，它的確是一個非常有效的工具。」[CP, 5.14][cf. CP, 5.19]此外，他也明白指出：「無疑地，實用主義開了一條路，而使我們非常容易地解決許許多多、各式各樣的問題。但是，我們根本不能由此而說它是眞的」[CP, 5.26]。因此，在珀爾斯的心目中，實用主義本身即是一個有待証成的主張，而他，做爲實用主義的開創者，也有責任爲實用主義的成立提供堅強的理論根據❶。

事實上，珀爾斯在前期及後期都曾提出一些証成實用主義的說法。前期的說法，表現在一八七八年的〈如何使我們的觀念清楚〉，基本上是以心理學上的事實做爲基礎。珀爾斯在此時提出的實用格

準，主要奠基於貝恩對於信念的定義：「信念即是一個人所依據而準備行動的東西。」用珀爾斯的方式來表達，這句話的意思就是說：「信念的本質即在於行動的傾向或習慣。」此外，由於珀爾斯認爲思想的唯一作用在於產生信念，因此，他進一步說，思想的唯一作用或目的即在於產生行動的習慣。在此，關連於意義問題而言，珀爾斯的看法是，如果我們要了解某件事物，我們應該由其目的去了解它。如此一來，我們要了解一個思想的意義，最好的方法即是去了解它所導致的信念，或是更明確地說，它所產生的習慣。順著這個理路，我們自然會同意：我們應該由一個概念所造成的行動習慣去了解它的意義；這就是實用主義的意義論，而這個主張也在上述的理路中獲得了支持的根據。

不過，珀爾斯日後非但沒有繼續發展上述這種証成實用主義的路向，反而嚴厲地加以批評。在一九○三年，當他首次公開宣講他對實用主義重新反省後的成果時，即明白表示他對一八七八年那篇文章的不滿。他說：「如何『証明』一個概念的可能的實踐後果即構成這個概念的總和呢？這個格準在我原先那篇文章所根據的論証是：『信念』主要在於審愼地準備採取我們所相信的公式做爲行動的指導。如果這眞的是信念的本性，則我們相信的這個命題本身無疑地只不過是個行爲的格準。我相信這是相當明顯的。但是，我們如何知道信念只不過是根據所相信的公式而審愼地準備行動？我原先那篇文章文章將此推回到一個心理學的原則。依此，眞理概念乃是由一個想要一貫地行動、想要有一個明確的意圖的原初衝動而發展出來。但是，首先，這個表達不夠清楚；其次，令人不滿的是它把某些根本的東西歸約到心理學的事實。因爲，如果這個衝動不是有利的或適合的，則人能改變他的本性，或是他不想改變時環境亦會改變之。爲什麼進化要使人

心如此地構造？這是我們今天必須問的問題，而所有試圖將邏輯的根本立基於心理學上的企圖在本質上都是浮淺的。」[CP, 5.27-8][cf. CP, 5.485] 換言之，原先的說法奠基於心理學對信念本質的實然分析，但是，在心理學的層次，只說明到信念是怎麼一回事，卻未說明信念為什麼具有這樣的本質。在此，只知其然而不知其所以然的說法，在理論的層次上顯然有欠深入。如此一來，珀爾斯所說的實用格準即成為一個實然的描述，而不再是一個應然的格準。然而，更根本的問題是，我們如何知道信念只不過是在於根據所相信的公式而審慎地準備行動呢？在上述一八七八年的文章中，珀爾斯似乎認為這是人性的事實或心理學的事實。但是，他後來顯然不再滿足於這種解答，而要重新為實用主義找尋更堅實的基礎[cf. CP, 5.34]。

　　由於心理學路向帶有顯著的缺點，珀爾斯在後期則試圖由非心理學的路向提出對於實用主義的証成❷。究實而言，前期的說法與後期的說法在核心的論點上並無二致，亦即，皆以「習慣」這個概念做為解釋意義的樞紐。其間的差異只在於前期係由心理學的角度去說習慣，而由此為實用主義的意義論找出根據；後期則由範疇論及記號學的角度說之。因此，其間並不存在根本主張的差異，而只是証成路向的不同。此外，就証成路向之不同而言，珀爾斯雖然在一八七八年曾經一度偏向於心理學路向的証成，不過，在大部分的時間中，他倒是一貫地堅持著非心理學的路向。因此，我們以下的討論主要即集中於珀爾斯後期的說法上。

第一節　非心理學路向中的幾種証成角度以及
　　　　其間的關連與優先順序

籠統說來，珀爾斯在後期對實用主義的証成，採取的是非心理學的路向。不過，這種非心理學的路向究竟是什麼一種路向呢？當我們對珀爾斯後期的著作進行仔細的考察之後，我們發現，他在後期似乎是由幾種不同的角度爲實用主義提供理論根據。他有時是由現象學或範疇論的角度去証成實用主義，這可見於一九○五年的一段文字中[CP, 5.5-10]。有時是由規範科學的角度去証成實用主義，這可見於一九○三年《實用主義講演錄》的第一講中[CP, 5.26-40]。有時則是由記號學的角度爲實用主義提出理論根據，這可見於一九○六年的〈實用主義綜述〉一文中[CP, 5.464-496] ❸。當然，這三種角度的証成都不是以心理學做爲証成的基礎，因此，在這層意義之下，它們都可被視爲是以非心理學的路向爲實用主義提出理論根據。但是，我們也不能把它們看成三個分別獨立而不相關連的証成方式。事實上，上述的三個角度之間有密切的理論關連，其間也具有邏輯上的先後關係。簡言之，在珀爾斯非心理學路向的証成中，乃起始於現象學或範疇論的角度，最後則以記號學的角度爲其總歸趨。因此，在這層意義之下，我們可以把珀爾斯後期非心理學路向的証成明確地稱爲「記號學路向的証成」❹。不過，由於各個角度的說法彼此的密切關連，而且各自皆能使我們對珀爾斯實用主義的主旨有更清楚而深入的了解，因此，我們的討論雖然以記號學路向的証成爲歸趨，但是其他兩種也值得我們討論。

在上述的三個角度中，我們之所以把現象學的角度放在第一位，乃是由於珀爾斯認爲現象學比規範科學更爲根本，也比記號學更爲根本。要了解這點，或許我們應該先來看一看珀爾斯對於學問所做的分類。根據他的說法，所有的學問分爲：發現之學 (Science of Discovery)、整理之學 (Science of Review)、以及實踐之學 (Practical

Science)；在此，珀爾斯的關心集中在發現之學上。而發現之學亦有三種：數學、哲學、與特殊科學(Idioscopy)；在此，珀爾斯的關心集中在數學及哲學上。其中哲學又分爲三種：現象學、規範科學、及形上學。而在規範科學中，也有三個分支：美學、倫理學、與邏輯。此外，珀爾斯又把邏輯分爲三小支：思辨文法學(Speculative Grammar)、批判學(Critic)、及方法學(Methodeutic)。以上即是珀爾斯對於學問分類的梗概[cf. CP, 1.181-191] ❺。

就邏輯這門規範科學而言，珀爾斯在一九〇三年指出，邏輯的工作在於研究自我控制的或審慎的思想。又由於珀爾斯認爲，所有的思想皆經由記號而表現，因此他說，邏輯這門學問研究的是記號的一般法則。此外，他指出，在邏輯的三個分支中，思辨文法學是對於記號之本性與意義的一般理論；批判學則對論証進行分類，並確定各類論証的有效性及強度；方法學則研究我們應該使用什麼方法以進行探究、進行闡釋、並進行對眞理之應用。他更認爲，這三個分支之間具有理論上的依存關係，其中的後者皆依靠於前一者[CP, 1.191] ❻。換言之，方法學依靠於批判學，而批判學依靠於思辨文法學；因此，也可以說，方法學在理論的根據上仍得依靠思辨文法學。由於方法學與思辨文法學的這種依存關係，我們在此只要看出記號學屬於思辨文法學的範圍❼，而實用主義屬於方法學的範圍❽，即可同時看出，依珀爾斯的觀點，實用主義在理論的根據上乃依靠於記號學。

記號學與實用主義均屬於邏輯的範圍，而邏輯是規範科學中的一支。我們在上面提到，珀爾斯認爲，在規範科學的各個分支中，邏輯是關於自我控制的或審慎的思想之理論；而他同時又指出，倫理學是關於自我控制的或審慎的行動之理論；又由於珀爾斯認爲審慎的思想乃是審慎行動中的一種，因此他主張，邏輯必須依靠倫理學，以樹立

其原則。在此，我們可以看出，珀爾斯爲什麼由規範科學之間所存在的關係爲實用主義提供某種成立的基礎。此外，珀爾斯也指出，邏輯必須依靠於現象學[CP, 1.191]。在上述對於哲學的分類中，第一種是現象學，在此只是觀照普遍的現象並察識其遍在的要素；第二種是規範科學，在此則研究現象與目的之間的關係；第三種是形上學，它試圖理解現象的實在性[CP, 5.121]。珀爾斯認爲，範疇之提出與釐清乃是現象學的工作[CP, 5.38]。因爲，所有的哲學家使用的範疇一詞，實質意義都一樣；對亞里斯多德、康德、及黑格爾而言，範疇指的皆是具有最高概括性的現象要素[CP, 5.43]。在此，我們可以由學問分類的外在脈絡看出珀爾斯範疇論與意義論之間的關係。範疇論屬於現象學；意義論屬於實用主義，而實用主義又爲邏輯中的一個分支，而邏輯則爲規範科學的一支。在各大分支之間的相互依存關係上，珀爾斯認爲現象學必須當做建構規範科學的基礎[CP, 5.39]。因此，邏輯必須依靠現象學，而實用主義的意義論亦必轉而依靠現象學的範疇論。

由以上的說明，我們可以看出前述三個角度的說法與實用主義之証成之間的關係，也可看出三個角度的証成在理論上的優先順序。以下即依此順序分別討論之；而首先應該要討論的就是現象學或範疇論角度的証成。不過，由於珀爾斯的範疇論本身就是一套相當費解的理論，因此，我們必須先對這套理論略做說明，方能看出他如何以範疇論進行意義的分析。

第二節 珀爾斯的範疇論

由於珀爾斯認爲，現象學(phenomenology, phaneroscopy)的工作在於提出範疇並加以釐清，因此，在說明範疇之前，我們可以先對他

所說的「現象」稍做了解。首先，對珀爾斯來說，「現象」(phenomenon, phaneron) 是一個相當廣泛的詞語，它比英國古典經驗論所說的「觀念」(idea)還要廣泛，而且刻意摒除「觀念」一詞所挾帶的心理學上的意涵。簡言之，任何呈現於心靈者皆屬現象，而不論它是否對應任何實在的事物。珀爾斯認爲，要決定一個東西是否屬於現象，並沒有任何心理學上的困難；因爲任何事實上看起來在心靈之前的東西都是現象。因此，珀爾斯相信，沒有任何東西像現象這樣完全直接地開放給觀察。而整個現象學即是以對現象之直接的觀察以及對此觀察之概括化做爲研究的基礎[CP, 1.284-6]。不過，必須注意的是，現象學雖然以呈現於心靈中的現象做爲直接觀察的對象，但是，它只是以此做爲研究的起點，卻不局限於此。換言之，現象學雖然以實際經驗到的爲起點，但是它仍然企圖進一步涵蓋所有可能經驗到的部分。因此，珀爾斯在一九〇三年指出，他本人之使用「現象學」一詞，雖然多少受到黑格爾《精神現象學》的影響；不過，他也強調，他並不將現象學的工作局限於對「經驗」的觀察與分析，反而將它擴大而描述所有共同於任何被經驗者、或可能被經驗者、或可能被研究者的特性[CP,5.37]。

現象學的研究乃以對現象之直接的觀察做爲基礎；這種工作，說起來似乎簡單，其實並不容易。珀爾斯指出，現象學完全不考慮它所研究的現象是否對應於實在，它也避免任何假設性的解釋。它只是省察直接的顯象，而努力將最細密的精確性與最廣泛的概括性皆展現出來。在此，不可被任何傳統、任何權威、任何理由影響而以爲事實應該如何，而只是誠實地、單純地去觀察顯象[CP, 1.287]。如此，就某一方面來說，直接觀察現象並不是一件困難的事。在此，我們只需要張開眼睛、打開心眼，好好地注視現象並說出其中從不缺乏的特性。

但是，就另一方面而言，我們很難完全擺脫假設性的解釋。因此，珀爾斯也承認，要從事這個工作，我們必須具備三種能力。第一種能力是要就事物本身的呈現去看它，而不加上任何解釋；這是藝術家的能力。一般人把陽光下的雪說成白色的，但這只是根據理論而以爲白色是雪應該有的顏色；藝術家則可看出陽光下的雪實際上是黃色的。第二種則是堅決的辨別力，緊盯著我們所研究的特性不放，不論它躲在何處或加上何種僞裝，都要把它找出來。第三種是數學家那種概括的能力，要能清除所有外在而不相干的成分而進行考察，並產生足以掌握特性之本質的那種抽象公式[CP, 5.41-2]。

在直接觀察現象並概括化這些觀察之後，現象學以此爲基礎而依序進行下面幾項研究工作：（一）標舉一些極爲廣泛的現象種類，亦即列出範疇表；（二）描述各個範疇的特性；（三）指出這些範疇雖然是難分難解地混合在一起而無一能夠單獨抽離（亦即指出其間的關係），但是它們的特性顯然是不同的；（四）証明一個很短的名單即可窮盡所有最廣泛的範疇，証明它是充足的、毫不冗贅的（由於現象學所研究的範疇乃是具有最高概括性的現象要素，因此，珀爾斯認爲，範疇像化學元素一樣，數量很少）；（五）列舉各個範疇之下的主要分支[CP, 1.286, 5.43]。第五點提到的主要分支即是珀爾斯所說的「特殊範疇」，相對於此，前四點乃是針對「普遍範疇」而言。珀爾斯指出，特殊範疇類似黑格爾在《百科全書》中所列舉的那些，它們針對進化的各個層面而形成一個系列或一組系列；而在任何一個現象中，只呈現一個系列或只以一個系列爲主。普遍範疇則類似黑格爾所說的正反合，雖然黑格爾並未以範疇稱之。普遍範疇可以應用於萬事萬物；所有的普遍範疇都具現在任何一個現象之中，雖然其中有的普遍範疇可能在某一現象中較爲突出[CP, 5.38, 5.43] ❾。在此，我們

的討論可以只局限於普遍範疇，因為珀爾斯對於特殊範疇的分析亦是以其普遍範疇的理念做為根據。換言之，以下的討論僅就前四項工作來說。

壹、普遍範疇

　　就第一項工作而言，經由直接的觀察而找出不可再分解的現象要素，在某種意義上，即是找到了具有最高概括性的現象要素，亦即是找到了普遍的範疇。對於這些不可分解的現象要素進行分類，基本上可以根據其形式或結構而分類，亦可根據其質料而分類。珀爾斯曾經花了整整兩年的時間，嘗試後一路向，但未成功；不過，他也不認為其他人可能成功。因此，他在範疇論上，主要是以前一路向為依據；亦即，依據形式或結構而對現象要素進行分類[CP, 1.288]⑩。接著，我們就來看珀爾斯依此路向而分析出來的結論。

　　簡單地說，依據珀爾斯的範疇論，有三個普遍的「範疇」。不過，他有時亦稱之為「普遍的存有模式」，有時名曰「普遍的基本概念」，有時又稱為「基本的述意形式」(elementary forms of predication or signification) [CP, 1.561]。對這三個普遍的範疇，珀爾斯曾經在不同時期給予不同的名稱。例如，他在一八五七年由人稱代名詞的角度導出範疇表，而列出「我」、「你」、「它」[CW, 1, 15]⑪。又如，他在一八六七年〈論新範疇表〉中提出的「性質」、「關係」、「再現」(representation) [CP, 1.555]。（珀爾斯日後對此早期的說法略加修飾而為：感受之「性質」、二元的「關係」、「再現」之斷定[CP, 1.561]。他在一八九六年亦指出現象之成分的三個範疇，分別為「性質」、「事實」、「法則」或「思想」[CP, 1.418-420]。一九〇三年則名之曰「當下」、「努力」、「法則」[CP, 5.44-

62]）。此外，他也經常稱之爲「第一性」、「第二性」、「第三性」[CP, 1.23-26, 1.300ff]。有時亦名之爲「非關係特性」、「二元關係」、「三元關係」[CP, 1.564]，或「一元的」、「二元的」、「三元的」[CP,1.293]。

對於以上列舉的各種說法，乍看之下，頗有眼花撩亂、無所適從之感。不過，稍加考察之後，我們應該可以發現，這些紛紜的名相背後，其實隱藏著某種共同的模式；亦即三分法的基本模式。珀爾斯自己也承認，他似乎特別喜好「三」這個數字，而在哲學中大量運用三分法進行思考[CP, 1.355]。我們在前面提到的珀爾斯對學問的分類中，已經看到他這種癖好的具體表現。此外，一般也知道，珀爾斯把記號分爲三類：象符、標示、符號，其中符號亦被分爲三類：字詞、命題、論証；他又把字詞分爲三類：絕對的、相對的、結合的，把命題分爲三類：全稱的、特稱的、數量不定的，把論証分爲三類：演繹、歸納、假設。珀爾斯甚至企圖將這種三分法普遍地用到形上學、心理學、生理學、生物學、物理學、社會學、神學等領域中[CP, 1.354]。不過，就理論上的依存關係而言，以上提到的各種三分法之應用，必須以普遍範疇的三分做爲根據；換言之，以「普遍範疇」爲基礎，而在不同的特殊領域中列舉各種「特殊範疇」。因此，珀爾斯指出，他所說的三分法主要是指涉第一性、第二性、第三性這些觀念，這些觀念如此廣泛，以致於與其把它們看做確定的觀念，不如把它們看做思想的格調(moods or tones of thought)[CP, 1.355]。如此，由某種角度看來，三個普遍範疇是存在於每一個現象之中的不可缺少的要素，而做爲三種基本的存有模式；而由另一個角度看來，它們是我們面對現象時所不可避免的思考模式。但是，不論由那一個角度來看，我們都可以將此三個普遍範疇做普遍的應用。

或許最抽象的詞語最容易被用來做普遍的應用，因此，在珀爾斯指稱三個普遍範疇所使用的不同名稱中，我們姑且採用「第一性」(firstness)、「第二性」(secondness)、「第三性」(thirdness) 這一組名稱做爲討論的起點，以說明這三個普遍範疇各自的特性及其間的關係。而在說明的過程中，其他一些相關名稱的意義亦會附帶提到⓬。換言之，這裡談的是現象學的第二項及第三項工作。

貳、第一性、第二性、第三性

從某種角度來說，我們可以把第一性、第二性、第三性這三種普遍範疇看成三種最基本的存有模式；而且珀爾斯認爲，這三種存有模式皆爲吾人可直接觀察者。第一性指的是積極的性質上的可能性之存有，第二性指的是現實事實之存有，第三性指的是能夠控制未來事件的法則之存有[CP, 1.23]。第一性這種存有模式乃是在於任何一個事物之毫不考慮其他事物而如其本然地存有；換言之，這種存有乃是純然地在其自己，它不指涉任何東西，亦不在任何東西之後[CP, 1.356] [cf. CP, 1.426]。珀爾斯指出，這個絕對的第一性觀念必須完全無關乎任何其他事物的概念或對任何其他事物的指涉；因爲任何涉及一個第二者的事物，其本身即是對這個第二者的第二者，如此即不成其爲第一性。因此，第一性必須是當下而直接的，如此才不致成爲對一個再現的第二者。它必須是嶄新的，因爲，如果是老舊的，則它即是對其先前狀態的第二者。它必須是原初的、即興的、自由的；否則它是對一個決定因的第二者。它必須是生動而有意識的；如此方不致成爲某種感覺的對象。它先於所有的綜合與所有的分化；它沒有統一，亦沒有部分。它不能被精確地思考；一加以肯定，即已喪失其特色；因爲肯定總是意涵著對另一事物的否定。我們一旦停下來去想它，它已經遠

迭。這種情況有如亞當在他被創造的第一天，首度張開雙眼來看這個世界，這時，無所謂主觀或客觀，他未做任何區分，亦未自覺到他自己的存在。因此，對於第一性，珀爾斯強調說：「切記，所有對它所做的描述都必定是假的。」[CP, 1.357] 在此，珀爾斯也指出，這當然只能是一種可能性；因爲，一個事物若是與其他事物毫無關連，則說它具有任何存有，乃是没有意義的說法。「紅性」這種存有模式，在這個宇宙没有任何紅色的事物之前，只不過是一個積極的性質上的可能性。即使有紅色的事物，就紅性本身而言，仍然是個可能性；此即第一性。我們自然地認爲外在物體具有第一性，亦即，我們以爲它們本身有一些潛能，這些潛能可能已被現實化也可能尚未現實化，它們可能會被現實化也可能永遠不會被現實化；雖然我們在其尚未現實化之前，對這種可能性一無所知 [CP, 1.25][cf. CP, 8.329]。以上即是珀爾斯對第一性的說明。

接下來說明第二性。珀爾斯指出，第一性是絕對的，第二性亦然；如果以第一性爲絕對的最初，則第二性是絕對的最後。就第一性而言，它完全不考慮任何第二者；而當我們說到第二性時，亦完全不考慮任何第三者。但是，這時不可去除第一性觀念，否則無所謂第二性。舉例來說，下述觀念皆具有第二性；例如：另一者、關係、強迫、效果、依靠、獨立、否定、發生、實在、結果。一個事物要爲另一者、爲否定的、爲獨立的，則必須有一個第一者，而它是這個第一者的另一者、它是第一者的否定、它獨立於第一者。不過，珀爾斯告訴我們，這不是一種非常深刻的第二性；因爲在這些情況中，第一者可能被摧毁而第二者的眞正性格仍然未變。當第二者由第一者的行動而經歷某種改變，而且依靠第一者，則此時之第二性即更爲道地[CP, 1.358]。

　　從現象之普遍要素的角度來看，我們可以把第一性說成是感受之性質，而把第二性說成是現實事實。珀爾斯指出，感受之性質，就其爲概括的而言，乃是有些含混而屬潛在的。但是一個發生的事件是純粹個別的，它發生在此時、此地[CP, 1.419]。珀爾斯說：「如果我問你一個事件的現實性何在時，你會告訴我說，它在於這個事件之發生於『該時該地』(then and there)。」[CP, 1.24]因此，珀爾斯認爲，雖然一個恆常的事實的個別性比較沒有那麼純粹，不過，就其爲現實的而言，它的恆常性與概括性只是在於它之存在乃是存在於每一個個別的刹那。此外，就現實事實之爲個別的而非概括的而言，這個個別者對於每一個可能性或性質都是確定的，或者具有之或者不具有之。這是排中律，而不適用於概括者，因爲概括者是部分地未確定的[CP, 1.434]。從另一個角度來說，現實事實亦必涉及感受之性質；因爲正如上面所說的，去除第一性則無第二性可言。但是，珀爾斯也指出，性質本身並不足以構造成事實，現實事實還得關涉做爲物質實體的主體[CP,1.419]。他舉例說，當法庭對我宣判時，或許我毫不在意。不過，當我感到警長的手放在我的肩上時，我就開始會有一種現實感。現實性是某種蠻橫(brute)的事，其中沒有理由可說[CP, 1.24]。又如，一個人可以獨自走在街上與自己爭議外在世界的存在問題；但是如果有人衝過來把他打倒在地上，這位懷疑論者大概不會再懷疑此一現象之中是否涉及自我之外的東西。這種抗拒使他明白獨立於他的東西是存在的[CP, 1.431] [cf. CP,1.322, 1.324]。我們感到事實抗拒我們的意志，因此一般稱事實是蠻橫的。而通常當我們知道一個事實之際，都是由於它之對我們的抗拒。珀爾斯認爲，性質本身不足以造成抗拒，造成抗拒的乃是質料。即使在現實的感覺中，亦有反應；而未質料化的性質本身實際上不能反應。在此，珀爾斯不認爲我們是由質料之性

質推論出質料本身；因爲這樣的說法即等於是說我們是由潛能推論出現實。他指出，我們直接知覺到的就是質料；亦即，我們只是由現實而知道潛能，只是由我們在質料中所知覺到的加以概括化而推出性質[CP,1.419]。不過，珀爾斯也承認，我們亦可間接地得知事實。例如，或者是事實被另一個人直接經驗而他告訴我們，或者是我們由事實的某種物理效果而得知事實。如此，我們注意到，一個事實的物理效果可以藉由証人而取代對事實的經驗。因此，當我們由對經驗中事實表象的考慮過渡到它在事實世界的存在時，我們是由把表象看做是依靠於對吾人意志之對抗過渡到把存在看做是依靠於物理效果[CP, 1.431]。如此，事實的存在的確在於其所有結果的存在。這就是說，如果一個假定的事實之所有的結果是實在的事實，這就使這個假定的事實成爲一個實在的事實[CP, 1.432]。簡言之，每一個事實都是它的結果的總和[CP, 1.435]。以上是珀爾斯對第二性的說明。

珀爾斯認爲，人們曾經在一段長時期中滿足於僅以第一性與第二性這兩個範疇去對經驗事實做粗略的描述。但是，他們終究發現其不足，而要求有第三性去連接絕對的第一性與絕對的第二性之間的鴻溝，使它們產生關係。以科學的發展爲例，幾乎每一門科學都有其性質化的階段與數量化的階段。在其性質化階段中，二分法即足夠了，在此只問一個主詞是否具有某一述詞。當這種粗略的分法不再令人滿意時，即有數量化的時期；此時，我們知道，在某一主詞具有或不具有某一述詞所描述的性質這兩種可能之間，我們需要加進中間的可能部分[CP, 1.359]。又如，以當下直接的意識爲第一性，而以外在的死寂事物爲第二性；在此，連接二者的再現則爲第三性。如果以行動者爲第一性，以受動者爲第二性，則第三性指的就是前者藉之以影響後者的行動。如果以起點爲第一性，以終點爲第二性，則第三性指的就

是在二者之間的由前者引向後者的歷程[CP, 1.361]。

　　由現象之普遍要素的角度來看，我們可以將第三性稱爲「法則」或「思想」。珀爾斯指出，現象之要素的第三個範疇所包含的東西，當我們由外部來看時，可以名之曰法則，但是當我們整全地觀之時，即應名之曰思想。思想不是性質，亦非事實。它們不是性質，因爲它們可以被產生出來，亦能生長，而性質是永恆的，獨立於時間，亦獨立於任何的實現。此外，思想可以具有理由，而且必須有理由，不論是好的或壞的。但是，問一個性質爲什麼如其所是，例如，爲什麼紅色是紅色而不是綠色，卻是不當的問題。如果紅色是綠色，則它就不是紅色了；道理就是這麼簡單。珀爾斯認爲，我們甚至不宜去問性質之間爲什麼會有某種關係。因此，思想不是性質。思想亦非事實，因爲思想是概括的。我有思想，而且將它傳給你，它在那邊是概括的。就其指涉所有可能的事物，而不只是指涉那些現實存在者而言，亦可說它是概括的。任何事實的集合都不能構成一個法則；因爲法則超出任何已完成的事實，並且決定可能會存在而從未存在的事實應該有何種特性。這並不反對把法則說成是一個概括的事實，問題是，這個概括者含有潛能的混合，因此，任何此時此地的行動組合均不足以造成一個概括的事實。法則（概括的事實），就其爲概括而言，它關涉到性質的潛在世界，而就其爲事實而言，它關涉到現實性的現實世界。正如行動需要有一種特別的主體（外在於性質本身的質料），法則亦需要有一種特別的主體：外在於個別行動本身的思想或心靈[CP, 1.420]。

　　珀爾斯認爲，我們醒時很少超過五分鐘而不做某種預測，而在大多數的情況中，這些預測是在事件中實現的。不過，一個預測本質上具有概括的本性，而永遠不可能完全實現。當我們說一個預測具有一

種被實現的確定傾向，即是說未來的事件在某種程度上真正地被某一法則所控制。如果一對骰子連續五次出現六點，這只是一種齊一性(uniformity)。它們可能連續一千次出現六點，但是這不能保証下次仍然出現六點的預測。如果預測具有被實現的傾向，必定是未來的事件具有符合某一概括規則的傾向。唯名論或許會說這個概括的規則只不過是一些字詞而已。珀爾斯則回答說：「沒有人會夢想去否認概括者具有一個概括記號的本性；但是問題是未來的事件是否會符合它。」如果未來的事件會符合它，則唯名論者即不宜用「只不過是」來說之。第三性這種存有模式即在於事實上第二性的未來事實會具有一個確定的概括性格[CP, 1.26]。第一性與第二性皆是絕對的，但是沒有絕對的第三性，因爲第三性具有相對的本性[CP, 1.362]。消極性的概括性屬於純然的潛能，而爲性質範疇之特色；積極性的概括性屬於有條件的必然性，而爲法則範疇之特色 [CP, 1.427] ❸。以上是珀爾斯對於第三性的說明。

從另一個角度來說，第一範疇所指的是事物之如其本然而不考慮其他一切事物，它是「感受之性質」。第二範疇所指的是事物之如其本然地做爲某個第一者的第二者，而不考慮其他一切事物，尤其是不考慮任何法則，儘管它可以合乎一個法則。換言之，它是做爲一個現象要素的「回應」(Reaction)。第三範疇所指的是事物之如其本然地做爲某個第二者與其第一者之間的第三者或中介者。換言之，它是做爲一個現象要素的「再現」(Representation)[CP, 5.66]。

參、珀爾斯普遍範疇說之妥當性

在說明三個普遍範疇各自的特性及其間的關係之後，接下來討論現象學的第四項工作。此處的問題是，珀爾斯如何証明他所提出的三

個普遍範疇是充足而毫不冗贅的？說它們是充足而毫不冗贅的，即表示最多只有這三個普遍範疇，不多也不少。換言之，珀爾斯在此必須証明這種普遍範疇的分類具有充足性及不可化約性。針對此一工作，他在一八九○年曾經指出，我們之所以停在第三性而不進一步說第四性、第五性的理由在於，我們不可能由第一性及第二性形成第三性，而另一方面卻能以「三」去構成比它更大的數字。首先，以「甲送丙給乙」為例，這是一個三元關係，而且不能分解成任何二元關係的組合。事實上，這個組合觀念的本身即具有三性。其次，珀爾斯再舉一個例子來說明四元可分析成三元。如「甲把丙賣給乙的價錢是丁」這個表面上具有四元關係的事實，實際上乃是兩個具有三元關係的事實的組合：首先，甲與乙進行交易戊；其次，交易戊是將丙以價錢丁賣出[CP, 1.363] [cf. CP, 1.345, 5.82, 5.469]。在此，珀爾斯意圖証明，三元關係不能化約成任何一元關係或二元關係的組合（亦即，至少需要有三元關係），而且，所有四元以上的關係皆可化約成一元或二元或三元關係的組合（亦即，至多也只需要發展到三元關係）。但是，他在此舉的兩個例子充其量只是說明了他的觀點，卻不足以達到原先証明的意圖；例如，他只說明「甲把丙賣給乙的價錢是丁」這個表面上具有四元關係的事實可以化約成三元關係，卻未証明「所有的」四元關係皆可如此化約，他亦未証明所有更多元的關係皆可如此化約❹。經由上述的討論，我們可以說，珀爾斯並未成功地完成現象學的第四項工作。不過，我們也可以不由「証成的脈絡」(the context of justification)去回答「珀爾斯怎麼知道只有他所提出的這三個普遍範疇」的問題，而另外由「發現的脈絡」(the context of discovery)加以回答。依此，我們注意到，珀爾斯在一九○四年寫給維兒碧女士的一封信中指出，他自一八六七年起，即試圖把所有的觀念放在第一性、

第二性、及第三性的分類下。他承認,在一開始,他並不喜歡這種說法,但是,在經過幾年的努力批駁而無效之後,他終於完全爲之臣服[CP, 8.328]。換言之,珀爾斯本人是在實際進行三分法的廣泛應用過程中而逐漸確信這種說法。此外,根據珀爾斯一八九○年的自述,他之相信普遍範疇之三分(此應屬現象學的範圍),最初乃是出於邏輯之研究,其後在心理學亦發現三性,即不斷試圖找出各學科的例証來說明其普遍的應用;經過長期而廣泛的印証,益發增強他對自己範疇論的信心[CP, 1.364]。如此,當我們在証成的脈絡中得不到滿意的答案時,或許可以由發現的脈絡去說珀爾斯如何經由實際應用的成功而「印証」了這三個普遍範疇的不可化約性、必然性、與充足性。而且,如果站在爲珀爾斯辯解的立場,我們甚至可以說,即使珀爾斯沒有証明這三個範疇的必然性、不可化約性、充足性,他仍然可以把這種分類當做一種工作假設,而在實際的應用中發現它的有效性❺。

肆、珀爾斯普遍範疇說之意義

最後,值得我們注意的是,珀爾斯提出的三性有什麼意義呢?詹姆斯曾經以譏諷的口吻提到有一個老婦人想用一種簡單的二分法去涵蓋一切;對許多人而言,珀爾斯之使用三分法去涵蓋一切,似乎與這位老婦人一樣的可笑。不過,伯恩斯坦曾經試圖指出其中的意義。根據伯恩斯坦的詮譯,珀爾斯之所以把感受之性質稱爲第一性並主張這是所有經驗不可化約的側面,有下列意義。首先,它表示珀爾斯對傳統性質觀的修改。在傳統哲學中,大多把性質當做是知識論上的一個基本單位、當做是基本的認識對象。但是,珀爾斯所說的性質則是前於認知的,它只是被感受的性質。我們當然知道自己感覺到某些性質,但是這種知識不可混同於對性質之實際的察覺或直接的經驗。換

言之，我們對性質之直接的「感受」是一回事，而我們「知道」我們感受到性質又是另一回事。其次，珀爾斯在第一性範疇中所包含的性質遠超過一般所說的初性與次性。既然感受之性質是所有經驗不可或缺的側面，則萬事萬物皆有其特別的性質；例如，對於一個精巧的數學証明加以沈思時的那種情感有其性質，愛的感受有其性質，對於色聲香味觸的各種含混的、尚未客體化亦未主體化的感覺有其性質[CP, 1.303-4]，甚至於某首詩的本身、以及李爾王這個悲劇本身亦有其性質[CP, 1.531]。在此，珀爾斯強調經驗的具體性及當下性⓰。

　　就珀爾斯所說的第二性而言，伯恩斯坦指出，其中透顯出對於傳統經驗論的重大修正。洛克經驗論的洞見在於主張，所有的觀念及假設最後必須以經驗加以測試；而且，經驗之所以能夠成為所有知識之試金石的理由在於經驗本身的蠻橫的強制力。然而，相當諷刺的是，此後經驗論的發展卻愈來愈走向主觀主義及現象主義，而遠離洛克原先的洞見。依洛克看來，我們對於可感覺的外在對象的觀察、以及對於內在心靈活動的觀察，即是一切知識的基礎，所有的觀念皆起源於此。但是，當懷疑論的成分在日後的經驗論者身上表現愈來愈多時，在他們的眼中，洛克上述的看法也就愈來愈有問題，甚至外在世界存在的問題也成為他們最困擾的問題。因此，從這種角度來看，我們可以說，珀爾斯之提出第二性而做為所有經驗不可化約的側面，即在重新強調經驗的強制性與二元性，而重新展現經驗論之原初的洞見。此外，基於他對第二性的說法，珀爾斯指出知覺與行動的密切關連；沒有無知覺的行動，也沒有無行動的知覺。柏克萊及休姆的知覺觀誤把我們說成只是被動地去接受來自於心靈之外的印象，而忽略了很重要的一點：我們不只是知覺到我們的身體以及外在的對象，我們也會加以控制⓱。

伯恩斯坦承認，珀爾斯所說的第三性是最難了解的。習慣、法則、規則、潛能、意圖、概念、記號、意義、再現、行為等等，皆屬於第三性範疇。在此，珀爾斯經常以「給予」為例，說明三元關係。他指出，甲把乙給予丙，這並不等於甲放下了乙而丙撿起了乙。否則，給予就不是一個真正的三元關係，而是兩個二元關係的組合。給予是財產權的轉移；權利關涉乎法則，而法則關涉乎思想與意義[CP, 1.345]。給予並不只是空間上的換位，其中獨特之處在於具有某種約定、規則、或習俗。此外，珀爾斯又說：「當我們說甲簽署文件丁而丙簽署文件丁，不論這個文件的內容是什麼，都不能構成一個契約。契約在於意向。而什麼是意向呢？它即是，某些條件式的規則將管制甲的行為與丙的行為。」[CP, 1.475]伯恩斯坦認為，珀爾斯之提出第三性的意義在於指出，要恰當地說明經驗或實在，即必須認清其中具有的法則性或規則性；而且，由於這種法則性包括所有未來的可能性，因此，它是概括的、未完成的，而不能被化約為二元關係或一元關係⓲。

第三節　範疇論對實用主義之証成

在大略介紹珀爾斯的範疇論之後，接著要討論範疇論與實用主義之間的關連，由此以觀珀爾斯如何運用其範疇論進行意義的分析、並証成其實用主義的意義論。

珀爾斯在一九〇五年指出，實用主義不是根據某些特別的情境而提出的，它是以體系的方式加以設計與建構的。就像一位土木工程師一樣，在建造橋樑、船隻、房屋之前，他會考慮各種材料的不同性質，並且加以測試；然後才將這些材料以詳細考慮過的方式組合起

來。同樣的，在建構實用主義的主張時，必須考察各種不可分解的概念之性質以及這些概念的組合方式。如此，根據此一主張的目的，而以那些有益其目的之達成的恰當概念去建構出這種主張。珀爾斯認爲，如此一來，即証明它是眞的。他更充滿自信地說，對它之爲眞，固然也有其他一些附帶的肯定方式；不過，沒有另一個獨立的方式能夠嚴格地証明之[CP, 5.5]。這裡所說的不可分解的概念，指的就是範疇[cf. CP, 1.294ff]。範疇的考察，即如同建材的檢驗一般，乃是在建構實用主義之前，必須完成的預備工作。我們可以由此明白看出，珀爾斯在一九〇五年乃是以範疇論爲基礎，進行對實用主義的証成[cf. CP, 5.27, 5.469ff]。詳言之，他是以範疇論爲基礎，先分析出記號之各種可能的意義，然而再根據實用主義之目的，選出最足以助成此目的之達成的意義做爲記號之眞正的意義，如此而建構實用主義的主張。當然，這種証成方式是否足以証明實用主義之爲眞，可能會引起相當大的爭議。不過，我們至少可以說，珀爾斯在此是以實用主義這種主張在建構過程上的合理性來支持其成立；亦即，爲了達到某種目的，我們必須採取實用主義的說法來確定記號眞正的意義；這顯然是以理論上的必要性來証成某種主張。然而，實用主義的目的是什麼呢？

珀爾斯認爲，實用主義的目的或它所期望完成的工作在於結束那些觀察事實所無法解決的長期哲學爭論。而他說：「實用主義主張，在這些爭論中的兩造必定是相互誤解的。他們或者是對同樣的字詞賦予不同的意義，或者是使用沒有任何明確意義的字詞。因此，在此需要有一種方法來確定一個概念、主張、命題、字詞、或其他記號的眞正意義。一個記號的對象是一回事；它的意義是另一回事。它的對象是它所要應用到的東西或情境，而不論是如何地不確定。它的意義是

它所附著於其對象的觀念，不論是經由純屬猜想的方式、或做爲一個命令、或做爲一個斷言。」[CP, 5.6] ⑲簡言之，實用主義意圖藉由概念意義之確定而解決經驗事實所無法擺平的哲學爭論；這是實用主義之所以成爲一個意義理論的根本目的。在此，我們應該可以看出，珀爾斯原初之所以提出實用主義的意義論，並不是爲了對概念之意義進行一般的說明，而是希望能夠釐清那些造成哲學爭論的基本概念，確定其意義，以期解決其他方法所無法解決的爭論。因此，珀爾斯說：「實用主義並不是要指出所有記號的意義何在，而只是要提出一個方法以決定知性概念（亦即，推理所依靠的那些概念）的意義。」[CP, 5.8] 至此，我們清楚地掌握住實用主義的目的。然而，問題是，我們要如何完成這個目的呢？更明確的問題是，我們應該如何去了解知性概念的意義，而且這種了解方式將有助於平息哲學上的爭論？在此，珀爾斯係以其範疇論爲基礎而進行概念意義的分析。以下，我們先來看珀爾斯如何分析一般記號的意義，然後再來看他如何確定知性概念的意義。

根據珀爾斯的說法，一個記號的意義是它所附加於其對象的觀念。因此，在了解記號的意義之前，我們必須對觀念加以分析。在此，珀爾斯引進其範疇論的說法。他在一九〇五年指出，任何一個簡單的觀念都是由三類範疇中的一類所組成的，而在大多數的情況中，一個複合觀念是以其中的一類爲主而組成的。因此，就第一性的層面而言，任何一個觀念可能是一個感受性質，它是正面地如其所是，而且是不可描述的；它不考慮任何其他的對象而附著於某一個對象上；就其本身而言，它不能與其他任何感受相互比較，因爲在比較之中，它是感受之再現而非被比較的感受本身。其次，就第二性的層面而言，觀念或許可能是一個單一事件或事實的觀念，而同時附著於兩個

對象；就像是一個經驗同時附著於經驗者以及被經驗的對象。第三，就第三性的層面而言，這個觀念可能是一個記號或傳達(communication)的觀念，它指涉雙方皆熟知的某一對象而被某一個人傳給另一個人或是稍後傳給他自己❷。珀爾斯在此係依三個普遍範疇去分別記號附加於其對象上的觀念，亦即由此而分別記號的三種意義。就第一性而言，記號附加於對象上的觀念是一個感受性質；換言之，感受性質是記號可能有的意義之一，而我們可以由感受性質去了解某些記號的意義。就第二性而言，記號附加於對象上的觀念是一個單一事實的觀念；換言之，單一事實的觀念是記號可能有的意義之一，而我們可以由此去了解某些記號的意義。就第三性而言，記號附加於對象上的觀念是另一個記號的觀念；換言之，我們可以藉由另一個記號的觀念而去了解某一個記號的意義。

　　根據範疇論對記號之意義或記號附加於其對象上的觀念進行分析，記號的意義被分成上述三種❷。接下來的問題是，其中那一種才是記號的「究極的」意義？在此，珀爾斯的看法是：「既然一個記號的根本意義(bottom meaning)不能是另一個記號的觀念，因為後一記號本身必須有一個意義，而此意義可以藉之而成為原初記號的意義。因此，我們可以結論說，任何一個記號的究極意義(ultimate meaning)，或者在於一個以感受為主的觀念，或者在於一個以作用與被作用為主的觀念。」[CP, 5.7] 一般說來，我們有可能由第一性或第二性的層面去了解記號的意義，亦有可能由第三性的層面去了解記號的意義。問題是，當我們由第三性的層面去說記號的意義時，我們是以另一個記號的觀念去了解某一個記號的意義，在此，做為後一記號之意義的前一記號本身又需要有其本身的意義，而前一記號的意義如果又在於第三個記號的觀念，則這第三個記號本身又需要有其本身的

意義,而如果第四個記號的意義又在於第五個記號的觀念,則第五個記號又需要有其本身的意義;換言之,如果我們一貫地以另一個記號的觀念去了解某一個記號的意義,這樣的做法顯然會造成無窮後退的困難。因此,珀爾斯不由第三性的層面來說記號的根本意義或究極意義,而由第一性或第二性的層面來說記號的究極意義❷。

以上是根據範疇論而對記號之意義提出一般性的說法。依此,一個記號的意義,一般說來,可以由三個範疇分別成三個層面;其中有就第一性而言者,有就第二性而言者,亦有就第三性而言者,而唯有前二者方可能做爲記號的根本意義或究極意義。我們在此必須注意,以上所說的都是針對一般記號而提出的說法,亦可名之爲一般的意義理論。但是,實用主義之提出,並不是爲了做爲一個一般的意義理論;它不是要去說明一般記號的意義,而是要去說明某種特殊記號(亦即,推理所依靠的那些知性概念)的意義,藉此以解決長期以來無法擺平的哲學爭論。在此,我們可以說,實用主義是一種特別的意義理論。它之所以特別,乃是因爲它有其特別的目的。關鍵是,我們要由記號意義的那一個層面去確定知性概念的意義,才最能符合實用主義的目的呢?在此,由於珀爾斯認爲所謂的知性概念即是推理所依靠的概念,而且一切的爭論必涉及推理,因此,他經由對推理之分析而提出對上述問題的回答。

珀爾斯認爲,所有不是極度含混的推理、所有應該放在哲學討論中的推理,最後均涉及並依靠於精確的必然推理(或所謂數學的推理)。這種必然推理即在於對問題的狀況形成一個想法,而附帶著一些容許對此想法加以修改的一般原則,並附帶著一些認爲某些事是不可能的一般假定。在容許對此想法修改的狀況下,同時排除那些被認爲不可能的因素,而對此想法執行某些實驗,一般說來,這些實驗最

後總會導出同樣的結果。例如，數學家知道，不論是以黑色的墨水來寫或以紅色的墨水來寫，同樣的一組數字加起來的結果都是一樣的。理由是，數學家在此的假定是，任何一個比甲大的數字若是與乙相加，必然大於甲與乙的和；而這個假定完全不涉及墨水的顏色。又如，化學家假定，當他在試管中混和兩種液體時，不論這時中國的皇太后是不是打了一個噴嚏，試管中都會出現沉澱；因爲，根據他的經驗，他的實驗從未受到如此遙遠條件的影響[CP, 5.8]。基於上述對推理的分析，珀爾斯指出，當我們進行推理之際，我們預設了一個想法：亦即，如果我們執行某種意願，我們會反過來經歷某種強制性的知覺。換言之，我們認爲，某種行爲路線將會導致某種不可避免的經驗；珀爾斯把這種想法稱做「實踐的考慮」(practical consideration)。他並且指出，如此即証成了下述的實用格準，而對此之信念即構成實用主義。「爲了要確定一個知性概念的意義，一個人應該考慮何種實踐結果可想像會必然地由該概念之眞理而導出；而這些結果的總和將構成這個概念的全部意義。」[CP, 5.9]

　　在上述的說明中，我們看到珀爾斯經由對於推理之基本預設的分析，而宣稱他已証成了實用主義。但是，珀爾斯並沒有說清楚，這種分析與他在前面基於範疇論而對意義所做的分析之間究竟有什麼關係？在回答這個問題之前，我們先來問一個比較簡單的問題：推理的基本預設究竟應該屬於那一個普遍範疇呢？當我們進行推理之際，我們預設某類事件總是會有某類結果，而不會有其他種類的結果。這種情況正如我們評估論証時，我們預設某種前提總是會導出某種結論，而不會導出其他的結論。這種預設顯然是在指涉某種概括的法則；換言之，它屬於第三性範疇。它指的不可能是第一性的感受性質，因爲它不是就某一事物的本身而言。它指的亦不是第二性的單一事實，因

爲它是概括的,而不能由任何數量的單一事實組成。在確定推理的預設是一種屬於第三性範疇的法則概念後,接下來的問題是,這點特性對於我們之了解知性概念的意義有何關連?珀爾斯並未對此提出直接的說明。不過,他的意思似乎是說,由於某種概括的法則是推理的基本預設,因此,我們在推理時,應該考慮何種結果會由某種事件導出;換言之,我們在推理時,應該以第三性爲優先考慮。又由於知性概念是推理所依靠的概念,因此,我們對於知性概念的了解也應該以第三性爲優先考慮;亦即,應該考慮何種結果會由此概念之爲眞而導出,並以這些結果做爲它的意義。

根據以上的解釋(假定在没有誤解珀爾斯的情況下),我們可以看出,珀爾斯如何基於他所謂的「實踐的考慮」而導出確定知性概念意義的實用格準。一般說來,一個知性概念,就其做爲一個記號而言,我們可以由三個範疇層面分析它所附著於其對象的觀念,而分析其三個不同層面的意義。問題是,我們應該由那一個層面去確定它的意義呢?珀爾斯顯然認爲,我們在此應該基於實踐的考慮而對知性概念進行意義層面的選取。在此考慮下,儘管第三性層面不能成爲記號的根本意義,儘管由第三性層面去說記號的意義會造成無限後退的困難,我們也「應該」以它做爲知性概念的意義。但是,進一步的問題是,我們爲什麼應該基於實踐的考慮而對知性概念進行意義層面的選取呢?在此,如果我們能夠提出堅強的理由,即是對實用格準之成立提出堅強的理由,亦轉而對實用主義之成立提出了堅強的理由。根據我們上面的解釋,珀爾斯的理由似乎在於,我們之所以應該根據實踐的考慮而選取知性概念的意義層面,乃是由於所有的推理皆必須預設實踐的考慮,因此,推理所依靠的知性概念最好亦能符合實踐的考慮。這樣的理由顯然爲實用主義之成立提供了某種程度的支持。在

此，我們姑且不去問這樣的理由是否足以稱爲堅強，更值得注意的
是，我們乃是基於理論上的理由而「應該」由實踐考慮進行意義層面
之選取，而非事實上「只能」或「必然」如此選取。這點是相當重要
的，它不僅表現在範疇論的証成路向中，亦表現在記號學的証成路向
中。而我們之所以有權如此做的理由，可以在規範科學或倫理學的証
成路向中找到。對比於珀爾斯早期心理學的証成路向之訴諸心理學
的「事實」，後期的三種非心理學的路向都算是理論性的証成，而非
經驗性的証成。

　　以上所說的這種証成方式主要係根據珀爾斯一九〇五年的說法，
其中先依範疇論對記號之意義進行分析，再由另一個角度對推理之基
本預設進行分析，最後結合這兩方面的結論，而由第三性範疇的層面
去了解推理所依靠的知性概念（一種特殊的記號）的意義；如此而爲
實用主義這種特殊的意義理論提供了支持的根據。對於這種証成方
式，珀爾斯在一九〇五年表現出極度的自信。他說，要支持這個主
張，我們可以輕易地提出許多論証；但是目前發現到的唯一眞正能証
明其眞理而不致有任何丐問的毛病的方式，即是以我們上面所大略描
述的那種路向去証明[CP, 5.10]。雖然由於珀爾斯在此處的說明過於簡
略，而可能使人們對他在此展現的極度自信感到有些突兀。不過，我
們必須強調，就此處之以範疇論爲基礎而對記號之意義進行分析的基
本路向而言，珀爾斯在此處的說法與他在別處的說法是一致的；事實
上，在後面將會討論到的記號學的証成路向，亦必須以範疇論做爲基
礎。此外，就其中由第三性範疇去說知性概念的意義而言，也與珀爾
斯在其他地方對第三性的強調是一致的。事實上，第三性在實用主義
佔有極爲重要的地位[cf. CP, 5.206]，他不僅由此而強調法則與習慣，
在後面詳細討論記號學的時候，我們也將會看到，珀爾斯仍然是由第

三性範疇去說知性概念的究極意義。簡言之，儘管珀爾斯此處的說法是簡略的，但是他所採取的基本路向是沒有問題的。而說法上的不夠詳盡，將在其記號學路向的証成中得到補充。

附　註

❶ 在此，我們已經對珀爾斯的說法略做修改。根據我們的看法，當珀爾斯說到我們需要証明實用主義是一個眞的主張時，他的意思應該被了解：實用主義是一個有待証成的主張，亦即，我們需要找到一些根據或理由來說明爲什麼實用主義是一個可接受的主張。而且我們認爲，後一種說法要比前一種說法來得明白、恰當，而比較不易引起爭議。因爲，一個理論或主張是否有眞假可言，本身就是一個有待解決的問題；此處不但涉及理論本性的問題，更涉及各種眞理論之間孰是孰非的問題。因此，在珀爾斯的眞理論尚未明朗的情況下，我們最好不去說一個理論之眞假的問題，而只說証成的問題。就一個理論的証成而言，我們關心的不在於它在應用上的效力，而在於它是否有一些堅強的理由足以支持之；換言之，我們在此關心的問題是，實用主義成立的理論根據何在？這顯然已經不同於實用主義是否有任何功效的問題。

❷ 事實上，珀爾斯前期的說法與後期的說法在基本的要點上並無二致，亦即，皆以「習慣」這個概念做爲解釋意義的樞紐。其間的差異只在於前期係由心理學的角度去說習慣，而由此爲實用主義的意義論找出根據；後期則由範疇論及記號學的角度說之。因此，其間並不存在根本主張的差異，而只是証成路向的不同。此外，就証成路向之不同而言，珀爾斯雖然在一八七八年曾經一度偏向於心理學路向的証成，不過，在大部分的時間中，他倒是一貫地堅持著非心理學的路向。事實上，珀爾斯自早年起，即曾著意於批判以心理學路向証成邏輯的一些

流弊。我們知道，珀爾斯早期的哲學思想及邏輯思想最初見於他對科學邏輯的演講中，首先是一八六五年在哈佛的一系列十一次演講，其次是一八六六年在勞威爾學院的一系列十一次演講。（這些講詞大部分收集於《珀爾斯著作編年集》第一冊。）根據胡克威的研究指出，珀爾斯在上述兩系列的演講中，主要是爲邏輯的自主性辯護，以反對穆勒父子的人類學的邏輯，他們以爲邏輯必須奠基於對於人性的知識，並且需要不斷地參考人性。這種對於心理主義的否定，可以說是珀爾斯著作中的基本特性；事實上，他認爲所有來自科學的知識皆不足以影響邏輯或知識論。在這點上，他與弗列格及二十世紀的大部分哲學有共同之處。因此，他也否定穆勒的說法：邏輯的目標在於正確地分析推理或推論這類知性歷程以及相關的心靈活動。依珀爾斯看來，形式的邏輯學者不會以爲心理學的知識與邏輯的本質工作是相干的，他們直接研究思想的產物，諸如用語文表達出來的語句及論証，而不需要去研究人類心靈的構造。以上參見胡克威，頁十六至十八。

❸ 此處的先後順序顯然不是由文章寫作時間的先後列出，而是由三種角度之間的邏輯次序來排定。事實上，除了這裡提到的文獻之外，還有許多相關的文章；我們在此只是舉出這幾篇文字做爲代表而已，在後面的討論中也會引用其他的相關文獻。

❹ 本書指出珀爾斯曾經以三個角度對實用主義提出非心理學路向的証成，但是，一般研究珀爾斯的學者只提到最後一個角度，而未提到其他兩個角度。這種對於記號學路向的強調，可參見：John J. Fitzgerald, *Peirce's Theory of Signs as Foundation for Pragmatism* (The Hague: Mouton & Co., 1966). Robert Almeder, *The Philosophy of Charles S. Peirce*: *A Critical Introduction* (Oxford: Basil Blackwell, 1980).

❺ 珀爾斯對於分類上所使用的詞語，諸如「支」(branch)、「類」(class)、「序」(order)……等等，皆分別有其特殊的看法 [CP, 1.230]。不過，我們在此使用的「支」、「種」、「類」等字，並不含有珀爾斯心目中的特定意義，亦不表示其間有任何特定的分別，而只是採用一般的用法。

❻ 以上提到的是珀爾斯晚期的說法，他在早年的說法則略有不同，可參見一八六七年的〈論新範疇表〉[CP, 1.559]。

❼ Cf. Almeder, p. 23。不過，珀爾斯有時亦把邏輯籠統地稱爲記號學[CP, 2.227]。在此，我們可以稱邏輯爲廣義的記號學，而稱思辨文法學爲狹義的記號學。在本書的討論中，記號學專就其狹義而言。事實上，珀爾斯本人對邏輯這門學問所包括的範圍，在不同的時期有不同的看法；這點可參見費希在《珀爾斯著作編年集》第一卷序論中的說明。

❽ Cf. Christopher Hookway, *Peirce* (London & Boston: Routledge & Kegan Paul, 1985), p. 235.

❾ 關於珀爾斯及黑格爾在現象學或範疇論上的比較研究，專門的論著並不多，在此僅列出一本以供參考：Brian John Martine, *Individuals and Individuality* (New York: SUNY Press, 1984).

❿ 在此，珀爾斯進一步運用數價(valencies)觀念以由現象要素的結構層面分析出普遍範疇。他在一九〇六年指出，對於事物行爲的科學理解而言，基於形式而做的分類要比基於質料而做的分類更爲重要。門得列夫對化學元素所做的分類即是一個例証，他根據原子價而進行分類。珀爾斯本人則在關係邏輯的研究中發現，在某個方面，概念的結合相當近似化學結合；亦即，每一個概念皆有一個嚴格的原子價。因此，「是藍色的」這個述詞是一價的，「謀殺」這個述詞是二價的，「給」這個述詞是三價的。正如同化學的原子價是一個原子的性

質,同樣的,不可分解的概念可以是二價的或三價的。一價與二價不可能組合成三價,雖然任何一個概念與一個三價概念組合可以造成比原先那個概念多一價或少一價的概念。此外,沒有任何不可分解的概念具有更高的數價。(有些四元關係可以分析成二十四個三元關係。)經由仔細的分析可以看出,不可分解的概念在數價上的三個等級對應於三類特性或述詞。首先是第一性,或是主詞本身正面的內在特性;其次是第二性,或是一個主詞或實體對另一者的蠻橫行動,而不考慮法則或任何一個第三者;最後是第三性,或是一個主詞對另一個主詞在相關於第三者的情況下所造成的心靈上的或類似心靈上的影響。珀爾斯認爲,他由形式邏輯得出此一成果,而這是他對實用主義與哲學其他部門最大的貢獻[CP, 5.469]。此外,有關概念之數價的說明,亦可參見CP, 1.289-292, 3.469ff.

⑪ 珀爾斯很早即因康德之影響而用心於範疇的研究。由珀爾斯的生平來看,他之受到康德的影響,在時間上可以回溯到一八五○年代中期,而他之試圖修改康德,亦早自一八五○年代後期即已開始。我們知道,珀爾斯在一八五五年剛入哈佛時,即迷上了席勒的《美學書簡》,他與一位同學花上幾個月的時間不斷研讀這本書。之後,更由此進而研讀康德的《純粹理性批判》,直到完全了解爲止。此時,珀爾斯已經把席勒所說的三種功能或衝動說成是「我」、「你」、「它」(I, THOU, IT)三種範疇。根據費希在《珀爾斯著作編年集》第一卷引言的說法,康德把每一種範疇再依三分法加以區分,黑格爾的辨証發展是以正反合的三分進行,而席勒認爲只有三種基本的衝動或功能,那麼,珀爾斯很可能因而想要試著把亞里斯多德的十個範疇及康德的十二個範疇歸約成三個。進一步來看,如果我們預期範疇不僅具現在思想中,亦具現於語言中,那麼,我們會看出,在我們使用

的語言中，最根本的乃是三個人稱的動詞，以及與其相對應的三個代名詞（一般認爲代名詞是用來代替名詞的，珀爾斯則認爲名詞是用來代替代名詞的）。如果我們試圖由人稱代名詞處導出範疇表，我們很可能依序列出「我」、「你」、「它」；而這正是珀爾斯在一八五七年所提出的。在此，他將這些範疇關連於康德的三分。不過，珀爾斯在一八五九年的《字詞的自然史》中提出新的次序：「我」、「它」、「你」；這樣似乎更能與康德的三分在次序上相呼應。在這本書中，珀爾斯認爲記號學像化學及生物學一樣，都是分類科學；我們由字詞開始，並由字詞之中關連於三個人稱動詞的人稱代名詞開始。他強調這些代名詞在邏輯上及在範疇上的次序不同於其一般文法上的次序。此外，費希又指出，在一八五九年，珀爾斯試圖把康德的範疇加以修改而附屬於「它」這個範疇下面。在一八六一年，珀爾斯開始寫《我、它、你》一書。他在其中指出，「你」是一個其中有另一個「我」的「它」。他明白地強調，「你」預設「它」，而「它」預設「我」；這可說明範疇次序及文法次序不同的緣故。珀爾斯在一八六七年不再使用這些詞語來指稱他的範疇，乃是由於他找到比較專業的詞語來取代這些比較口語化的詞語，並不是由於他放棄其中的思想[cf. CW, 1, xxviii-xxix.]。

⑫ 事實上，弗利曼在討論珀爾斯的範疇論時，即是以第一性、第二性、及第三性的區分做爲基礎，而把其他各種三分隸其下。例如，美學屬第一性，倫理學屬第二性，邏輯屬第三性；現在屬第一性，過去屬第二性，未來屬第三性；機緣屬第一性，做爲當下的必然性而現實化的法則屬第二性，做爲規制原則的法則屬第三性；同一性屬第一性，否定屬第二性，歷程屬第三性[Eugene Freeman, *The Categories of Charles Peirce* (Chicago: The Open Court Publishing Company, 1934), pp. 57-8.]。此外，珀爾斯自一八六七年起，即試圖把所有的觀念放在第一性、第二性、及第三性的分類下[cf. CP, 8.328]。

⑬ 珀爾斯對於「法則」概念相當重視，我們甚至可以用這個概念做爲統合珀爾斯哲學體系的基礎。參見：William P. Haas, *The Concept of Law and the Unity of Peirce's Philosophy* (Notre Dame: University of Notre Dame Press, 1964).

⑭ 胡克威指出，珀爾斯分別於一八六七年、一八七○年、一九○○年提出三種論証（前二種亦繼續出現在日後的文章中），試圖証明三元關係是最大的一種關係，亦即，要証明一元、二元、三元是必要的，而四元以上是不必要的。對於這三種論証，胡克威有詳細的討論[cf. Hookway, pp. 88-111]。但是，這些論証仍然不足以証明珀爾斯對普遍範疇的分類是必然的、充分的、不可化約的[cf. Richard J. Bernstein, "Action, Conduct, and Slef-Control", in *Critical Essays on Charles Sanders Peirce,* edited by Richard J. Bernstein, (New Haven: Yale University Press, 1965), p. 70.]。

⑮ 當然，珀爾斯在實際應用其範疇分類時，是否獲得了普遍的成功，則很令人懷疑。當他試圖把所有的觀念納入這三個範疇時，我們很容易感到他在許多地方似乎同樣犯了黑格爾那種牽強附會的毛病。

⑯ Cf. Bernstein, pp. 71-2.

⑰ Ibid., pp. 73-5.

⑱ Ibid., pp. 75-6.事實上，伯恩斯坦認爲，我們可以基於此處之說法而分辨「行動」(action)與「行爲」；此一分辨對珀爾斯的實用主義有重大影響，也反映珀爾斯範疇論的重要意義[cf. Ibid., pp. 76-83.]。不過，對此分辨進一步的討論比較適合放在下一章處理。

⑲ 由於珀爾斯認爲一個記號的對象不同於其意義，他顯然不會同意以

「外延」(extension) 或「列指」(denotation)做爲一個記號的意義。

❷⓿ 珀爾斯曾經在其他地方指出，比起以第一性或以第二性爲主的複合觀念，那些以第三性爲主的複合觀念是最複雜的，要了解它們，必須要有更仔細的分析。在這類複合觀念中，有不少具有哲學上及科學上的重要性，諸如：記號、概括性、無限性、連續性、理智性等觀念。在這些觀念中，乃以記號觀念最爲簡單[CP, 1.338-340]。

❷❶ 我們必須注意，在此對記號的分類乃是就記號之一般 (sings in general) 而說的，若是考慮到特定的記號在實際上所具有的意義時，仍然會有各種不同的情況。換言之，記號的意義雖然可分成三種，但是，在實際的狀況中，不一定是任何記號都同時具有這三種意義，某一個記號可能實際上只具有其中的一種意義或兩種意義。當一個記號附加於其對象上的觀念是一個單純的觀念時，則根據這個單純觀念所屬的種類，此一記號實際上即僅具有一種相應的意義。不過，當一個記號附加於其對象上的觀念是一個複合觀念時，情況就比較複雜。首先，一個複合觀念可能是由兩種單純觀念組成，亦可能是由三種單純觀念組成；其次，一個複合觀念可能是以某一種單純觀念爲主而以其他的一種或兩種單純觀念爲輔，亦可能是以另一種單純觀念爲主而以其他的一種或兩種單純觀念爲輔。

❷❷ 珀爾斯在此肯定記號有所謂究極的意義，但是，在其思想發展的過程中，他並不是一開始就贊成這種說法。珀爾斯曾經指出，記號所代表的或再現的，可稱爲記號的「對象」(object)；記號所傳達的，可稱爲記號的「意義」(meaning)；記號所產生的觀念，可稱爲記號的「意解」(interpretant)。就記號的對象而言，對象本身只能是一個記號，而原先的記號是它的意解；如此而有一個無限的系列。就記號的意義而言，意義本身只能是一個記號；事實上，一個記號的意義只不過是去

掉不相干外衣的這個記號本身；由於這層外衣不可能完全去掉，而只是換上比較透明的東西，因此也有一個無限的後退。最後，記號的意解本身也是一個記號，而做為一個記號，它也有它自己的意解；如此又有一個無限的系列[CP, 1.338-340]。這裡提到的記號的幾個層面都有無窮後退的問題，因此，無從去說「究極的」東西。上述說法的年代不可考，不過，顯然是比較早期的看法。

第八章 規範科學與實用主義之証成

　　在上一章的說明中，我們注意到實用主義是一種特別的意義理論；它之所以特別，乃是在於它爲了要確定一種特別的記號（知性概念）的意義，而特別地由記號的一般意義中選取一個「應該的」的意義做爲它「眞正的」意義❶。對於這種「應該的」選取，我們可以由珀爾斯一九〇三年在哈佛的一系列針對實用主義的講演中得到更多的了解❷。珀爾斯在這一系列的講演中，一開始即指出，實用主義這種邏輯格準固然可以幫助我們解決各方面的許多問題，但是，我們不能僅憑這點而說它是眞的。因此，我們必須面對的一個問題是，如何「証明」一個概念的可能的實踐後果即構成這個概念的總和？珀爾斯回憶說，他原先在〈信念之固定〉中提出的理由是：「信念」主要在於審愼地準備採取我們所相信的原則做爲行動的指導。事實上，如果這眞的是信念的本性，則我們所相信的命題本身無疑地只能夠成爲一個行爲的格準，除此無他。因此，更根本的問題是，我們如何知道信念只不過是在於根據所相信的原則而審愼地準備行動呢？在一八七八年，珀爾斯似乎只是把這點單純地視爲心理學的事實。但是，到了一九〇三年，他明白反對以心理學做爲實用主義的理論基礎，而試圖由規範科學的討論中爲實用主義找尋更堅實的基礎 [cf. CP, 5.25-8, 5.34,

5.172] ❸。

依珀爾斯的說法，規範科學有三種：邏輯、倫理學、與美學。簡單說來，邏輯在於主張什麼是我們應該認為的，而倫理學在於主張什麼是我們應該審慎地選擇去做的。若是依據實用主義，我們所認為的要根據我們所準備去做的來解釋，那麼，邏輯必定是倫理學的一個應用[CP, 5.35]。換言之，邏輯必須以倫理學為其基礎。但是，倫理學亦不是更根本的規範科學。因為在研究倫理學之前，我們必須先確定我們準備尊崇的是什麼。換言之，倫理學應以美學為基礎。美學不考慮我們的行為將是什麼，而將所有的事態理想地分為兩類：可尊崇者與不可尊崇者，並精確地界定何謂理想的可尊崇性。它由分析而決定何者（就其本身而言）是我們應該審慎尊崇的，而不考慮它會導出什麼，也不考慮它對人類行為的影響；這就是珀爾斯所謂的美學。在邏輯、倫理學、與美學這三門分辨好壞的學問中，邏輯相關於真理的再現，倫理學相關於意志的努力，美學相關於純粹就其本身的呈現而考慮的對象。在理論的優先性上，美學是最基本的；邏輯固然以倫理學為其基礎，而倫理學更轉而以美學為其基礎[CP, 5.36] ❹。在此，我們可以大略看出實用主義與倫理學、以及美學的關係。實用主義屬於邏輯中的方法學一支，因此，做為邏輯的一支，它必須以倫理學為基礎，更轉而以美學為基礎❺。此外，做為邏輯的一支，既然邏輯是一門規範科學，實用主義亦是規範科學的一支。基於上述的這些關係，為求對實用主義有更深入的了解，我們可以先來看規範科學的一般特性，因為這些特性也將是實用主義的特性。其次，再來看各個規範科學的特性以及其間的關係，由此進一步討論珀爾斯對實用主義的另一條証成路向。

第一節　規範科學的特性及分類

在一九〇三年哈佛講演的第五講中❻，珀爾斯指出，在哲學的三大分支中，現象學是就現象之第一性而去處理現象，形上學是就現象之第三性而去處理現象，規範科學則就現象之第二性而去處理現象。換言之，現象學專注於普遍現象並省察其要素（第一性、第二性、及第三性等範疇），形上學試圖掌握現象的實在性，規範科學則研究現象與「目的」（例如，眞、善、美）之間的關係的那些普遍且必要的法則[CP, 5.121-4]。在此，我們可以看出，「目的」概念在規範科學中佔有重要的地位。事實上，這個概念在實用主義中也佔有極爲重要的地位。不過，在討論這個概念之前，我們還是先對規範科學的一般特性略做說明。

珀爾斯認爲，我們一般對規範科學的想法都過於狹窄，不少人甚至會把它看成是一門實踐之學。但是，根據他的看法，規範科學不是一種技術，它的目的也不在產生技術。因此，即使規範科學絲毫無助於技術的進步，也無損其價值；它是純粹理論性的。當然，對於推理與研究、對於生活行爲、對於藝術創作，都有一些實踐方面的學問，它們有可能由相對應的規範科學中獲取助益；然而，它們不是規範科學的本質部分，因爲規範科學與這些實踐之學在本質上截然不同[CP, 5.125]。事實上，在珀爾斯對於學問的分類中，實踐之學所佔的地位相當低。他堅信，爲眞理而追求眞理比起對於實踐、實用知識的追求更值得尊崇[cf. CP, 1.671, 5.589, 8.142]。珀爾斯認爲，科學家追求的是純粹理論性的知識，而非實踐知識；他們的整個探究歷程是爲知識本身而追求知識、爲眞理本身而追求眞理。因此，珀爾斯甚至強調，

科學的眞正特色即在於它所研究的是無用的事 [cf. CP, 1.76]。

其次,珀爾斯指出,規範科學也不是一門特殊的科學(亦即發現新的現象或新的事實的科學),它甚至不必依靠那些特殊科學(甚至是其中的心理學)的幫助。對於這點,珀爾斯先是舉了一個數學方面的例子。他說,如果我們在天平的一端放了六堆豆子而其中每堆有七顆豆子,然後在另一端放四十二顆豆子,則可發現天平幾乎是平衡的。但是,對於「六乘七等於四十二」這個命題的確定性而言,上述的觀察所能增加的是極其微小的。接著,珀爾斯說:「同樣的,甚至也是『同樣的程度』,事實上人們大多表現一種自然的傾向去贊同近乎邏輯所認可的那些論証、去贊同近乎倫理學所贊同的那些行動、去贊同近乎美學所贊同的那些藝術作品,這種事實也可以被當做是在支持邏輯、倫理學、及美學的結論。」[CP, 5.125]但是,珀爾斯指出,其實這種支持完全無關緊要;尤其當它遇到特殊的事例時,如果還是主張要以人的自然傾向的想法做爲判準,更容易造成錯誤 [cf. CP, 5.134]。

上述對規範科學的誤解在於把它在學問的層級上放得太低,但是也有人把它(尤其是其中的邏輯)放得太高而與數學平起平坐。對於這種誤解,珀爾斯提出三點反駁。第一點,規範科學在進行演繹推理時所根據的那些假設,基本上都有一個意圖,即是想要得到符合事實的正面眞理;而數學的假設,它們的意圖純粹是觀念上的、知性上的。第二點,數學推理是純粹演繹的,但是規範科學則不然,它甚至不以演繹爲其最主要的推理類型。第三點,規範科學最根本的本質要素是其獨特的評價,這些評價乃關乎現象與目的之間之是否相合;在此亦不同於數學[CP, 5.126]。

對於規範科學,除了上面幾種對其層級定位的誤解之外,還有一

些對其本性的誤解。有些人以為，規範科學主要的問題即在說出在邏輯上、倫理學上、美學上，什麼是好的與什麼是壞的，或是說出某一個特定的現象具有多少程度的良好性或善性（goodness）。珀爾斯認為，如此一來，好像規範科學處理的全都是量的問題。但是，事實上並非如此。邏輯學者在對論証進行分類時，可以看出真理有不同的種類；大部分的倫理學家也都承認善有不同的性質；在美學上，性質的差別亦是非常重要的，否則，無從分辨美醜。不過，規範科學中所說的良好性除了有性質上的差異之外，當然也可以依其程度而有數量上的差異。此外，我們不僅可以說積極的良好性，亦可以就免於過錯處說消極的良好性[CP,5.127][cf. CP, 5.206]。最後，對於規範科學的本性，還有一個比較常見的誤解，即是以為它只關連於人類的心靈；以為美醜只關連於人的品味，對錯只關連於人類的行為，邏輯只關連於人類的推理。珀爾斯對這種看法批評說，近代的哲學實際上從未完全擺脫笛卡兒的心靈觀；雖然大家都在譏笑笛卡兒之主張心靈乃居住於松果腺內，但是大家仍然以同樣的方式認為心靈存在於個人之中、屬於個人而與世界發生關連。他認為，任何真正好好讀過康德《純粹理性批判》的人都應該可以看出上述心靈觀的過於狹隘[CP, 5.128]。在此，我們可以說，珀爾斯關心的是「理性本身」或「有理性者」（rational beings）的層次，而不只是限於「人心」或「有理性的人」的層次❼。

　　以上對規範科學一般特性的說明，主要見於一九〇三年的《實用主義講演錄》。在此，珀爾斯提供的雖然大多屬於消極的說明，不過，這些也是他對規範科學一般特性曾經提供過的最有系統而深入的消極說明。至於積極的說明，珀爾斯在一九〇二年的《小邏輯》中指出，規範科學是一門純理論性的學問，它研究什麼是應該的，亦即，

理想是什麼 [CP, 1.281]。此外，在同一本書中，他也曾透過對於邏輯這門規範科學的說明，而表達他對規範科學一般特性的積極看法。依他看來，規範科學之所以被稱爲「規範的」，乃是在於，它不只是訂定一些「應該」而不「必需」被遵循的規則，更是要去分析達到某種目的的條件。其次，它主要的興趣在於了解這些條件，次要的興趣才是在於幫助這個目的的完成[CP, 1.575]。在此，我們更確切地知道，規範科學不是一門實踐之學，而是一門理論之學；其中的核心觀念即是「目的」，因爲，「應該如何」亦是基於目的之選取而發展出來的。

以上說的是規範科學的一般特性；由於實用主義隸屬於規範科學，因此，上述的特性當然也是實用主義的特性。接下來，我們討論珀爾斯對於規範科學的分類，並由此分類中略見各種規範科學的特色。我們知道，珀爾斯對學問的分類乃以其範疇論爲基礎，此處亦不例外，他根據三個普遍範疇而將規範科學區分爲三種：邏輯、倫理學、與美學❽。一般而言，規範科學關心的問題是：如果事物要合乎目的，其間的法則是什麼？在此，由於規範科學在本質上係以「目的」爲其核心概念，珀爾斯依目的之不同，而做出下列的區分：美學處理的事物，它們的目的在於具現感受之性質；倫理學處理的事物，其目的在於行動；邏輯處理的事物，其目的在於代表或再現另一事物[CP, 5.129]。在此，顯然是以三個普遍範疇做爲其間分類的基準。同樣依循範疇論的脈絡，珀爾斯在一九〇六年依據處理對象之不同，而提出另一種更爲簡潔的分別方式：「美學關連於感受，倫理學關連於行動，邏輯關連於思想。」[CP, 1.574]此外，他亦依目的之不同性質而提到另一種區分的說法：邏輯係以眞理爲其目的，倫理學係以善爲其目的，美學係以美爲其目的。（不過，珀爾斯似乎只是根據一般傳

統的說法而提到這種分類方式，他本人並不見得堅持這種說法[cf. CP, 5.121, 1.575]。）

　　究極而言，珀爾斯之所以肯定規範科學應該包括上述三種，基本上是以其範疇論的三分做爲理論基礎；由此可見，他在此所做的分類是一種規定式的應然分類。換言之，即使現行的學問分類中只把規範科學分爲兩種，他仍然會依範疇之三分而說規範科學應該有三種，並依三個範疇的特性而確定這三種規範科學各自應有的特性。（事實上，在珀爾斯依其範疇論而做出的各種分類中，有許多是我們在現實上看不到的，或是說，有許多是我們原本未注意到的或未發展出來的。）由此，我們亦應注意到，他所說的邏輯、倫理學、美學，尤其是後二者，不必是一般所說的意思。當然，珀爾斯本人也自覺到這點；因此，他曾經欲以「antethics」一名取代「ethics」。此外，他也知道自己的說法把許多一般認爲的美學問題及倫理學問題排除在外。簡言之，他所說的美學只是在於指出那些本身即是可尊崇者的一般特性；它不論及自然美及藝術品的鑑賞，雖然它的結果可以用來說明這些問題。同樣，權利及義務問題亦不屬於他所說的倫理學的討論範圍[cf. CP, 1.573, 1.611]。至於珀爾斯所說的邏輯，就其包括方法學、批判學、思辨文法學而言，顯然亦比一般之把邏輯視爲形式科學的看法要廣闊許多。認清這點之後，當我們看到珀爾斯論及各種規範科學之間的密切關係時，方不致感到困惑。否則，若是依照一般對於邏輯、倫理學、與美學的想法，我們很難理解其間究竟有何關係。

第二節　各規範科學之間的關係

　　珀爾斯在一九〇二年的《小邏輯》中指出，「規範的」一詞首見

於希萊爾馬赫學派（the school of Schleiermacher）。根據希萊爾馬赫的看法，只承認邏輯與倫理學屬於規範科學；邏輯在於使思想合乎存有，而倫理學在於使存有合乎思想。如此一來，根本無法把美學安置在規範科學的領域中。這樣的看法當然有它的道理；因爲，依照一般的看法，美醜是無關乎目的的，而邏輯上的眞假、道德上的對錯則必須預設目的。不過，除了希萊爾馬赫之外，大多數討論規範科學的學者都承認其中有三種，而把美學涵蓋其中。他們根據傳統所說的三個基本目的：眞、善、美，而做此區分；亦即，邏輯研究眞，倫理學研究善，美學研究美。如此一來，各個學科之間可以毫無關連。但是，以上兩種看法，在珀爾斯看來，皆不正確；它們或是未能窮盡規範科學的門類，或是未能看出其間的依存關係。換言之，珀爾斯認爲，規範科學應該包括三門，其中的邏輯必須以倫理學爲基礎，而倫理學必須以美學爲基礎[CP, 1.575]。在上一節的說明中，我們已經看出珀爾斯爲什麼主張規範科學應該有三種；接下來即說明其間的關係。

壹、邏輯與倫理學的共通之處

一般說來，邏輯係以思想爲其研究題材。珀爾斯也同意這種看法，而說邏輯乃關連於思想[CP, 1.574]。不過，他認爲，如果由一種比較狹窄卻有益的觀點來看，我們也可以說，邏輯是一門有關「審愼的思考」（deliberate thinking）的理論。他進一步指出：「說思考是審愼的，即表示它是被控制以求使它合乎一個目的或理想。」[CP, 1.573]在此，我們首先必須注意到「思想」與「審愼的思考」之間的區分。籠統說來，邏輯係以思想做爲研究題材；不過，當珀爾斯加上「審愼」這個限制條件時，他已刻意地將那些不容自我控制的或漫無目的的思想排除在邏輯的研究之外，而使得邏輯的研究範圍只限於

那些審慎的思考。事實上，加上這層限制，對邏輯之做爲一門規範科學而言，乃是必要的。因爲，做爲一門規範科學，邏輯已經預設了一個確定的目的（亦即眞理），而它的工作即在分析出思想要合乎這個目的所必備的條件，而使我們知道應該如何使我們的思想合乎此一目的[cf. CP, 1.575]。在此，它所關心的思想，顯然不是那些漫無目的或不容控制的思想，而必定是可容控制而使之符合邏輯之既定目的的思想；而後者指的就是珀爾斯所說的「審慎的思考」或一般所謂的「推理」❾。他強調，推理在本質上是審慎的、自我控制的；「推理在本質上是一種有意志作用的行動，對之我們施加控制」[CP, 2.144] ❿。由於推理是審慎的、自我控制的，它在本質上是批判的；自我控制要求不斷的自我批判，而持續的自我批判正是推理生命之所寄[CP, 2.123] ⓫。對於不能被控制者，我們不宜去批評它的好壞；以邏輯上的正確與否去批評不能被控制的思想活動，其荒謬就如同以道德上的好壞與否去批評頭髮的生長一樣[CP, 5.108-9]。此外，珀爾斯在一九〇二年的手稿中指出，如果對於推理過程採取批判的態度，我們將可看出，「這個過程應該受到意志的控制；因爲它的整個目的在於修正，而我們不能夠修正我們所不能控制的東西。推理，在這個字詞的本義上，它總是審慎的，而且因此總是有待控制的」⓬。當我們進行推理之時，我們實際上的做法即是，持續地自我控制並自我批判我們可容控制的思考，而使之達到眞理這個原先進行推理時所持的目的。

　　在上述的說明中，我們首先強調了「自我控制」在邏輯中所佔的重要性；亦即，邏輯所關心的「審慎的思考」或「推理」，都是要經由自我控制而符合其既定的目的。其次，我們指出，自我控制要求自我批判。接下來，我們可以由另一個角度來說明，除了「自我控制」與「自我批判」之外，在邏輯中的審慎思考還涉及「自我贊同」的要

素。

依據珀爾斯的說法，邏輯是一門研究「審慎思考」的學問。由於推理即是審慎的思考，因此，我們也可以說，邏輯是一門有關「推理」的學問。其次，由於推理是一種內在的心靈活動，它的主要架構可以表現在客觀的論証中；而事實上，我們也必須藉助於論証，才可能客觀地表現出推理的實質內容。因此，我們也可以說，邏輯是一門有關「論証」的學問。珀爾斯在一九○三年指出，邏輯的核心工作在於對論証加以分類與批判。他並進一步指出：「論証的本性有一獨特之處，即是，任何論証之存在，必須關涉於某一特殊的論証種類，否則無法存在。推論的動作在於下述想法：被推出的結論之為真，乃是由於『在任何一個類比的情況中』一個類比的結論『將會是』真的。如此，邏輯與推理是同時出現的。任何人只要『實際地』進行推理，則實質上即持有一個邏輯主張，他的『隱含邏輯』。」[CP, 5.130] ⑬此外，他又說：「推理不可能脫離『邏輯』；因為，每當一個人推理時，他認為他正在導出一個在任何類似情況皆可証成的結論。因此，他不能真的『推論』而不具有對於一群可能推論的想法，這群推論都是邏輯上『良好的』。當他推論時，他心中總是存有『好』、『壞』的區分。邏輯的本業即是對論証之『批判』，宣稱它們是好的或是壞的。我承認，有一些心靈的活動在邏輯上可以完全類比於推論，除了它們是無意識的、因而是不能控制的、因而是不可批判的。但是這正造成整個的不同；因為『推論』在本質上是審慎的、自我控制的。任何不能控制的活動都不是推理。」[CP, 5.108]

珀爾斯在前段引文提到的「論証」與「論証種類」之區分，實際上有如現代邏輯學家一般所說的「論証」與「論証形式」之區分。依此，一個論証之所以是有效的，乃是由於它的論証形式是有效的；而

如果一個論証形式是有效的，則任何具有這種論証形式的論証也都是有效的。在此了解下，嚴格說來，只有所謂有效的論証形式，而無所謂有效的論証❹。同樣的，當我們實際進行推論時，我們之所以會導出某種結論，乃是由於我們已經先行肯定（不論是隱含地或明顯地）其間所涉及的推論規則或論証形式是有效的；用珀爾斯的話來說，這種肯定就是一種「自我贊同」（self-approval）。在先行肯定或贊同某種推論規則的情況下，我們會導出某種結論，而在未肯定或未贊同的情況下，我們當然不會任意地導出之；這就表示，在自我贊同之中蘊含著一種有意志作用控制的審慎的行動，亦即珀爾斯所說的「自我控制」（self-control）。他說：「這種自我贊同預設『自我控制』。我們並不是把我們的贊同『本身』視為一個有意志作用的行動（voluntary act），而是我們主張我們所贊同的推論行動是有意志作用的。亦即，如果我們未曾贊同，則我們不會進行推論。」[CP, 5.130] 珀爾斯承認，並非所有的心靈活動都是我們可以用意志去控制的；有些心靈上的活動，就像頭髮的生長一樣，完全無關乎吾人之意願。由於自我贊同預設了自我控制，因此，對於那些完全超乎吾人控制能力之外的心靈活動，我們根本無從去說贊同與否。但是，反過來說，對於那些可以控制的心靈活動，我們也應該審慎地使用我們贊同的權利。

　　基於以上對邏輯推理的分析，我們接著進行對道德行動的分析，並由此討論其間的類似之處。根據珀爾斯的看法，一個行動在道德上的對與錯乃取決於它是否符合我們所審慎地準備採取的目的。依此，一個人的行動只要合乎他所審慎採取的目的，則此行動即具有道德上的良好性，而可被視為是一個在道德上為對的行動。在此，珀爾斯是偏就行動本身來說，而未提到行動者本身的自我控制。（當然，如果

就目的而言，其中顯然含有自我控制的成分，因爲此處所說的目的乃是被行動者「審愼地」採取的。）此外，珀爾斯亦有一段話是偏就行動者而說的：「一個人若控制他的情欲，而使之符合他所審愼地準備採取的『究極的』目的，即是一個對的人。如果人在本性上眞的完全安於以個人的安逸爲其究極目標，則他之如此做將不會比豬之如此做，受到更多的譴責。」[CP, 5.130]當一個人審愼地準備以某一目的做爲他行動的究極目的時，而對於那些有意志作用的行動或本質上可容許自我控制的行動，他卻不加以控制；在此，我們很難說他是一個在道德上對的人。此時，儘管他的行動可能由於他自然的本性或是由於某種幸運而仍然符合他原初所審愼地採取的目的，但是這種「符合」只是一種「暗合」或一種「偶合」。儘管這個行動本身可以客觀地被稱爲一個在道德上爲對的行動，但是就行動者而言，由於他未加上自我控制的努力，因此，功不在他；在此意義下，我們也不說他是一個道德上對的人。換個角度來說，如果一個人未加控制而做出的行動不符合他選取的目的，那麼，儘管這個行動本身不具有道德上的良好性，我們是否也應該認爲過不在他，而不去說他是一個道德上不對的人呢？在此，我們必須有所分辨。首先，如果這個行動是本質上不可控制的，則這個行動的功過對錯都與行動者無關；因此，我們無法由此行動而說行動者在道德上的對錯。嚴格說來，由於自我贊同預設了自我控制，因此，對那些本質上無法控制的行動，我們也無從去說贊同與否；換言之，這類行動根本無所謂對錯可言。其次，針對那些本質上可容控制的行動來說，如果一個人不加控制而做出這類行動，而且它不合乎此人審愼選取的目的，那麼，我們能否認爲過不在他呢？答案當然是否定的；因爲，如果一個人可以控制他的行動使之合乎他自己選取的目的，而他卻不加以控制，這樣的做法本身就是不對

的。換言之，一個人只要如此做，不論他的行動是否合乎他的目的，在道德上都是不對的。一個在道德上對的人，必須控制那些本質上可容控制的行動，而使之合乎他本人所審慎選取的究極目的。

簡言之，由於自我贊同預設了自我控制，因此，唯有那些本質上可容控制的行動才有道德上的對錯可言。當這類行動合乎行動者所審慎選取的目的時，即是對的行動；否則，即是錯的行動。此外，道德上的對錯亦可就行動者而言。一個行動者如果實際上未控制他原本可控制的行動，即已根本違背其目的，而在道德上是錯的。其次，如果他實際上設法控制這類行動，而實際做出的行動卻不合乎其目的，我們仍然不能說他是對的。唯有實際上設法控制那些本質上可容控制的行動而使之在實際上合乎其目的的行動者，才是一個在道德上對的人。

以上是由行動本身與行動者兩個角度而做出的區分，這些在倫理學中成立的原則，同樣也可應用到邏輯上。邏輯以眞理爲其目的，就一個推理本身而言，只要它合乎此一目的，它即是一個邏輯上正確的推理；反之，如果它不合乎此一目的，則它是一個邏輯上不正確的推理。這是就推理本身而言者，不過，談到推理者時，則是另一回事。當一個人在進行邏輯的工作而認同其目的時，他就應該控制其思想或推理，而使之合乎此一目的；因爲，推理在本質上就是一種經由自我控制而進行的審慎思考。如果此人對他能控制的推理不加控制，則不論他實際做出的推理是否合乎他原初選定的目的，他在邏輯上都不是對的。在此，我們看到邏輯與倫理學有相同的運作模式。

由「自我贊同」與「自我控制」等要素論及邏輯與倫理學的關係，珀爾斯進一步明確表示：「對有意志作用的動作之贊同乃是一種道德贊同（moral approval）。……一個推理者若在其知性的運作上

施以強大的自我控制，即是一個邏輯的推理者；因此，邏輯上的善只是道德上的善的一個特殊的種類。」[CP, 5.130]他又指出：「說一個論証是不合邏輯的、或一個命題是假的，乃是一種特殊的道德判斷。」[CP, 8.191]在此，珀爾斯並不是主張所有邏輯上的缺點都是道德上的惡，而只是指出邏輯推理與道德行動的類似性。他在一九〇二年說，如果每一個謬誤眞的都是一個罪惡，那麼，邏輯就可以被歸約爲道德哲學的一支。雖然這句話的前件並不是眞的，不過，良好的推理與良好的道德具有非常密切的關係，則是無庸置疑的[CP, 1.576]。此外，珀爾斯在一九〇六年指出：「大家都承認思考是一個主動的運作。因此，爲求使思想合乎一個標準或理想而對思想加以控制，乃是爲了使行動合乎一個標準而對行動加以控制的一個特別個案，而前者的理論必定是對後者的理論的特別確定。」[CP, 1.573]簡言之，我們在邏輯中對推理進行理性的評估，在倫理學中則對行動進行理性的評估，這兩種評估之間有許多類似之處。而它們之所以會有如此多的類似之處，乃是由於邏輯推理與道德行動有許多類似之處。二者皆是主動的，二者皆依標準及理想而被批判與修改，二者都被珀爾斯說成是「行爲」（conduct）的形式 [cf.CP, 8.191] **⑮**。珀爾斯認爲，有理性者對於最適合他的行爲理想加以反省之後，將會意圖使他自己的生活合乎這些理想。爲了要達到此一意圖，他必須決定自己在某種情境中應该如何行動。如此，當一個行動被他實際執行之後，他才能憑藉某些標準加以評估；評估這個行動與他的決定相合到什麼程度，評估這個決定與他的意圖是否相合，評估這個意圖與他的行爲理想是否相合[CP, 1.592]。同樣的，做爲一個理性的推論者，他實際上做出的推論必須依其決定而評估，這個決定必須依其意圖（指導原則或其他的推論標準）而評估；最後，他的意圖還得依更抽象的標準而被評估[cf.

CP, 1.606-7]。在此，我們不僅看到道德行動與邏輯推理之間的類似之處，更看到行動之評估與推理之評估之間的類似之處。

貳、各規範科學之間的依存關係

在上面的說明中，我們看到珀爾斯如何根據邏輯推理與道德行動之間的比較而說「邏輯上的善只是道德上的善的一個特殊的種類」。不過，嚴格說來，經由這種比較，我們只能說倫理學與邏輯存有相當多的類似關係，甚至說邏輯推理的自我控制在運作的過程上完全同於道德行為的自我控制[CP, 5.533][cf. CP, 5.440]，卻不能說其中具有某種固定的從屬關係或依存關係。換言之，只是由二者的類似關係，我們看不出為什麼邏輯必須依靠倫理學，而非倫理學必須依靠邏輯。面對這個問題，我們當然可以簡單地回答說，邏輯討論的是思想或推理，倫理學討論的是一般的行動，而由於思想與推理皆屬某種特殊的行動，因此，邏輯不過是倫理學的一個特別的分支。事實上，這就是珀爾斯所說的：「思想是一種行動，而推理是一種審慎的行動；說一個論証是不合邏輯的、或一個命題是假的，乃是一種特殊的道德判斷。」[CP, 8.191]但是，這樣只能說明邏輯與倫理學的從屬關係與依存關係，而無法進一步說明倫理學與美學的依存關係。因此，我們需要由其他的角度，亦即由自我控制的層級並由究極的評估標準或究極的目的，來回答這個問題。

就自我控制的層級而言，珀爾斯在一九○五年指出，一個理性的人不只是具有習慣，他更能對其未來的行動施以某種程度的自我控制[CP, 5.418]。他承認自我控制有程度上的差別，有一些自我控制是本能上的，有一些是出於訓練的，甚至一個人可以自我訓練而控制他的自我控制。珀爾斯認為，當一個人訓練自己而控制自我控制時，他必

定有某種道德規則，不論它是多麼特別而非理性的規則。接下來，他也許會改進這個規則，亦即對控制之控制加以控制。不過，要做到這點，他必須具有某種道德原則，而不只是非理性的規則。在此，又可進一步以美學上的理想加以控制[CP, 5.533]。珀爾斯對於這點的說明雖然相當簡略，不過，我們已可由其中看到規範科學內部的層級性與依存關係；美學在層級上高於倫理學，而倫理學在層級上高於邏輯；邏輯依靠倫理學，而倫理學依靠美學。

其次，我們可以由評估標準或究極目的的角度來討論規範科學之間的依存關係。大體說來，對於推理或行動之評估乃是根據它與一個一般性原則的相合程度，而對這個原則的評估則是根據一個更高層次的原則。例如，當我們依意圖而評估行動時，我們預設這個意圖是好的，而當我們依理想而測試意圖時，我們又預設這些理想是健全的。如果我們要避免評估標準的無限後退，就必須找到一個究極的標準。這個究極的標準或目的是非批判性的（acritical），亦即，它本身不需要有一更高層次的評估標準。珀爾斯認為，倫理學的問題即在於確定那一種的究極目的是可能的，邏輯則不討論這個問題。不過，倫理學對此問題的解決亦有助於邏輯。倫理學對於行為的究極目的如何可能存在提供一般性的說明，並對這些目的的本性提供一個抽象的描述。邏輯關心的是審慎的思考，而審慎的思考是行為的一個特殊種類，只要我們把這個關於一般行為的理論應用到審思上，即可得知探究目標之特性。珀爾斯在此以「倫理學」一詞指涉一種學問，它在於發現那些使行為控制之成為可能的一般真理；因此他把邏輯當成倫理學的一支，而主張：「推理在本質上包含『自我控制』；因此，『隱含的邏輯』是道德的一個特殊的種類。邏輯上的好與壞，只不過是真與假的區分，經過究極的分析，它只是道德上的好與壞（或對與錯）

這種更概括的區分的一個特殊的應用。」[CP, 5.108]由此,他甚至主張:「眞理,對其條件,邏輯學者努力加以分析,它也是推理者衷心企盼的目標,卻只不過是『最高善』(此乃純粹倫理學的主題)的一個側面。」[CP, 1.575]

至此,我們可以用更明確的說法表明邏輯與倫理學的依存關係。根據珀爾斯的看法,規範科學雖然以「目的」爲其核心觀念,但是,「目的是什麼」並不是邏輯所關心的問題;因爲,邏輯是在目的已經被選定後,才開始發展的。換言之,「目的是什麼」這個問題可以被稱做是一個「前規範的」問題。因此,珀爾斯指出:「邏輯,做爲一門眞正的規範科學,預設要以何者爲目標的問題,在它本身能夠成立之前,已經被回答了。」[CP, 1.577]他認爲,在我們進入邏輯這門學問之前,我們已經接受或選取了一個確定的目的,亦即「眞理」。因此,我們在邏輯中不會再問眞理是什麼,而只關心得到眞理的條件是什麼;後一問題獲得解決,我們也就知道「應該」依循什麼規則去得到眞理。依珀爾斯的看法,「目的是什麼」是屬於倫理學的問題。珀爾斯指出,邏輯研究的是達到思想目的的手段,而倫理學則界定那個目的[CP, 2.198]。他在一九〇三年說:「倫理學即在研究我們審愼地準備去採取的行動目的是什麼。」[CP, 5.130][cf. CP, 1.573]我們由此看出邏輯這門學問在理論架構上必須預設倫理學⓰。換言之,珀爾斯看出,所有的推理均預設規範,而一個完整的哲學系統必須以規範之批判爲其優先工作,這個批判即是對究極目的之省察。因此,邏輯是一門規範學科,而評估邏輯的規範的學科則是倫理學。珀爾斯相信,倫理學的基本問題是:什麼是我審愼地準備接受去做的、去追求的?由於邏輯需要對這些問題的答案,因此,如果要有完全而理性的邏輯,則必須以倫理學爲其基礎;「生活只能有一個目的。界

定那個目的的，乃是倫理學。因此，除非奠立於一個倫理學的基礎之上，否則不可能完全地、理性地合乎邏輯」[CP, 2.198] ❼。

接下來，我們可以由同樣的角度來看珀爾斯爲什麼進一步將美學視爲倫理學的基礎。在此，我們必須注意到，他所謂的美學不同於一般所說的美學。依珀爾斯看來，美學是一門研究目的的學問，它關心的問題是：什麼是不考慮任何進一步的理由而其本身即最值得尊崇的事態[CP, 1.611]？要回答這個問題，即得分析什麼是我們應該審愼地就其本身而尊崇的，而不考慮它的結果，亦不考慮它對人類行爲的影響[CP, 5.36]。由此，可以看出倫理學爲何以美學爲基礎。珀爾斯說，一個審愼地（合理地）採取的行動的究極目的必定是一個不考慮任何進一步的因素而合理地推薦其本身的事態。它必須是一個本身即值得尊崇的理想，它具有這種理想所能具有的唯一的那種良好性；亦即美學的良好性。由此觀點，道德的良好性只是美學良好性的一個特殊種類。如此一來，道德上的善是被一個附加的特別要素所特別決定的美學上的善；而邏輯上的善是被一個附加的特別要素所特別決定的道德上的善[CP, 5.130-1]。

經由上述的說明，我們可以看出規範科學之間的依存關係。在此，胡克威所做的詮譯亦頗值得參考。他指出，在規範科學的各種問題中，珀爾斯乃是先回答，什麼究極目的能夠被用來涵蓋所有種類的行爲，然後再由這個比較概括問題的回答來了解審思的究極目的。這個問題的另一種表達方式是：何者可能被無條件地尊崇？珀爾斯指出，倫理學預設有某種理想的事物狀態，不論它如何被實現、也不論任何理由，它都被主張是好的[CP,5.36]。而研究其本身即是可能被尊崇者的學問，被珀爾斯稱爲美學。因此，我們的討論是由「什麼是能夠被無條件地尊崇的」（此乃美學的工作），進而到「什麼是能夠被

用來無條件地做爲行爲的目的」（此乃倫理學的工作），更進而到「什麼是能被無條件地用來做爲指導我們的推理及探究的究極標準或目的」（此乃邏輯的工作）⓭。

第三節　珀爾斯後期實用主義的理論基礎

但是，上述的說明只讓我們了解到規範科學之間的依存關係，卻未指出「本身即可無條件地被尊崇者」究竟是什麼。事實上，珀爾斯在此提到的是一個傳統的哲學問題，亦即價值哲學中所討論的「什麼是究極的內在價值」。對此，快樂主義的回答是「快樂」；換言之，他們認爲唯一的內在價值是快樂，而其他的價值都是外在價值，究極而言，這些外在價值之所以具有價值亦必在於它們能以某種方式有助於快樂之獲得。這種快樂主義的看法是西方價值理論的主流思想，不過，珀爾斯在此提出相當值得注意的不同看法。此外，他對這個問題的回答直接影響其實用主義的立論基礎，因此，更值得我們詳細加以討論。

在一九〇二年出版的《哲學與心理學詞典》中，有關實用主義的條文係由珀爾斯負責撰寫。這項條文相當重要，因爲其中透露出珀爾斯對其早期實用主義的重大修改。珀爾斯在此處明白指出，他原先在一八七八年的說法中，似乎預設探究乃以行動爲其目的。我們知道，在一八七八年的〈如何使我們的觀念清楚〉一文中，珀爾斯乃由信念之分析出發，而提出他的實用格準。他當時指出，信念之本質即是習慣之成立；而不同的信念是由它們所激起的不同的行動模式而區別開來。他又說，思想之全幅功能即在產生行動的習慣，一個思想的意義即在其產生的習慣；習慣使我們在某種情境下，以某種方式行動。或

許我們可以用下述一系列的問答來展現其間可能的思路:「我們爲什麼要進行探究?」「爲了要得到穩定的信念。」「我們爲什麼要有信念?」「爲了要有某種行動的習慣。」「我們爲什麼要有習慣?」「以便知道在某種情境下應該如何行動。」如此一來,我們的探究或審慎的思想似乎即是以個別具體的行動爲其目的。不過,這種早期說法可能造成的偏差,在後期得到了明確的修正。珀爾斯在一九〇五年的〈何謂實用主義〉一文中明白指出,如果實用主義眞的是把行動當做人生的一切與終極目的,則這將意謂著它的死亡。因爲,主張我們只是爲了行動而生活,即等於主張沒有所謂的理性的意義這麼一回事[CP, 5.429] ❶。

事實上,珀爾斯在上述一九〇二年的條目中即已表現對此問題的進一步反省。(在一九〇五年的〈何謂實用主義〉中亦有相關的討論。)他在此時看出,行動尚不足成爲究極的目的,行動本身還需要有其目的。換言之,他在此時不再滿意於以行動這個目的做爲實用主義的理論基礎,而要爲實用主義提出一個更究極的基礎。他指出:「如果我們承認行動需要有一個目的,而且那個目的必須是某種屬於概括種類的事物,那麼,這個格準本身的精神(此即,我們必須著眼於我們概念的結果,以求正確地了解它們),將會引導我們走向某種不同於實踐事實的事物,亦即,走向概括的觀念,以做爲我們思想的眞的解釋者。」[CP, 5.3]在此說法中,實用主義的主旨並沒有改變,亦即:我們必須著眼於我們概念的結果,以求正確地了解它們。然而,其中的預設卻改變了;亦即,特殊的行動不再是我們的究極目的,因爲行動仍需以某種概括的東西爲其目的。

然而這個比行動本身更究極的目的是什麼呢?珀爾斯指出,實用格準所關注的實踐事實所能促進的唯一的究極的善,乃在於增進具體

合理性的發展[CP, 5.3][cf. CP, 8.136n3, 8.140, 1.613-5]。換言之，「具體合理性的成長」即是珀爾斯心目中的最高善，它之所以被尊崇乃是由於其本身即值得被尊崇，而不是由於任何更進一步的理由。伯恩斯坦曾經指出，這個主張是珀爾斯思想體系的基石⓴。它不但做爲自我控制的究極理想，亦做爲人生的究極理想[cf. CP, 8.136]。我們在第五章指出，理想的或科學的探究者乃以眞理爲其探究的目的；不過，當我們知道眞理不過是最高善的一個側面時，我們也同時知道探究的究極目的即在增進宇宙中具體的合理性。如此一來，思想或探究之唯一究極的目的在於增進合理性之發展，而實用格準之所以關注於具體的個別的行動，乃是因爲這些行動有助於此一究極目的。換言之，這個格準表面上關注的是實踐事實，實際上關注的是它們所能促進的唯一的究極的善；這些實踐事實的價值乃在於它們對具體合理性發展的增進[cf. CP, 5.433]。珀爾斯相信，究極的目的或究極的善在於以某種方式進行的進化歷程；亦即，它不是在於各個分別孤立的個體反應，而是在於某種概括或連續的東西。在此，涉及珀爾斯的綜體論（synechism），亦即承認宇宙中連續性的存在；其中更認爲連續的生成變化、由法則所控制的生成變化、充滿概括觀念的生成變化，都不過只是同一個合理性生長的不同側面而已[CP, 5.4]。簡言之，概念的意義根本不在於任何個體的反應，而在於那些反應之貢獻於此發展的方式[cf. CP, 5.402n, 5.429]。如此一來，概念的結果不再是短視地指行動，而是進一步指行動所歸趨的終極目的；亦即合理性。

　　由另一個角度來說，珀爾斯在後期看出，邏輯乃是規範科學中的一種，它必須依靠於另一門規範科學，亦即倫理學，而倫理學亦需轉而依靠於另一門規範科學，亦即美學。當我們以合理性做爲究極的目的時，我們的行動即「應該」以合理性做爲究極目的，而思想亦「應

該」以合理性做為究極目的;合理性是概念應該具有的究極目的或結果。珀爾斯早年以懷疑與信念做為探究的起點與終點,這可以是一種實然的描述。但是,加上「自我控制」或「審思」的觀念,則此一探究歷程即不只是一種盲目的活動,而必須有一應然目的之選定、恰當方法之採用(以達成此一應然目的)㉑。依據此一觀點,我們對於概念意義之了解,乃是根據何種角度最能助益吾人以達此目的,如此而附加於此一概念以一應然之意義。如此而來之意義,不再是個別行動之組合,而是一種概括的模式。蓋利曾批評珀爾斯說,珀爾斯之欲以一個概念「全部的」實踐結果去澄清一個概念的意義,乃是一個不可能做到的理想㉒。的確,如果珀爾斯真的如此主張的話,這是達不到的理想。不過,珀爾斯的原意並非如此,他強調的毋寧是一種概括的模式。

經由以上的說明,我們看出目的概念在實用主義中的重要地位。事實上,珀爾斯之選定實用主義一名,原先即在突顯這一方面的意涵。珀爾斯在一九〇五年回顧說,當他早年提出實用主義這種主張之際,曾經有些朋友勸他將之稱為「實踐主義」(practicism or practicalism),不過,他寧可以康德的用語稱之。因為,他認為,「實踐」(praktis ch)與「實用」(pragmatisch),二者截然有別;在前者所屬的思想範域中,沒有一個典型實驗科學家的心靈能夠確定他有堅固的立足點;後者則表現與某種確定的人類目的之間的關係。珀爾斯之所以選定「實用主義」一名的理由在於這個新的理論有一個最重大的特色,即是它看出在理性認識與理性目的之間存有一種不可分的關連[CP, 5.412]。此外,珀爾斯指出,實用主義不可等同於現象主義。因為,現象的豐富性即在其可感覺的性質,而實用主義並不想要定義字詞及一般觀念的現象學上的等同物;反之,它想要消除它們

感性的要素，而努力定義理性的意涵，並且在字詞或命題的目的性影響中發現其理性的意涵 [CP, 5.428]。

實用主義這種確定意義的方法究竟如何有助於具體合理性的成長呢？簡言之，它以條件句的方式表現出一種概括的法則，而呈現出宇宙中的第三性、合理性、法則性 [cf.CP, 5.433]。實用主義將知性概念的意義定位在第三性；如果我們以合理性的增長做為究極的目的，則有助於合理性之彰顯的實用主義自然是我們「應該」採取的意義理論。在此，我們可以看出，珀爾斯如何經由美學、倫理學、與邏輯的依存關係而為實用主義提供理論上的支持㉓。整體來說，珀爾斯先由規範性的路向指出具體合理性的成長即是究極的目的，它是我們在邏輯中進行審慎思考時的究極目的，也是我們在道德中進行審慎行為時的究極目的。因此，意義問題亦應以此做為最終的考慮。換言之，一個理想的意義理論如果談不上增進宇宙中的合理性，至少也應該有助於展現宇宙中的合理性。因此，珀爾斯提出實用主義以滿足這種要求。我們在此，一方面看到實用主義的証成，另一方面更清楚地看到實用主義實際上就是一種應然的意義理論，而明顯地表現出珀爾斯在意義問題上所採取的規範性路向。

附　註

❶　在此，我們似乎已經確定珀爾斯的實用主義乃是專門針對知性概念的
　　意義而提出的。珀爾斯本人即說過：「我了解的實用主義這種方法，
　　不是用來確定所有觀念的意義，而只是用來確定我所謂的『知性概
　　念』的意義，亦即，它們的結構是關乎客觀事實的論証所依靠的那些
　　概念。」[CP, 5.467] 他又說：「實用主義並不是要指出所有記號的意
　　義何在，而只是要提出一個方法以決定知性概念（亦即，推理所依靠
　　的那些概念）的意義。」[CP, 5.8]然而，問題是，實用主義在這方面的
　　應用是否無往不利？此外，它是否能夠應用到其他的方面？在此，我
　　們關切的是實用主義恰當的應用範圍及限制。雖然，珀爾斯在這方面
　　的說法表現得不太一致。從某一方面來看，他似乎認爲，實用主義這
　　種方法可以應用於任何對象或所有的記號而確定其知性的意義[cf. CP,
　　5.453, 5.6]。在另一方面，卻又強調實用主義只適用於知性概念。不
　　過，我們認爲，一旦成爲一個確定意義的方法，實用主義當然不只是
　　僅能應用於知性概念而已，它應該有更廣泛的應用。事實上，我們也
　　看到珀爾斯對於這種方法廣泛應用的信心。但是，這點並不表示這種
　　方法可以毫無限制地應用。有一些概念，像是「喬治·華盛頓」，就
　　不適合用實用主義去確定它們的意義。事實上，珀爾斯本人也承認有
　　一些概念並不適合以實用格準去說明其意義。他指出，一個人將會依
　　照其信念而行動，只要他的信念具有實踐的後果。唯一的懷疑是，這
　　是否即爲信念之全部，如果信念並不影響行爲，它是否即是空洞的。
　　例如，相信正方形的對角線與其邊乃不可共量，這個信念對行爲有什

麼可能的影響？我們很難說可共量與不可共量之間有任何客觀的實踐差異[CP, 5.32][cf. CP, 3.203f, 5.539, 5.541]。簡言之，對於上述兩種表面上不一致的說法，我們的折衷說法是：實用主義最適用的對象是知性概念，而它提出的初衷原本亦在確定知性概念之意義。不過，大體上，這種方法也可推而廣之，而應用到所有記號的身上；雖然它對某些記號的應用不是很恰當。

❷　根據我們前面對於珀爾斯本人發展實用主義的過程的說明，我們知道，珀爾斯對於實用主義的說法可分前後兩期，而後期的說法毋寧是經過自覺地深入省思之後的結果。珀爾斯於一九○三年的三月至五月間，以實用主義爲主題，在哈佛發表一系列七篇的講演。事實上，我們可以把這七篇講詞看做是珀爾斯後期對實用主義再度省思之後的系統之作。對了解珀爾斯的實用主義而言，這一系列的《實用主義講演錄》的重要性是不言可喻的；它們不僅代表了珀爾斯對於實用主義的成熟說法，也是他對實用主義曾經寫過的最有系統的著作。

❸　珀爾斯曾計畫寫一本書，而以《實用主義的基礎》做爲標題。在一九○六年的部分手稿中，我們看到這本書談的乃以規範科學爲主[cf. CP, 1.573ff, 5.549ff.]。由此書的書名及其現存的部分內容，我們可以說，珀爾斯在一九○六年也是試圖由規範科學的路向爲實用主義提供理論根據。此外，對於珀爾斯日後何以反對以心理學的事實做爲實用主義的基礎，胡克威有一段說明亦值得我們參考。他說，有人可能會把一八七八年論証的錯誤說成是，它將關於「我們『應該』以什麼做爲我們推理的目標」的問題立基於「我們本性上自然以何者爲目標」的主張上。但是，這種批評的基礎不是沒有問題的。事實上，如果「意見之固定是人類探究者可能追求的全部」是一個心理學的事實，則還要說「我們應該追求別的目標」，只是一句空話。這乃是人類在設定探

究目標的一個心理上的限制。不過,在珀爾斯的後期著作中,他相信邏輯學家不應太看重這點反應:在他所設定的目標中,他不應該猜想人類的能力限制如何。尤其珀爾斯認爲邏輯的結論不只是適用於人類,而得適用於所有的有理性者,我們似乎應該把上述的心理事實看做是在描述人類能力的限制,而不應該看成是理性的極限。何況,當一個人清楚他的探究應該以何者爲目標時,不太可能在意這種目的是在心理上不可能的,或許他會以爲這些心理學上的事實其實不是事實,其錯誤的可能正如他所說的應然標準一樣的大。換言之,一旦我們的邏輯發展出來,我們可以用它來做爲基礎以重新評估我們現行的心理學信念 [Christopher Hookway, *Peirce* (London & Boston: Routledge & Kegan Paul, 1985), pp. 53-4.]。

❹ 這裡說的是規範科學內在的依存關係。此外,規範科學亦有其外在的依存關係;亦即,整個規範科學乃依靠在另一支學問之上。在珀爾斯所關心的發現之學的三個分支(數學、哲學、特殊科學)中,他的研究重心毋寧是在前面兩支。而在哲學這一支中,又可分爲現象學、規範科學、及形上學。就學問的架構來說,珀爾斯認爲,整個規範科學必須以現象學爲基礎,而現象學必須以數學爲基礎。他指出,規範科學的工作是在分別好壞,因此,在批評任何一門規範科學之前,我們必須先說明這種二分;而這是現象學的工作。在現象學中,不能先做好壞之分,而只是觀照現象本身,只是張開眼睛並描述所見。因此,現象學必須當做建構規範科學的基礎。它也是所有實証科學中最根本的,亦即,它的原則並不是建立在其他實証科學之上。實証的科學意即一種尋求實証知識的探究;因爲這種知識可以方便地以定言命題表達。邏輯及其他的規範科學,雖然它們問的不是「是什麼」的問題,而是「應該是什麼」的問題,但是,它們仍然是實証的科學,因爲它

們是藉著斷定實証的定言眞理而能夠表示出它們所謂的好究竟是什麼；而它們所處理的對的理性、對的努力、對的存有，是由實証的定言事實導出那個特性。最後，珀爾斯認爲現象學進一步需要以數學爲其基礎。他說，或許你會問我，是否可能想像一門科學，它的目標不在宣稱某一事物是實証地、定言地爲眞？回答是，不僅可能，而且事實存在，這就是純粹數學這種條件的、假言的科學；它唯一的目標並不在於發現事物實際上是如何，而在發現它們可以如何地被假定（如果不在我們的宇宙中，則在另一個）。珀爾斯相信，現象學必須以此爲基礎，否則就會產生像黑格爾那樣的缺點[CP, 5.37-40]。

❺ 《珀爾斯文輯》第五卷的編者曾經歸納出實用主義的六點要旨，其中的第四點即指出，邏輯乃隸屬於倫理學及美學；一個知性概念的究極意義乃是在於它對審愼的或自我控制的行爲所可能有的影響；而所謂審愼的行爲即是倫理學上的，而它所實現的目的則是美學上的。參見《珀爾斯文輯》第五卷，頁五至六。

❻ 這一講對實用主義的証成是相當重要的。事實上，珀爾斯在這一講的開頭即指出，如果想要証成實用主義，就不能省略這一講中所說的內容[CP, 5.120]。而這一講中與實用主義之証成關係最密切的，就是論及三門規範科學彼此關係之處[cf. CP, 5.130-1]。

❼ 我們在註三提到，在一八七八年的文章中，珀爾斯指出了人類在設定探究目標的一個心理上的限制；亦即，我們把我們所不懷疑的穩定信念當做是眞的信念。但是，他後來認爲，我們應該把上述的心理事實看做是在描述人類能力的限制，而不應該看成是理性的極限。由此，可以說明珀爾斯爲什麼強調應該由「有理性者」的（而不由人類的）角度去思考問題，也可以說明他爲什麼在後期強調由「非心理學」的（而不由心理學的）角度去証成實用主義。此外，珀爾斯之以「有

理性者」爲出發點而不以「人心」或「有理性的人」爲出發點，或許
是由於他相信，理性，甚或心靈，在原則上不必只是人類有之。

❽ 珀爾斯在一九〇三年的講演中承認他對規範科學的三個分支有不同的
了解程度。他說，他本人對倫理學及美學的看法遠比他對邏輯的看法
成熟得晚。直到一八八三年，他才開始眞正研究倫理學；而到一八八
九年左右，才肯定它是一門規範科學。至於美學，雖然他讀的第一本
哲學著作即是美學方面的，但是，其後即根本未再著意其間，因而也
沒有什麼具有自信的看法。他雖然相信美學是一門規範科學，但也根
本不能確定[CP, 5.129]。因此，就珀爾斯本人的著作來說，除了歷經六
十年苦心研究而累積下來的數量龐大的邏輯著作之外，他在美學方面
幾乎沒有任何實質上的論著[cf. CP, 2.197]；他在倫理學方面的著作固
然有一些，不過，大多亦集中於它與實用主義或邏輯的關係上。

❾ 珀爾斯經常把可控制的推理與不可控制的知覺判斷做一對比。他指
出，知覺判斷是一個我絕對無法不接受而強加於我的判斷，使我接受
它的過程是我完全無法控制的，因此我也無法加以批判[CP, 5.157]。換
言之，邏輯關心的是推理，而非知覺判斷。不過，這並不表示珀爾斯
根本否定知覺判斷在探究中的地位。事實上，珀爾斯曾經多次指出，
吾人所有的知識皆以知覺判斷或經驗觀察做爲基礎[CP, 1.238, 5.392,
5.611, 6.522]。

❿ 珀爾斯曾經指出「自我控制」的幾個要件：（一）將個人過去的作爲
與標準比較；（二）理性地審思個人未來如何行動；（三）形成決
心；（四）基於決心而確定或修改習慣[CP, 8.320]。在此可以看到自
我控制與習慣的密切關連，由此亦可看出實用主義如何以這些想法做
爲理論基礎。

⓫ 我們在此只說到自我控制要求持續的自我批判，事實上，依據珀爾斯

的看法，持續的自我批判還要求有一個理想的探究者社群。經過這一群人長期的探究，最後所獲致的意見即是眞理，而眞理所呈現的即是實在。就此意義來說，以這個理想的探究社群做爲基礎，可以分別實在與不實在、眞與假；而這個理想的社群在作用上即如同一個規制原理 [cf. CP, 5.311]。此外，珀爾斯經常強調個人的社會性格。他說：「一個人不是一個絕對的個人。他的思想是他『對他自己所說的』東西，亦即，對另一個在時間之流中剛剛來到生命之中的自我而說的。當推理之際，我們試圖說服的正是這個批判的自我。」[CP, 5.421]在此，思想是內在對話的一種形式，而對話預設一個有標準、有規範的社群，否則無從對談。伯恩斯坦認爲，珀爾斯的這些看法與柏拉圖、亞里斯多德、後期的維根斯坦皆有共通之處[cf. Richard J. Bernstein, "Action, Conduct, and Slef-Control", in *Critical Essays on Charles Sanders Peirce* edited by Richard J. Bernstein,（New Haven: Yale University Press, 1965）, pp. 82-3]。

⑫　此段文字見於哈佛館藏之珀爾斯手稿，轉引自胡克威[Hookway, p. 55]。

⑬　胡克威指出，珀爾斯借用士林哲學的術語而經常以「隱含的邏輯」（logica utens）對比於「顯明的邏輯」（logica docens）。這兩者皆考慮一些標準用來評估及控制推理。任何人在推理時，都會運用一些推理的標準以引導他的自我批判並解決如何進行的問題；這種未形構的一套邏輯可名之曰隱含的邏輯。顯明的邏輯則是邏輯學家精心形構出來的。珀爾斯關心的是顯明的邏輯，但他也關心去批判地評估科學研究者所用的隱含的邏輯，並了解其功能[Hookway, p. 43]。珀爾斯在這段引文中說：「任何人只要『實際地』進行推理，則實質上即持有一個邏輯主張，他的『隱含邏輯』。」在此，他的意思是說，任何人在

進行推理時，事實上已經運用了此人所贊同的一些規則。他在此處雖然只提到隱含的邏輯，但不是說只有運用隱含邏輯的人才表現了自我控制或自我贊同的特色；事實上，運用顯明邏輯進行推論的人更明顯地表現這種特色。換言之，珀爾斯在此之所以只提到隱含的邏輯，只是提醒我們，那些在表面上未依顯明邏輯而進行的推論，實際上其中也有隱含的邏輯，也有自我控制或自我贊同的特性。此外，他指出，所有的推理皆使用到他所謂的指導原則（guiding principles）；某種心靈的習慣決定我們由某些前提導出某種推論而非別種推論，而當這種心靈習慣以命題的形式表達出來時，即被稱爲推論的指導原則[CP, 5.367]。

⓮ Cf. Howard Kahane, *Logic and Philosophy*, 5th ed., 1986, ch. 1. 此外，亦可參考筆者所著《理則學》，頁三十至三十一，台北：空中大學出版，七十九年。

⓯ 珀爾斯並未明白指出他所說的「行動」（action）與「行爲」（conduct）這兩個概念的差異。不過，根據伯恩斯坦的詮釋，這兩個概念有極大的差異；前者主要表現第二性，後者主要表現第三性。詳言之，行動是完全確定的，它只發生一次，它本身是蠻橫而無關乎理性的。行爲在本質上是概括的，它是活動的類型或種類而與珀爾斯所說的習慣有密切的關連；因此，我們亦可把「conduct」譯爲「行爲模式」。珀爾斯指出，習慣即是在某種情境下準備以某種方式行動，而一個審愼的、或自我控制的習慣即是信念[CP, 5.480]。在此，珀爾斯所說的習慣是廣義的；他甚至主張萬事萬物皆表現習慣，而我們所謂的事物即是一組反應的習慣[CP, 4.157]。換言之，他要強調的是，萬事萬物皆具備法則或第三性。行爲模式或習慣乃是由珀爾斯所謂的一組「將會」構成。當我們說某甲具有一種習慣，即是表示，當某種情

境發生時，他「將會」以某種方式行動[CP, 8.380]。雖然行爲模式或習慣得表現在行動中，但是，任何數量的實際行動的組合皆不足以完全表現一個習慣或行爲模式的意義[CP, 5.467]。在此，我們可以看出珀爾斯爲何堅持所有的習慣或行爲模式皆是未來導向的。過去是知識的堆棧，其中可以包含許多規律性，但是這些規律性並不能窮盡法則、習慣、或行爲模式。此外，未來事件是我們唯一可一能控制的事件，我們根本不能控制過去的事件。經由「行動」與「行爲模式」的區分，我們可以說，實用格準主要關切的是審慎的行爲模式，而非散列的行動。換言之，珀爾斯乃是將命題的知性意義等同於習慣或行爲模式。原則上，一個命題可以轉譯成各式各樣的形式，但是實用格準則挑出其中可應用於人類行爲模式的形式，做爲其知性意義[CP, 5.427]。實用主義將意義等同於概括的、條件式的行爲模式或習慣，而珀爾斯的實在論即在強調這些概括的東西是實在的。在此，可以看出珀爾斯何以主張他的實用主義與實在論是相互涵蘊的 [cf. CP, 5.453, 5.470, 5.503] [cf. Bernstein, pp. 77-79]。

⓰ 珀爾斯在一九〇二年的《小邏輯》及一九〇三年的《實用主義講演錄》提出的說法並不完全一致。他在前者說，邏輯是眞正的規範科學，而倫理學是前規範的科學[CP, 1.577]。但是，他在後者又說倫理學是最道地的規範科學；理由是，規範科學的本質對象即是目的，而目的與有意志的行動之間的密切關係是目的與其他事物之間所沒有的，因此，倫理學是最道地的規範科學[CP, 5.130]。這兩種說法雖然不一致，但是，由它們出現的脈絡來看，珀爾斯都是在於指出倫理學在理論體系的架構上之優先於邏輯。

⓱ 倫理學的工作是解釋，對於各種形式的行爲（包括審思）之控制，如何可能有客觀有效的終極標準。換言之，倫理學的問題在於確定那一

種的終極目的是可能的。而珀爾斯的看法是,「不能」被具有反省力的行動者一貫地採用的目標即是壞的[cf. CP, 5.133-4]。

⑱ Cf. Hookway, pp. 58-9.

⑲ 從另一個角度來說,珀爾斯在一八七八年固然指出,探究的歷程在動機上是要逃避懷疑的不安,而過渡到保有一個穩定意見之滿足。但是,他日後並不滿意這種看法;個人的滿足並不是科學家的目標。此外,他也不以延續人類、造福人類做為探究的目標。依他看來,這種看法有三個缺點:一、它不合乎科學家的探究精神,亦即不合乎實情;二、這是不好的倫理學;三、它會阻礙科學的進步[CP, 8.135]。

⑳ Bernstein, p. 89。伯恩斯坦在此說的固然沒錯,但是,這點卻也是珀爾斯哲學中不能証成的基本預設或絕對預設。珀爾斯曾經指出,理性的本質在於它永遠不可能完全完美,它必須永遠處於成長的狀態,而且必須在實際的情境中發展。宇宙的創造即是理性本身的發展,它在今天仍然發生而永遠不會完成。我們實在看不出有任何可尊崇的理想比這裡所說的理性之發展更令人滿意。理性本身即是可尊崇的,而不需要進一步的理由。依此,行為的理想即在使宇宙成為更合理的[CP, 1.615]。此外,珀爾斯指出,如果你問一個研究者,為什麼不試一試某一個出奇的理論,他會說,它看起來「不合理」。可是,令人好奇的是,在我們可以明白出看到我們運作過程的嚴格邏輯之處,我們很少使用這個字。我們不會說一個數學錯誤是不合理的。我們稱某一意見是合理的,當它唯一的支持是本能時[CP, 5.174]。不過,上述這類說明只能幫助我們了解珀爾斯的思路,卻無法進一步証成這個預設。事實上,在任何一個哲學系統中都有不能証成的基本預設,因此,這點不能算是珀爾斯理論架構上的缺點。此外,胡克威指出,珀爾斯對於上述問題提出一種在其後期著作中相當主要的論証風格。珀爾斯避開自

然主義的循環的一個常用的方式是主張，某些學問是先邏輯的或非批判的（prelogical or acritical），亦即它們不受邏輯的批評。因此，他也得主張，我們在規範科學中所運用的探究技巧，及用來証實其範疇論的那些技巧，是不受邏輯批判的。但是這不是珀爾斯運用的唯一策略。邏輯的基本預設不能以這種方式証實，而且它們不能被視為經驗性的真理。只是說這些真理是邏輯所不可缺少的，並不能使我們証實實在之假設或客觀終極標準的存在。珀爾斯說過，為了不致跳票，我銀行的存款不可少於五百元，因為我已開出這麼多數額的支票；但是這個不可缺少性並不能直接影響我存款在現實上達到平衡[CP, 2.113]。只是說邏輯的基本預設是不可或缺的，並不足以保証它們的存在。反之，它們的作用毋寧是做為規制性的希望[NE iv 19]。珀爾斯指出，在玩橋牌時，當對手只剩下三張牌時，我們會假設他有那些牌而怎麼出牌，這是一種邏輯的思考[CP, 2.113]。珀爾斯曾經指出，我們對客觀終極目的之存在的信念，其作用為一種規制性的希望。此外，他也承認，我們無法保証可能有任何倫理上善的目的[CP, 5.136]。以橋牌為比喻，他指出，希望它存在，而依靠此希望乃是合理的做法，因為若是沒有它，即不可能達成自主的自我控制行為的目標[Hookway, pp. 63-4]。

❷ 瑞禮指出，珀爾斯早年乃以「行動—回應」等同於意義，而後期之修改乃以「目的」去了解「行動—回應」[Reilly, p. 18]。帕特指出，看出目的在行動中的角色，即是洞見了規範科學的角色；而珀爾斯之看出目的在行動中的角色，使他得以成功地以比較恰當的方式重述實用格準[Vincent G. Potter, *Charles S. Peirce on Norms and Ideals* Amherst:（University of Massachusetts Press, 1967），p. 5.]。用珀爾斯自己的話來說，由於「這個格準所關注的實踐事實所能促進的唯一的究

極的善，乃在於增進具體合理性的發展」[CP, 5.3][cf. CP, 5.433]。因此，概念的意義根本不在於任何個體的反應，而在於那些反應之貢獻於此發展的方式[cf. CP, 5.402n, 5.429]。

㉒ W. B. Gallie, *Peirce and Pragmatism*（Harmondsworth: Penguin Books, 1952）, p. 170.

㉓ 我們在此只是以比較直接的方式指出實用主義的理論基礎，珀爾斯固然曾經指出：「要修改或証實實用主義的格準，必須先了解何謂邏輯上的善；而要了解邏輯上的善，必須先了解何謂美學上的善以及道德上的善。」[CP, 5.131]不過，他也進一步由推理之分析而詳細地討論其間的關連以及對實用主義的影響[cf. CP, 5.136ff]。

第九章　記號學與實用主義之証成

　　根據珀爾斯對於學問的分類，思辨文法學是關於記號之本性與意義的一般理論，故亦可名爲記號學（semiotic）❶。它是邏輯中的一支，而邏輯爲規範科學中的一支，規範科學又爲哲學的一支，而哲學復屬發現之學的一支。在邏輯的三個分支中，記號學是最根本的一支，而在理論上做爲其他兩支（批判學及方法學）的基礎。由於實用主義這種意義理論屬於方法學的範圍，因此，對珀爾斯而言，記號學可以爲實用主義的成立提供理論根據。事實上，珀爾斯曾經指出，他的意義理論乃導源於他的記號理論，而且由記號理論加以証成[CP, 8.118ff, 8.191]。他又主張，如果我們想要解決有關知性概念之意義的問題，唯一的辦法即是去研究記號之「意解」或「恰當的意指效果」（the interpretants, or proper significate effects, of signs）[CP, 5.475]。由此，我們可以看出珀爾斯的實用主義與其記號理論之間的密切關連；故而要對其實用主義做更深入的了解，亦必須先了解珀爾斯的記號理論。不過，如同其範疇論一樣，珀爾斯的記號學本身亦是一套相當複雜的理論，因此，在討論它與實用主義之証成之間的關係之前，我們應該先對其重要主張略做說明❷。

　　以上由珀爾斯對學問分類的角度看出記號學與實用主義的意義論

之間的關係；此外，我們也可以由其他的角度看出珀爾斯記號學與其意義理論，以及其探究理論之間的關係。珀爾斯所說的探究者是一個科學社群中的成員，這些有志一同的探究者不計較任何利害而終其一生皆奉獻於眞理之追求。胡克威曾經指出，要說明這種探究社群的可能性，必須先回答兩個問題，而要回答這些問題，又必須先說明意義及再現。根據珀爾斯的看法，科學的目標在於眞實地呈現實在。然而，除非我們知道思想及語言如何能夠眞實地呈現實在，否則，我們對科學生活的了解將是不完全的。因此，第一個問題是，我們如何可能眞實地呈現實在。其次，探究社群在本質上是一個對話與討論的群體，其中的成員藉著彼此的對話與討論而向眞理前進。因此，第二個問題是，探究社群成員之間如何可能產生相互合作的活動。簡言之，要回答上述的問題，我們需要先行了解此一科學社群所賴以運作的語文動作（ linguistic acts ）、或是分析科學探究者所做出的斷言（ assertion ），而這正是思辨文法學或記號學的目標。這個理論要說明一個事物之有意義、一個事物之再現其他事物是怎麼一回事，它要說明在科學討論中所涉及的語言動作，並研究一個可以用來做爲探究工具的語言所必須具備的性格。如此，記號學乃是在於說明探究活動中的一些基本要素：意義及溝通❸。

第一節　記號的本性

首先，我們來看珀爾斯對於「記號」（ sign ）的定義，以見其本性❹。珀爾斯在一九〇八年說：「我把記號定義爲任何一個東西，它在一方面被一個對象如此地決定，而在另一方面如此地決定某人心中的一個觀念，以致後一決定（我名之爲記號的意解）藉之而被那個對

象間接地決定。因此，一個記號與它的對象以及它的意解具有一種三元的關係。」[CP, 8.343]簡言之，任何一個東西，不論它以什麼方式，只要它能傳達有關一個對象的任何一個明確的觀念，它就是一個記號[CP, 1.540]。此外，珀爾斯也經常將記號稱爲「再現者」（representamen）❺。他在一八九七年說：「一個記號，或『再現者』，是某個東西，它在某一方面對某一個人代表某一個東西。它乃針對某一個人而言，亦即，它在那個人的心中創造出一個相等的記號，或者也許是一個發展得更多的記號。它創造出的那個記號，我稱之爲第一個記號的『意解』（interpretant）。這個記號代表某個東西，亦即其『對象』（object）。它之代表那個對象，並不是在所有的方面，而是關於某種觀念，而我有時稱之爲再現者的『根底』（round）。」[CP, 2.228]

　　以上即是珀爾斯對於記號或再現者的定義。這些定義看起來相當複雜，事實上，它們只是在展現記號本質上所具有的一種三元關係。而珀爾斯有時候也明白地由三元關係去定義記號或再現者。他在一九〇三年指出：「一個『再現者』是一個具有三元關係的主體，它『對』一個第二者（稱之爲其『對象』），『爲』一個第三者（稱之爲其『意解』），這種三元關係即在於『再現者』決定了它的意解而使之具有同樣的三元關係而對相同的對象爲某一意解。」[CP, 1.541]意解本身是一個記號，因此與一個進一步的意解之間存有同樣的三元關係。此外，珀爾斯在一九〇二年也說過類似的話：「一個『記號』（或『再現者』）是一個第一者，它與一個第二者（稱之爲它的『對象』）具有如此一種眞正的三元關係，以致於它能決定一個第三者（稱之爲它的『意解』）而使之與它的對象之間具有它本身與這同一個對象之間所具有的相同的三元關係。」[CP, 2.274]在這兩段

極爲抽象的定義中，我們明白看到珀爾斯範疇論對其記號學的直接影響。由於記號關係是一種三元關係，因此，就珀爾斯範疇論中所說的三個普遍範疇而言，記號行動是第三性範疇的具體表現，也是最道地的實例。珀爾斯說：「在它眞正的形式中，第三性是存在於一個記號、它的對象、以及解釋的思想（本身即是一個記號）之間的三元關係，而被視爲是在構造記號之所以爲記號的模式。一個記號是『意解』記號與其對象之間的媒介。」❻

由於記號之三元性，在任何一個記號行動中，都必須涉及三個要素：記號本身（第一者）、記號的對象或記號所代表的東西（第二者）、以及記號的意解或記號在一位解釋者心中所產生的效果（第三者）。這三個要素之間緊密地關連在一起而形成一種三元關係；珀爾斯稱之爲一種「眞正的」（genuine）三元關係，意即，它是不可化約的。在珀爾斯的範疇論裡，有一個很重要的主張，即是，所有不可化約的關係只有三種：一元關係、二元關係、與三元關係。眞正的二元關係不能化約成任何幾個一元關係的組合，而眞正的三元關係亦無法化約爲任何幾個二元關係的組合。此外，珀爾斯曾經提出一些論証來証明，所有四元以上的關係皆可化約爲三元關係的組合；因此，並沒有所謂「眞正的」四元關係或更多元的關係。由於記號行動具有眞正的三元關係，因此，如果缺少其中任何一個要素，其他的要素即不成立，而整個記號行動亦不成立。例如，如果缺少記號本身，則對象不能成其爲對象，而意解亦不能成其爲意解；簡言之，此時根本沒有記號行動存在。基於同樣的理由，記號行動中的任何一個要素，如果要成其爲記號行動中的一個要素，就必須與其他兩個要素具有眞正的三元關係。就如同一個贈予行動，其中必須要有贈予者、受贈者、以及被贈物；而缺少其中任何一項，其他兩項皆不成立，此時亦無所謂贈

予行動之存在。換言之，一個贈予者要成其爲一個贈予行動中的贈予者，則必須與受贈者及被贈物具有眞正的三元關係；同樣的，一個受贈者要成其爲一個贈予行動的受贈者，則必須與贈予者及被贈物之間具有眞正的三元關係；被贈物亦復如此。此外，這種關係不等於其間任何二元關係的組合；亦即，贈予者與受贈者之間的二元關係、加上贈予者與被贈物之間的二元關係、再加上受贈者與被贈物之間的二元關係，並不等於贈予者與受贈者與被贈物之間的三元關係。

經由以上對記號本性的說明，我們已約略看到珀爾斯的範疇論對其記號學的影響，在下面論及記號之分類時，我們還會看到這種影響的具體表現。不過，在談到記號分類之前，我們仍然需要對記號之本性做進一步的說明。根據艾耶的詮釋，在珀爾斯對記號的定義中，透露出來的一個重點是：任何一個東西，就其本身而言，都不可能是一個記號；因爲，任何一個東西，如果要成爲一個記號，就必須被了解成一個記號❼。這點不僅是所有人爲記號（artificial or conventional sign）的必要條件，亦是所有自然記號（natural sign）的必要條件。根據一般的看法，人爲記號與其指涉對象之關連乃是經由約定俗成而造成的，而自然記號與其指涉對象之關連則是本來就存在於自然之中的；換言之，前者的關連是我們「創造」出來的，後者的關連則是我們「發現」的。依此看法，很可能有人會主張，一個人爲記號要成其爲一個記號，必須要有人了解到它是一個記號，但是，一個自然記號本身即可成爲一個記號，而不論是否有人了解到它是一個記號。不過，我們必須指出，這種看法顯然混淆了兩個不同層次的問題。一個記號與其指涉對象之間的關連是否可以獨立於人們的理解之外，這是一回事；但是，一個記號本身是否可以獨立於人們的理解而成其爲一個記號，則是另一回事。就人爲記號而言，它與它所指涉的對象之間

的關連是人爲造成的，換言之，這種關連必須依靠於人們的理解。此外，它之做爲一個記號亦得依靠於人們之理解，因爲我們是基於這種依靠於人們的理解的人爲關連而把它理解成一個記號。就自然記號而言，它與它所指涉的對象之間的關連不必依靠人們之理解即可存在，但是，它之做爲一個記號仍然是依靠於人們的理解，因爲我們在此乃是基於其間被發現的自然關連而把它理解成一個記號。

簡言之，任何一個記號，不論它與它所指涉的對象之間的關連是自然的或人爲的，都必須以「被人理解爲一個記號」做爲必要條件，才能成爲一個記號。用珀爾斯的方式來表達，這就是說，解釋者的存在是記號成立的必要條件。進一步來說，這就表示，意解之存在是記號行動成立的必要因素之一；因爲，究極而言，解釋者的存在之所以是記號成立的必要條件，乃是由於解釋者把某一個東西看成記號之際，同時就在其心中產生某種效果，而這個效果即名爲「意解」。珀爾斯在一九〇八年指出，意解必須分別成三種：直接意解Immediate Interpretant）、動態意解（Dynamical Interpretant）、及正規意解（Normal Interpretant）。直接意解即是在記號中所再現或意指的意解；動態意解是記號實際對心靈產生的效果；正規意解是在思想充分發展之後記號將會對心靈產生的效果[CP, 8.343]。（此處提到的正規意解即是珀爾斯在一九〇三年所說的「最終意解」（Final Interpretant）[CP, 8.184]。）在我們對珀爾斯記號學的討論中，有關意解的問題應該是最重要的部分，因爲這是了解其意義理論的關鍵[cf. CP, 5.475]；因此，我們把相關的問題留在後面再來詳細討論。

在記號行動中，還有一個必要因素，就是「對象」。籠統地說，一個記號的對象即是它所再現或代表的東西。不過，珀爾斯顯然不主張由記號的對象去說記號的意義。他在一九〇五年明白表示：「一個

記號的對象是一回事；它的意義則是另一回事。它的對象即是它所要應用到的事物或情境（不論是多麼不明確的）。它的意義則是它所附加於那個對象的觀念，不論是經由純屬假設的方式、或是做爲一個命令、或是做爲一個斷言。」[CP, 5.6]此外，珀爾斯曾經區分「指稱」（nominat）與「意指」（significat）；他指出，一個字詞所指稱的是它的邏輯廣度，它所意指的則是其邏輯深度[CP, 5.471]。他所說的「指稱」即是一般所說的「列指」（denote）或「指涉」（refer to），他所說的「significat」即是「signify」（皆譯爲「意指」）；其間的區分亦相應於「外延」（extension）與「內涵」intension）、或「指涉」（reference）與「意思」（sense）、或「列指」（denotation）與「意涵」（significance）之區分。我們在此可以明白看出，對珀爾斯而言，與其說對象是記號所「意指」的東西，不如說它是記號所「列指」或「指涉」的東西。其次，由於珀爾斯認爲一個記號的對象不同於其意義，他顯然不會同意以「外延」(extension)或「列指」（denotation）做爲一個記號的意義。此外，珀爾斯又進一步把對象區分爲兩種：直接對象（Immediate Object）與動態對象（Dynamical Object）。前者是記號所再現的對象；後者是眞正有效力，卻不是直接呈現的對象[CP, 8.343]❽。

第二節　記號的分類

珀爾斯在一八九七年對於記號提出三種不同的分類方式（其中每一種皆採三分法），更由此而將記號分成十大類[CP, 2.243-264]。到了一九○六年，他又發現可以提出十種不同的分類方式，而把記號分成六十六大類[CP, 1.291, 4.530]。不同的分類乃根據不同的觀點而提

出，就像瞎子摸象一樣，每種觀點只能展現事實的部分層面，同樣的，每種分類皆不足以窮盡事實之整體面貌。當然，多由一些觀點了解之，會比只由少數的觀點去看，更爲周全些。但是，嚴格說來，即使十種分類方式全部加起來，可能都不足以窮盡之。在此，我們僅介紹其中前三種珀爾斯說明最多而較常爲人提及的分類方式。

珀爾斯在一八九七年指出，我們可以由三種觀點對記號加以分類。第一種觀點是就記號本身而進行分類；在此觀點下，一個記號本身或是一個純然的性質、或是一個現實的存在、或是一個概括的法則。第二種觀點是根據記號與其對象之間的關係而進行分類；在此觀點下，這種關係或是在於記號本身之具有某種特性上、或是在於記號與其對象之間的某種存在關係上、或是在於記號與其意解之間的關係上。第三種觀點是根據記號與其意解之間的關係而進行分類；在此觀點下，一個記號之意解或是把記號再現爲一個可能的記號、或是把它再現爲一個事實的記號、或是再現爲一個理性的記號[CP, 2.243]。由這三種觀點，珀爾斯提出三種分類記號的方式，而在每一種分類方式之中，他又區分三種記號。在上面的敘述中，我們可以看出，珀爾斯所說的三個觀點實即對應於三個普遍範疇。換言之，第一種觀點或分類方式乃是由第一性範疇去看記號行動，第二種觀點或分類方式是由第二性範疇去看記號行動，而第三種觀點或分類方式則是由第三性範疇去看記號行動。事實上，當珀爾斯在每一種分類方式中各自分別三種記號時，我們看到的仍然是範疇論對其思考模式影響的具體表現。

根據第一種觀點，記號被分爲三種：性質記號（Qualisign）、單一記號（Sinsign）、以及法則記號（Legisign）。其中的單一記號有時又被稱爲「代符」（token or Replica），法則記號有時則被稱爲「類型」（type）。根據珀爾斯的說明，當一個性質可能做爲一個記

號時，我們即稱之爲「性質記號」。不過，就一個性質本身而言，它之能做爲一個記號，純粹只是一種可能性而已。珀爾斯也承認，就一個性質本身而言，它不能實際地做爲一個記號，除非它具現於某一事物之中；不過，理論上，一個性質是否能做爲一個記號，無關於其是否具現，而完全在於其本性。其次，當一個現實存在的事物或事件可能做爲一個記號時，我們即名之曰「單一記號」。同樣的，珀爾斯承認，就一個現實存在者本身而言，它不可能實際地做爲一個記號，而唯有經由其性質才可能；在此，它必須包括一個或幾個性質記號。最後，當一個法則可能做爲一個記號時，我們即名之曰「法則記號」。珀爾斯指出，這種法則通常是人爲的；每一個約定俗成的人爲記號都是一個法則記號，但是反之則未必。法則記號不是一個單一的存在者，而是一個被認爲能夠表意的概括類型。法則記號需要有一些被認爲能夠表意的單一記號，亦即，法則記號唯有經由對其應用之實例才能實際地表意；不過，如果不是法則使之如此，這些單一記號亦不能表意[CP, 2.244-6]。例如，一個小學生因爲上課講話而被老師罰寫一百遍「我不應該在上課時講話」，則他寫的只是一個類型或法則記號，雖然他寫了一百個代符或單一記號。只有類型而沒有代符，則不能實際地表意；只有代符而沒有類型，則根本不具表意的能力。

　　根據第二種觀點，亦即基於記號與其對象的關係，記號被分爲三種：象符（icon）、標示（index）、及符號（symbol）；珀爾斯認爲這是一種最根本的記號分類方式 [CP, 2.275]。他爲象符提出的定義是：「一個象符是一個記號，它只是藉著它本身的特性而指涉它所指的對象，而不論任何這類對象是否實際存在，它都一樣具有之。固然，除非有這樣的一個對象，這個象符不能表現爲一個記號；但是，這與它之做爲一個記號的特性毫不相干。任何事物，不論是一個性

質、一個存在的個體、或一個法則,只要類似於某一事物而被用來做為這個事物的記號,即是它的象符。」[CP, 2.247] 珀爾斯又說,任何一個記號,如果它之代表某一事物只是由於它類似此事物,即是一個象符[CP, 3.362]。簡言之,當任何一個東西藉著類似性而關連於其對象時,我們即稱之爲象符。

象符,如同性質記號一樣,皆屬於第一性範疇。就這點而言,象符顯然只是一種可能性,它不能實際地做爲一個記號[CP, 2.276]。在此,珀爾斯指出,象符並不告訴我們關於事物之事實方面的知識。他說:「一個純粹的象符不能傳達任何實証的或事實上的訊息;因爲它未保証在自然界中存有任何這類的事物。但是,它具有一種最高的價值,可以使它的解釋者去研究,如果有這樣的一個對象存在,它的性質將是什麼。」[CP, 4.447]換言之,象符眞正的作用與價值即在展示一個好像被看做純粹想像的事態的特性[CP,4.448]。例如,當解釋者把記號看成是類似於另一個東西,則記號有助於學得對象的特性。關於象符的例子,珀爾斯舉出圖象(diagrams)[CP, 4.418],繪畫[CP, 2.92],以及雕像[CP, 5.573]。

珀爾斯爲標示提出的定義是:「一個標示是一個記號,它之得以指涉它所指的對象,乃是由於它眞正地受到那個對象的影響。」[CP, 2.248]他又說:「一個『標示』是一個再現者,它之實現一個再現者的作用,乃是藉著一種性質,如果它的對象不存在,則它不可能具有這種性質,但是,不論它是否被解釋做一個再現者,它都一樣具有這個性質。」[CP, 5.73] [cf. CP, 4.447, 2.92]換言之,一個標示之所以能夠指涉其對象,乃是由於它與其對象之間具有某種實際存在的關連(這種關連乃是一種因果關連);而它之所以能夠具有這種關連,乃是由於它本身的性質。不過,標示不可能是一個性質記號,因爲它必

須依靠於實際存在的對象，而缺乏性質記號所必備的獨立性。此外，就標示所具有的作用與價值而言，由於標示與其對象之間存在某種實在的關連，因此，它能把解釋者的注意力導向這個記號的對象；在此，由於它所指涉的對象是實際存在的，因此，儘管它不對其對象做任何的描述，卻仍能提供有關其對象的某些事實性的訊息（對比於此，象符之所以不能提供事實性的訊息，乃是由於它並不指涉任何實際存在的對象）[CP, 1.369]。舉例來說，一個風向儀是風向的標示，正如氣壓計降低加上空氣潮濕乃是下雨的標示[CP, 2.286]。相片、人稱代名詞亦爲標示❾。此外，珀爾斯指出，一個路標、一個沒有意指的專有名詞、一個正在指東西的手指，則是退化的標示（degenerate index）[CP,5.75]。

　　至於第三種記號：符號，珀爾斯有時亦名之曰「概括記號」（general sign）[CP, 5.73]。他說：「符號是一個記號，它之得以指涉它所指的對象，乃是由於一個法則（通常是概括觀念的聯結）之運作而使得符號被解釋成是在指涉那個對象。」[CP, 2.249] 換言之，符號是個「通名或描述，它之意指其對象，乃是藉著這個名稱與其意指的特性之間的觀念之聯結或習慣性的關連」[CP, 1.369] [cf. CP, 1.558]。我們由此看到珀爾斯對於符號之概括性的強調；此外，珀爾斯也指出，不僅符號本身是概括的，它所指涉的對象也是概括的。就符號本身之概括性而言，它本身即是一個概括的類型或法則；也就是說，它是一個法則記號。因此，它必須經由一個代符或單一記號而發揮其作用。就符號對象之概括性而言，符號的功能在於再現宇宙中的一個概括性、習慣、或法則。而它之所以能夠表現這種功能，不是由於某種自然的相似性（事實上，符號與其所意指的對象之間不具有任何相似性），亦不是由於某種實際上的存在關連（事實上，符號與其

所意指的對象之間不具有這種關連），而是由於心靈習慣地將這個符號與概括性或法則聯結在一起，這種聯結乃是藉著讓這個符號代表我們在世界上所直接知覺到的概括性或法則而成立。如珀爾斯所言：「任何一個日常的字詞，像是『贈予』、『鳥』、『結婚』等，都是符號的一個例子。……它本身並不同一於這些事物。它亦沒有拿一隻鳥給我們看，也沒有在我們眼前做出結婚時的贈予動作，而只是假定我們能夠想像那些事物並將世界與它們聯結在一起。」[CP, 2.298] 簡言之，符號乃是藉由心靈而得以再現其對象。珀爾斯說：「所有的字詞、語句、書籍、以及其他的約定俗成的記號都是符號。」[CP, 2.292]任何一個被認爲能夠表意的語句都是一個符號，它之所以能夠再現它的對象，乃是由於心靈習慣性地將這個語句聯結於心靈所想像做爲這個語句的對象的東西、或是這個語句所代表的東西；由於這種習慣，這個語句得以具有這種再現其對象的作用。因此，符號可以說是心靈的產物 [CP,4.464]。換言之，符號之具有再現其對象的作用，乃是由於心靈有一種將這個符號與其對象聯結的習慣[cf. CP, 4.531, 2.315, 2.321, 2.292, 4.536, 2.235n] ❿。

　　不過，我們在此必須注意到，雖然對於符號的再現功能而言，解釋者心中的觀念乃是必要的，但是，符號之如此地再現，仍然是由它所再現的對象來決定的。符號所再現的乃是思想的對象，而這個對象是由符號在解釋者的心中所喚起的。因此，符號之具有再現的功能，乃是藉著在解釋者的心中喚起另一個記號，而這個記號的對象是這個符號的對象。在此，我們亦可由對象之決定記號的角度，而對此處的分類方式做一回顧。珀爾斯認爲，經由對於記號本質之分析，我們知道，每一個記號都是被它的對象決定的。由於決定方式的不同，我們可以分別三種記號。首先，如果是由於記號分享了對象的特性，而被

對象決定，則此記號可名爲「象符」。其次，如果是由於記號之個別的存在乃是實在地關連於個別的對象，而被對象決定，則此記號可名爲「標示」。最後，如果是由於習慣或自然的傾向而使記號被解釋成是在指涉對象，而被對象決定，則此記號可名爲「符號」。符號是相當重要的，它提供我們思考思想的某些獨特的方法，若是沒有符號，這些方法是不可能的。例如，它使我們能夠抽象、計算。但是，由於符號完全立基於已經固定形成的習慣，而未提出任何觀察，再由於知識即是習慣，因此，符號並不能增加我們的知識。在另一方面，標示則對其對象的實在性與接近性提供積極的保証，雖然它不能洞察其對象的本性 [CP, 4.531]。

接下來，我們討論第三種分類方式。根據這種觀點，亦即基於記號與其意解之間的關係，記號分爲三種：詞項（Term, or Rheme）、命題（Proposition, or Dicisign; quasi- proposition, or Dicent Sign）、以及論証（Argument）[CP, 2.250, 2.95]。珀爾斯指出，對其意解而言，詞項是一個具有性質上的可能性的記號，命題是一個現實存在之記號，論証是一個法則之記號[CP, 2.250-252]。由此可知，這種分類方式仍然是以其範疇論爲基礎；詞項對應於第一性或性質範疇，命題對應於第二性或事實範疇，論証對應於第三性或法則範疇。以下分別說明之。

首先，珀爾斯爲詞項提供的定義是：「一個『詞項』是一個記號，對其意解而言，它是一個具有性質上的可能性的記號，亦即，被了解成是在再現如此這般的一種可能對象。詞項或許會提供某種訊息；但是，它不被解釋成是如此去做。」[CP, 2.250] 此外，他又說：「一個命題在去除其主詞之後，所剩下來的就是被稱爲它的述詞的一個詞項。」[CP, 2.95]因此，有些學者將詞項等同於目前一般所

謂的「命題函數」(propositional function)⓫。例如,「張三在跑步」是一個命題,我們去除其中的主詞「張三」,剩下來的「……在跑步」即是一個詞項⓬。我們可以由此看出,珀爾斯在上述的引文中何以由性質上的可能性去說詞項,以及他何以進一步說詞項並未決定其對象⓭。

其次,珀爾斯對命題的定義是:「一個『命題』是一個記號,對其意解而言,它是一個現實存在的記號。」[CP, 2.251] 此外,他又說:「一個命題,被定義做一種再現者,它的意解再現它做為它的對象的一個標示。」[CP, 2.312] 由此可知,珀爾斯認為,一個命題所意圖指涉的對象必須是一個具有實在性的現實存在者。在此脈絡下,他才可說一個命題即等於一個直述句[CP, 2.315],並說命題之異於其他記號的特色在於它是有真假可言且非真即假[CP, 2.310]。此外,珀爾斯指出,一個命題,為求被了解,必須被視為包括兩個部分:主詞及述詞[CP, 2.312]。在這種分類中的最後一種記號是論証;論証是一個法則之記號,因為它再現一個命題推到另一個命題的法則。珀爾斯說:「論証之意解再現它為一個論証之概括種類的一個實例。」[CP, 2.253]此外,一般把論証分為演繹與歸納兩種,他則加上第三種的假推(abduction)[CP, 2.96]。

在上述三種分類方式中,把記號分成象符、標示、及符號的第二種分類方式是珀爾斯認為最根本的分類方式,也是一般學者最為重視的一種。艾默德指出,其中又以符號最為重要;每一個概括的描述都是一個符號,由於它是概括的,符號的功能在於再現世界中實在的法則、習慣、或概括性。這點很重要,因為我們知道,實用格準這個意義判準乃是用於知性概念。由於知性概念是一種符號,則它的主要功能即在再現實在的習慣、法則、或概括性。此外,如同符號之得以具

有其再現功能一般，知性概念之得以具有再現的功能，乃是藉著在解釋者的心中創造出另一個類似的記號，而這個記號的對象完全相同於符號本身的對象。由此，我們可以大略得知珀爾斯如何根據其記號理論來証成其實用格準❹。不過，如果要詳細討論這個問題，我們必須先進一步討論記號的意解。

第三節　記號的邏輯意解——記號學對實用主義的証成

　　珀爾斯在一九〇六年的〈實用主義綜述〉一文中，主要是由記號學的角度爲實用主義提供理論上的根據。他指出：「實用主義不是一個形上學的主張，它並不企圖決定事物的任何眞理。它只是一種方法，用來確定困難的字詞以及抽象概念的意義。」[CP, 5.464]而「所有的實用主義者會進一步同意，他們確定字詞與概念意義的方法正是成功的科學家藉以得到高度確定性的那種實驗方法。這個實驗方法正是一個古老的邏輯法則的特殊應用：『你應該由其成果去知道它們』」[CP, 5.465]。問題是，我們爲什麼應該依循這種路向去了解概念的意義呢？如果我們能夠回答這個問題，即等於爲實用主義提供了理論上的根據。

　　不過，在回答這個問題之前，我們必須注意到，珀爾斯所說的實用主義這種方法，並不是用來確定所有觀念的意義，而只是用來確定「知性概念」的意義。珀爾斯認爲，知性概念是唯一適合被稱爲概念的一種記號，它們可以做爲關乎客觀事實的論證所依靠的基礎。換言之，實用主義並不關心感受之性質的意義。像是「紅色」、「藍色」這類字詞，指的只是主觀的感受或感受之性質；這些性質屬於第

一性的範疇,而没有任何超出它們自身之外的内在意涵。珀爾斯主張:「對於這種性質的斷述只是它看起來的樣子,而與任何其他束西無關。因此,如果兩個感受性質在任何地方均能交換,影響到的只不過是感受。」他又說:「如果使我們具有藍色感覺的光波總是使我們有紅色的感覺,或是反之,不論這在我們的感受中造成多大的差異,它都不可能影響任何一個論証的力量。」[CP, 5.467]在此,軟硬的性質不同於紅藍的性質,後者指的只是主觀的感受,而軟硬性質則進一步表達出事物在刀鋒的壓力下的事實行爲;如此,「硬」是一個知性概念,它的意思即是「將會抗拒刀鋒」。珀爾斯指出,這樣的知性概念「在本質上帶有某種關於事物(或是有意識者或是無生物)一般行爲的涵義,如此,它所傳達的不僅多於任何一個感受,更多於任何一個存在的事實,亦即,習慣行爲的可能行動(the "would-acts", "would-dos" of habitual behaviour)」[CP, 5.467]。換言之,知性概念這種記號不只是第一性範疇所說的感受之性質,亦不只是第二性範疇所說的現實之存在,而必須觸及第三性範疇所說的習慣或法則。珀爾斯承認,「任何現實發生者的組合均不能完全塡滿一個『可能』(would-be)的意義。但是,實用主義主張,對於一個知性概念的斷述的全部意義即包含在下述的肯定之中,在所有可想像的某類環境下,斷述的主詞將會以某種概括的方式行爲,亦即,它在被給予的經驗環境中將是眞的」[CP, 5.467]。我們在此明白看出,珀爾斯乃是由第三性範疇去說知性概念之意義,並由此而提出實用主義的意義理論。

珀爾斯主張,所有的思想都是記號,亦即,心靈上的記號[CP, 5.470, 5.476];知性概念當然也不例外。我們可以進一步說,所有表達思想的語文表式也都是記號,如此,表達知性概念的語文表式當然也不例外。這裡說的語文表式包括字詞、命題、及論証;換言之,有

的知性概念是以字詞的形式表達，有的知性概念是以命題的形式表達，有的知性概念則是以論証的形式表達。我們知道，珀爾斯主張由記號的意解去了解知性概念的意義 [CP, 5.475]。而他又區分一個字詞的「指稱」及其「意指」（此處的區分實即一般所謂的外延與內涵之分）；區分一個命題的主詞所列指的，以及其述詞所肯定的；並且區分一個論証之中前提爲眞的事態，以及被其結論的眞所界定的事態 [CP, 5.471]。因此，從記號的三元性來說，一個表達知性概念的字詞本身是一個「記號」，它所指稱的是其「對象」，它所意指的是其「意解」；一個表達知性概念的命題本身是一個記號，它的主詞所列指的是其對象，它的述詞所肯定的是其意解；一個表達知性概念的論証本身是一個記號，它的前提所表示的事態是其對象，它的結論所表示的事態是其意解。由於珀爾斯不由記號之對象說其意義，而就記號之意解說其意義，因此，要了解一個具有字詞形式的知性概念的意義，即得觀其意指；要了解一個具有命題形式的知性概念的意義，即得觀其述詞之斷述；要了解一個具有論証形式的知性概念的意義，即得觀其結論所描述的事態❺。

壹、一般記號的意解

我們以上是分別就不同的語文表式而說其意解，不過，珀爾斯本人通常是就記號之一般狀況（sign in general）來說意解。一般言之，意解即是記號對解釋者造成的效果；記號可以視爲決定意解的直接原因，而其對象可以視爲決定意解的間接原因[CP, 6.347]。簡言之，一個記號對那些把它當做一個記號的人所造成的效果即是意解。珀爾斯把意解分爲三大類：直接意解（immediate interpretant）、動態意解（dynamical interpretant）、及最終意解（final interpretant）[CP,

8.184]。

「直接意解」是一個容易造成誤解的詞語，乍看之下，很容易把它當成是一個記號實際上對解釋者所造成的直接效果。事實上，根據珀爾斯的說法，直接意解完全無關乎記號對解釋者所造成的任何實際效果，它毋寧是指一種可能性[CP, 8.315]。珀爾斯認為，任何一個記號在被實際解釋之前，必須具備「可解釋性」（interpretability）。對於這種可解釋性，我們可以把它說成是一種「被解釋的可能性或傾向」，甚至可以更精確地把它說成是一種「被以某種方式解釋的可能性或傾向」。換言之，任何一個記號都有其本身獨特的可解釋性，而使得它在實際被解釋時最自然或最適合造成某種效果；而一個記號在本性上最適合造成的可能效果即是這個記號的直接意解。由另一種角度來說，當一個記號對一位解釋者實際上所產生的效果恰好是這個記號在本性上最自然會造成的效果時，這位解釋者即可謂對此記號有了正確的了解。由於我們對於記號未必都能得到正確的了解，這點反映出，一個記號對解釋者實際造成的效果未必是它在本性上最適合造成的效果（亦即直接意解）。因此，珀爾斯在直接意解之外，進一步提出所謂的「動態意解」，這就是一個記號對其解釋者所實際造成的直接效果[CP, 4.536]。最後，他又提出所謂的「最終意解」，這是一個記號對相關社群在長期而成功的探究歷程之後將會造成的效果[cf. CP, 8.184, 8.343]。在某種意義下，最終意解是一個理想，它是對於一個理想的解釋者所可能造成的效果。這個理想的解釋者乃是由一群探究者組成的，他們不計利害得失，為了真理本身而追求真理，他們使用具有自我修正性的科學方法，對相關問題進行長時期的研究。珀爾斯相信，他們最後會得到一個一致同意的究極意見。在這個理想境界中，他們對於一個記號所做的解釋，將會是最終的、究極的、唯一

爲眞的解釋。由另一個角度來說，這個記號在此理想境界中對他們所造成的效果（亦即，最終意解），也將會是最終的、究極的、唯一爲眞的效果。

在上述三種意解中，直接意解指的只是一種可能性，而最終意解指的是一種將會達到的理想目標，唯有動態意解指的是一種實際的效果。前面提過，珀爾斯認爲我們應該由記號的意解去掌握知性概念的意義。但是，當我們要去研究意義問題時，可能的效果及尚未達到的效果皆無法做爲我們研究的實際對象。因此，唯一可行的路徑即是經由表現記號實際效果的動態意解去了解知性概念的意義。在此，珀爾斯進一步把動態意解分爲情感意解（emotional interpretant）、活力意解（energetic interpretant）、及邏輯意解（logical interpretant）。他說：「知性概念的『意義』是什麼，這個問題唯有經由對記號的意解或恰當的意指效果之研究，才能得到解決。……記號的第一個恰當的意指效果是它所產生的一個感受。幾乎總是有一個感受，我們把它解釋做爲我們對於記號的恰當效果有所了解的証據，雖然其中的眞理基礎經常是很微弱的。我稱之爲『情感意解』，它可以遠超過辨識之感（the feeling of recognition）；而在某些事例中，它是記號產生的唯一的恰當意指效果。如此，一段樂曲之演奏是一個記號。它所傳達的，且意圖傳達的，乃是作曲者的音樂觀念；但是，這些通常只在於一系列的感受。如果一個記號產生任何進一步的恰當的意指效果，它之如此做乃是經由情感意解的媒介，而這種進一步的效果將總是涉及一個努力。我稱之爲『活力意解』。這個努力可能是一個肌肉上的努力，例如在架槍命令的情況中；但是更常見的是一種對於內在世界而做的心靈上的努力。它永遠不可能是一個知性概念的意義，因爲它是一個單一的動作，而知性概念卻具有概括的本性。」[CP,5.475] [cf.

CP, 4.536, 4.572]

在這段文字中，珀爾斯說明他對情感意解及活力意解的看法。他雖然指出一個記號的情感意解可能不只是一種辨識之感，但是基本上，對於記號的辨識之感乃是情感意解的必要條件。在記號對解釋者所造成的各種實際效果中，有一種效果使解釋者感到自己對這個記號有所認識（當然，解釋者不能據此而說他對這個記號有「真的」認識）；換言之，這就是情感意解所造成的辨識之感。珀爾斯固然明白指出，除了這種辨識之感之外，情感意解還可能包含許多其他的效果；不過，從上段引文中，我們並不能明確地看出這些其他的效果究竟指的是什麼。無論如何，我們可以確定的是，珀爾斯認為，在三種意解中，情感意解是最基本的一種；這點可以由下述兩方面看出。首先，珀爾斯指出，情感意解幾乎出現在所有的情況中，而在某些情況中，它甚至是唯一出現的一種意解。其次，珀爾斯指出，一個記號如果不以情感意解為媒介，則不可能有其他的意解；換言之，如果一個記號要對我們有任何進一步的效果之前，先決條件是我們必須感到我們認識這個記號。如此，當一個記號以情感意解為媒介時，它才有可能進一步產生活力意解。

情感意解的效果在於造成解釋者對記號的辨識之感，而活力意解的效果在於激起解釋者內在的努力或外在的努力。然而，不論是情感意解或活力意解，均不能成為知性概念的意義。根據上段引文，活力意解之所以被珀爾斯排除在知性概念意義的候選名單之外的理由是：活力意解，不論是內在的努力或外在的努力，都是一個不具概括性的單一行動，而知性概念卻具有概括的本性。由此可以看出，珀爾斯認為，由於知性概念本身的概括性，因此，如果一個記號的意解要成為知性概念的意義，就必須像知性概念本身一樣具有同樣概括的本性

[CP, 2.292, 8.332]。依據這項必要條件，不僅活力意解是不合格的，情感意解亦是不合格的。情感意解所造成的效果，不論是在基本上造成的辨識之感，或是其他更多的感受，都只是某些單一的主觀感受。如果要把這種單一的主觀感受當成知性概念的意義，顯然是不恰當的。此外，在上段引文中，珀爾斯對情感意解的說明是：「記號的第一個恰當的意指效果是它所產生的一個感受。幾乎總是有一個感受，我們把它解釋做為我們對於記號的恰當效果有所了解的証據，雖然其中的真理基礎經常是很微弱的。」這段話的意思是說，記號的情感意解可以使我們對此記號有一辨識之感，但是，我們並不能由這種辨識之感而說我們對此記號有真的認識。換言之，我們是否感到我們對記號有所認識，這是一回事，而我們對記號的認識是否為真，則是另一回事。珀爾斯似乎也根據這點而把情感意解排除在知性概念意義的候選名單之外。

貳、知性概念的邏輯意解

在討論完情感意解與活力意解，而判定它們皆不足以成為知性概念的意義之後，珀爾斯訴諸「邏輯意解」這種意指效果，以尋求最後的解決之道。他說：「在確定這種效果的本性之前，為它取個名字將會方便些，而我將稱之為『邏輯意解』，而暫時不去決定這個名詞是否應該指一個概括概念的意義之外的任何東西。」[CP, 5.476] 由這句話可以看出，珀爾斯在提出「邏輯意解」這個名詞時，一開始就明白指出，它基本上是指概括概念的意義。不過，這樣的說法，除了表示此一名詞的用法之外，並沒有提供任何實質上的內容知識。因此，我們必須問：邏輯意解的本性是什麼？為什麼具有這種本性的意指效果最適合做為知性概念的意義？

首先，珀爾斯是由習慣去說邏輯意解的本性。對比於他之由感受說情感意解，而由行動說活力意解，我們可以看出，他是由第一性的範疇說情感意解，由第二性的範疇說活力意解，而由第三性的範疇說邏輯意解。依此路向，珀爾斯對於邏輯意解這種意指效果進一步做了以下的說明：「我們是否應該說這種效果可以是一個思想，亦即，一個心靈上的記號？無疑地，它可以是如此；只是，如果這個記號是屬於知性的種類（事實上將必須屬於），則它本身必須具有一個邏輯意解；如此以致它不能是這個概念的『究極的』邏輯意解。我們可以証明，『習慣變化』（habit-change）是唯一能夠如此被產生的心靈效果，而且它不是一個記號而是具有概括的應用；習慣變化意指修改一個人的行動傾向，或是出於以前的經驗，或是出於他在以前的意志或動作之執行，或是出於這兩種原因之混合。當『習慣』一詞被正確地使用時，它並不包括自然的傾向；不過，在聯結（associations）之外，它還包括所謂的『轉接』（transsociations）或聯結之變形（alterations of association），甚至包括『分裂』（dissociation），雖然心理學家通常以爲分裂與聯結在本性上是完全相反的，但是我相信這個看法是錯誤的。」[CP, 5.476]

由這段一九〇六年的文字中，我們可以看出，珀爾斯此時對意義問題的看法基本上仍然延續他在一八七〇年代的主張。在一八七八年的〈如何使我們的觀念清楚〉一文中，珀爾斯經由信念本質之分析，而主張一個思想的意義即在於它所產生的習慣，並由此而導出他的實用格準[cf. CP, 5.398-402]。在上述引文中，珀爾斯是由記號學的角度去說知性概念的意義，先指出邏輯意解即是知性概念的意義，再指出邏輯意解的本質即在於習慣變化❻。雖然前後兩種說法的出發點不同，一是由信念的本質說，一是由記號之邏輯意解的本質說，但是，

以習慣做爲核心概念的這種說法則是一樣的。此外，前期說法之由信念本質的分析出發而導出實用主義的意義論，可以說是對於實用主義所做的一種心理學路向的証成，因爲此處牽涉到對於「信念」與「懷疑」等心理現象所做的經驗性考察。對比之下，後期之由記號的分析出發而導出實用主義的意義論，則可以說是一種非心理學路向的証成，或是更明確地稱爲記號學路向的証成❼。

　　珀爾斯相信，由於知性概念是概括的，則這種記號在解釋者心靈所造成的恰當的意指效果亦必須是概括的。依據前面的說明，情感意解與活力意解皆不能合乎這個條件，因此，剩下來的只有邏輯意解，而它必須具有概括性。簡言之，知性概念的邏輯意解必須是概括的。此外，籠統說來，珀爾斯是以邏輯意解去說明知性概念這類記號的意義。但是，這並不表示邏輯意解即是知性概念這類記號的意義。如果一個記號的邏輯意解本身即是一個記號，則它也需要有一個邏輯意解做爲它的意義。如果第二個邏輯意解也是一個記號，則它又需要一個邏輯意解。因此，爲了避免無限後退，一個記號得有一個「究極的」邏輯意解做爲它的意義；這個邏輯意解本身不是一個記號，因此不需要另一個邏輯意解做爲它的意義，亦因而被稱爲究極的。而依珀爾斯的說法，一個記號所表達的習慣或第三性即是它的意義，也就是它的究極的邏輯意解[CP, 8.184]。在此，一般的邏輯意解不能說是記號的意義，而只能說它表達了原先記號所表達的相同意義。簡言之，爲了避免無限無退，一個記號的意義本身不能再是一個記號。如果一個記號在解釋者心中造成的邏輯意解是一個記號，則此邏輯意解不能說是原先記號的意義，而只能說是表達了原先記號的意義（也就是說，它本身還需要有一個邏輯意解做爲它所表達的意義）。問題是，它所表達的意義究竟是什麼呢？依珀爾斯，這就是習慣或第三性；或名之曰

究極的邏輯意解。在此，這是原先記號所要表達的意義，也是這個原先記號的邏輯意解（其本身亦爲一個記號）所要表達的意義⑱。

　　由本節開頭討論至此，我們可以看出珀爾斯如何由記號的分析爲實用主義的意義論提供理論上的支持。首先，珀爾斯指出，記號行動有三個要素：記號本身、記號的對象或記號所代表的東西、記號的意解或記號在解釋者心中所產生的效果。我們顯然不能由記號本身去說記號的意義，而珀爾斯又反對由記號的對象去說其意義[CP, 5.6]，如此一來，我們只有從記號的意解去說其意義。其次，珀爾斯把意解分爲三種：直接意解、動態意解、最終意解。直接意解指的只是一種可能性，最終意解指的是一種尚未達到的理想目標，唯有動態意解指的是一種實際的效果。爲了研究意義問題，可能的效果及尚未達到的效果皆無法做爲我們實際研究的題材。因此，我們唯有經由表現記號實際效果的動態意解去了解記號的意義。接著，珀爾斯進一步把動態意解分爲情感意解、活力意解、及邏輯意解；這些意解是記號在解釋者心中實際造成的效果。不過，並不是每一個記號都能同時造成這三種效果；有些記號只能造成情感意解而無法造成活力意解與邏輯意解，有些記號只能造成情感意解與活力意解而無法造成邏輯意解。換言之，有些記號只具有情感意義，有些還具有活力意義，而唯有知性概念才具有邏輯意義或知性意義。籠統地說，一個知性概念固然可能同時具有這三種意義，不過，依其特色而言，我們應該由其邏輯意解去了解其恰當的意義；因此，嚴格說來，只能由邏輯意解去了解知性概念的意義。最後，珀爾斯指出，究極的邏輯意解即是知性概念所表達的習慣或第三性，這也就是知性概念這種記號的恰當意義。因此，要了解知性概念的恰當意義，我們應該由它表達的習慣去了解它；而這點正是實用主義的主旨。如此一來，實用主義經由記號的分析得到理

論上的支持；換言之，實用主義由記號學得到某種証成。

參、以習慣做爲究極邏輯意解的理論根據何在

　　經由以上的討論，我們固然可以確知珀爾斯主張，一個知性概念的意義（或曰究極的邏輯意解）即是它所表達的習慣或第三性。不過，珀爾斯如何得出這樣的結論呢？換言之，以習慣做爲究極的邏輯意解的理論根據何在？對於這個問題，珀爾斯並未直接加以討論。不過，我們仍然可以由一些段落看出他大致的看法。

　　首先，珀爾斯認爲，每一個概念最初都是起於一種由具有暗示性的非意志經驗所引起的強烈需求感。就人類而言，這些最初的概念是以猜測（conjecture）爲其形式；每一個概念或概括命題，最初是做爲一個猜測而來到我們面前，因此，珀爾斯也把它們稱爲現象的「最初的邏輯意解」。在此，珀爾斯特別指出：「每一個猜測皆等同於（亦可表達爲）一種習慣：一個具有某種欲望的人如果能夠執行某種行動，則他可能達成此一欲望。如此，原始人必定曾經被他的兒子問到，早上由東方升起的太陽是否就是昨天傍晚落下的那一個；而他可能回答說：『我的孩子，我不知道；但是我想，如果我能在傍晚的太陽放上標記，我應該能在早上的太陽上再看到它；我以前認識一個老人，雖然他幾乎看不到任何其他的東西，他卻能注視太陽；他告訴我說，他曾經看到太陽上有一個特殊形狀的斑點；而經過幾天，它都能完全沒有錯誤地被辨認出來。』當被一個既定的動機鼓舞而在既定的環境下準備以某種方式行動，這即是習慣；而一個審慎的、或自我控制的習慣正是信念。」[CP, 5.480]依此，以猜測形式出現的概念亦是一種習慣；換言之，當我們要去了解這類在發展順序上最爲原初的概念時，我們即應當以「習慣」做爲了解的關鍵。事實上，這種了解概

念的方式同樣亦應用於那些在發展順序上較後的概念。珀爾斯說：
「在思想的第二步中，那些最初的邏輯意解刺激我們在內在世界中有
各種意志上的表現。我們想像自己處於各種不同的情境中，並由各種
不同的動機所鼓舞；而我們進一步推出猜測所容許有的各種行為路
線。而且，我們是被相同的內在活動引導，而看出我們的猜測可以被
略微修改的不同方式。因此，邏輯意解必須是處於相對地未來的時
態。」[CP, 5.481]

在上述的說明中，我們看到珀爾斯如何由概念發展的最初形式來
說明為何要以習慣做為了解概念的關鍵。簡言之，概念最初的形式是
一種猜測，而猜測可以表達為一種習慣；因此，我們應該以習慣去了
解概念。基本上，這是一種起源的說明。一般來說，起源的說明有一
個缺點，即是，在起源上做為本質的東西，未必在後續的階段中亦做
為本質。但是，珀爾斯的起源說明顯然已考慮到這種缺點而加以排
除，因為他指出這種了解概念的方式也適用於那些在發展順序上較後
的概念。不過，他的起源說明仍然有一些問題。珀爾斯這種說明的立
論根據在於：「概念最初的形式是一種猜測，而猜測可以表達為一種
習慣。」問題是，即使我們同意猜測可以表達為一種習慣，我們仍然
很難看出概念最初的形式為什麼是一種猜測，而珀爾斯在此的說明也
過於簡略。

不過，在上述的起源說明中，我們也看到珀爾斯由習慣的一些特
性去說邏輯意解的特性。例如，習慣是概括的，邏輯意解也是概括
的；習慣具有未來的時態，邏輯意解也具有未來的時態。事實上，珀
爾斯曾經明白指出，邏輯意解的未來時態是以條件句的形式表達出來
的：「並不是所有的記號都具有邏輯意解，而只是知性概念或與之類
似者；而這些或者是概括的，或者是密切地關連於概括者。這表示，

邏輯意解的未來時態是一種條件句的語態（conditional mood）：
『將會』（would-be）。」[CP, 5.482] 他相信，只要能夠找出一些高
度抽象而其意義的本性卻毫無問題的概念並加以研究，就可以進一步
了解邏輯意解如何及爲什麼在所有的情況中皆是一個帶有未來時態的
條件句。珀爾斯本人在數學中找到有許多這種概念，並且發現它們皆
有下述的形式：「根據如此這般的概括規則而前進。那麼，如果如此
這般的概念是可應用到如此這般的對象，這個操作會有如此這般的概
括結果；反之亦然。」[CP, 5.483] 由此可知，珀爾斯是由實例的分析
中得出上述的結論：邏輯意解必以帶有未來時態的概括性條件句表
達；他是由數學概念導出這個規則，並由其他概念的應用進一步加以
肯定[CP, 5.487] ⑲。事實上，珀爾斯也是由此路向而斷定習慣即是邏
輯意解的本質；換言之，如果我們確定邏輯意解具有概括性、未來
性、條件性，則習慣即成爲唯一合格的本質。他說：「在做了上述暫
時的假定之後，我問自己，由於我們已經看出，邏輯意解在其指涉的
可能性上是概括的（亦即，它所指涉的或相關的乃是所有可能具有某
種描述的東西），具有概括指涉的心理事實之範疇有那些呢？我能發
現到的只有四個：概念、欲望（包括希望、恐懼等）、期望、及習
慣。我相信在此沒有什麼重大的遺漏。不過，說邏輯意解是一個概
念，並不是對其本性之說明；我們已經知道，它是一個概念。同樣的
批評亦可用到欲望及期望上，因爲，除了經由與一個概念的關連之
外，此二者皆非概括的。此外，就欲望而言，如果有必要，我們可以
很容易表明，邏輯意解是活力意解的一個效果，如同說後者是情感意
解的一個效果。不過，欲望是努力的原因，而非其效果。至於期望，
它之所以被排除乃是由於它不是條件的。有的期望被誤以爲是一個條
件的期望，事實上這只是一個判斷：在某種條件下，將會有一個期

望;在期望被實際產生出來之後,期望本身沒有任何條件性,而邏輯意解卻有。因此,只有習慣剩下來做爲邏輯意解的本質。」[CP, 5.486]

在上述的說明中,我們看出,珀爾斯在起源的說明之外,又由知性概念的實例分析中確定其邏輯意解的基本特性,再以這些特性去考察相關的心理事實,最後發現只有習慣符合這些特性,因此以習慣做爲邏輯意解的本質。不過,此處的問題依然不少。首先,珀爾斯對知性概念的實例所做的分析是否正確,就是一個他本人都承認有待商榷的問題 [cf.CP, 5.488]。其次,即使珀爾斯列舉的四個具有概括指涉的心理事實之範疇沒有重大的遺漏,他在此所說的習慣仍然是就心理事實而言,可是實用主義所說的習慣卻遠比這層意思廣泛 [cf. CP, 5.492]。

除了上述兩種說明之外,珀爾斯亦由內在心靈的活動方式去說明他爲什麼以習慣做爲知性概念的究極邏輯意解。他指出,知性概念會使我們在內在世界的活動皆採取實驗的形式,如此而使得解釋者形成一種習慣,亦即,每當他欲求某種既定的結果時,他就以某種既定的方法行動。珀爾斯認爲:「眞實而活生生的邏輯結論『是』那個習慣;語言文字只不過表達它而已。我並不否認,一個概念、命題、或論證可以是一個邏輯意解。我只是主張,它不能是究極的邏輯意解,理由是:它本身是一種記號,而這種記號本身即有一個邏輯意解。」[CP, 5.491]換言之,唯有習慣,雖然它也可以做爲記號,其本身不再有邏輯意解,故而能夠稱得上是究極的邏輯意解。珀爾斯接著說:「結合動機與狀況的習慣,乃以行動做爲它的活力意解;但是,行動不可能是一個邏輯意解,因爲它缺乏概括性。」這段話充分說明他後期何以不由行動本身而由習慣去說實用主義的理由。此外,珀爾斯指出,概念之做爲一個邏輯意解,只是不完美地做爲一個邏輯意解。它

多少挾雜了文字定義的本性，因此，如同文字定義之劣於眞實定義，概念亦劣於習慣。審愼地形成的自我分析的習慣是活生生的定義，它是眞正的、究極的邏輯意解。因此，能夠以文字表達出的一種對於概念的最完美的說明，即在於描述出這個概念所可能產生的習慣。而對這種習慣的描述，唯有去描述在某種特定的狀況及動機下所產生的行動[CP, 5.491]。在這段的說明中，珀爾斯固然強烈地表達他為什麼以習慣（而不以語文記號）做為「究極的」邏輯意解的理由，但是這個主張的立論根據在於：知性概念實際上會在解釋者的心中形成一種習慣。對於這點，珀爾斯亦只是當做一個事實加以肯定，而未提出更多的經驗証據。

　　以上的三種說明，不論是由起源上、由知性概念實例的分析上、或由心靈活動的事實上來說明，在某種意義下皆屬實然的或經驗性的証成方式。在這方面，珀爾斯提供的實然証據並不是很充分的。不過，在另一方面，珀爾斯也承認，對邏輯意解本質的分析實際上預設了某種興趣；換言之，不同的興趣可能使我們對邏輯意解或知性概念的意義有不同的看法[cf. CP, 5.489]。我們認為，他在此實際是指出另一條証成實用主義的路向，亦即應然的或規範性的路向。換言之，儘管我們不能由實然的分析中絕對地確定習慣就是知性概念的意義，但是，我們仍然可以由其他的角度主張我們應該由習慣去說知性概念的意義。這裡所謂的其他的角度就是我們在上一章提到的，由最高善在於具體合理性之發展而言，我們應該由習慣或第三性去說知性概念的意義，以彰顯宇宙中的合理性。對於這兩種証成路向的反省可以看出，經驗性的路向在意義問題上總是有其不足之處，而必須依靠規範性的路向加以補足。

第四節　珀爾斯意義論的進一步省察

　　我們在上一節看到，在記號學的証成路向中，珀爾斯由習慣去說邏輯意解之本質，更由邏輯意解去說知性概念之意義，如此而對實用主義的意義論提供理論上的支持。事實上，我們也可以由這種証成路向中看出實用主義的一些重要特性。換言之，我們可以經由珀爾斯對習慣特性之說明，而進一步確定知性概念的意義的特性。在上一節中，我們已經看到，習慣與邏輯意解皆爲概括的、皆具有未來的時態，而且其中的未來時態是以條件句的形式表達出來。事實上，在珀爾斯後期實用主義的說法中，這些特性都明顯地表示出來。在某種意義下，珀爾斯後期之所以特別強調這些特性，乃是爲了彌補早期說法之過於簡略而容易導致的誤解⑳。因此，我們接下來即順著記號學的証成路向，進而討論知性概念的意義的特性，以求對實用主義的特性有更明確的理解。

壹、習慣與條件句

　　經過這幾章對於實用主義証成路向的討論，我們知道，不論是早期或後期，珀爾斯自始至終均未改變這種以「習慣」觀念爲出發點去思考意義問題的基本路向；雖然有時是根據信念之分析，有時是根據記號之分析。問題是，我們如何去了解習慣這個觀念呢？根據一般的理解，習慣是一種隱而未發的傾向。我們如何能憑藉這種隱而未發的東西去了解概念的意義呢？在此，顯然是有困難的。不過，根據珀爾斯的看法，當我們說一個人具有某種習慣時，我們的意思其實是說：「在某種情況之下，他會有某種行動產生。」或是說：「如果某種情況出現，則他會做出某種行動。」依此觀點，一個習慣所包括的

即是在所有可想像的情境之下，它可能導致的各個行動之總和。如此一來，習慣不再是不可捉摸的東西。我們不但可以由上述的觀點去了解一個習慣的實質內容，更可以用確定的語句表達出來；亦即，以一系列具有下述形式的條件句表達之：「如果在某種情境下，則會有某種行動」。

以上是由情境之出現與行動之產生的關連來了解習慣，這也就是珀爾斯在一八七八年所說的意思：「習慣所依靠的乃是它『何時』及『如何』使我們行動。」[CP, 5.400]其中的「何時」是指「某種情境的出現」，「如何」則指「行動的方式或類型」。換言之，一個習慣使得具有這個習慣的人在某種情境出現之際表現出某種特定類型的行動。以這種觀點去了解習慣，比起一般把習慣說成是一種隱而未發的內在傾向，已經明確多了。然而，珀爾斯仍然要繼續往前推進。他在上述引文之後，接著說：「說到『何時』，每一個對行動的刺激都是由知覺導出；說到『如何』，每一個行動的目的都要產生某種可感覺的結果。」[CP, 5.400] 如此一來，我們對於習慣的了解不能僅停止於習慣所導致的行動，而要進一步經由這個行動所產生的結果去了解它。依此觀點，一個習慣所包括的即是在所有可想像的情境之下，它可能導致的各個行動之「結果」的總和。而當我們要以確定的語句去表達一個習慣的實質內容時，乃是以一系列具有下述形式的條件句表達之：「如果在某種情境下，則會有某種行動的結果」❹。綜括而言，當我們以習慣觀念爲核心而去了解知性概念的意義時，實質上我們即可用上述這類條件句去了解知性概念的意義。換言之，知性概念的意義可以用條件句的形式加以表達。

在此，我們或許可以借用胡克威的分析來幫助我們了解。根據胡克威的看法，實用主義在於告訴我們應該如何做，以便清楚地了解某

些概念而使我們得以盡量有效地控制我們的探究。假定我們面對下述
的命題:「某人是一位天主教的神父。」一般而言,我們對此命題有
某種程度的了解,我們能使用之、肯定之等等。但是,實用主義可以
使我們對它有一種更明確的了解。例如,依據實用格準,我們可以由
此命題導出下述的條件句:「如果我檢查此人衣服的顏色,我很可能
會發現到它們是黑色的。」當我們注意到這個條件句時,我們對此命
題之理解,無疑地增加了一些清楚性。而我們也可進一步增進其清楚
性,只要進一步找出能由此命題導出的一些其他的條件句。對於這些
條件句的認識,不僅可以增加我們對原先命題的理解,更可使我們得
以明確地測試此一命題。簡言之,我們對於一個命題的理解,即集中
於它所能導出的那些具有下述形式的條件句:「如果動作甲被執行,
則能被觀察到的結果乙將很可能會被觀察到。」我們對於這些條件句
的認識,即是我們對於這個命題的全部認識,也是這個命題全幅知性
意義之所在;除此之外,別無相干者。當然,這些條件句在數量上因
各個命題而異,有的時候需要很多條件句才能表達一個命題的意義,
有時可能僅需要一個就夠了。例如,當我們將上述主張應用於或然率
的概念時,「硬幣旋轉後,人頭朝上的或然率是二分之一」這句話的
意義即在於下面這個條件句:「如果你持續旋轉硬幣,則人頭朝上的
有限頻率是一半。」將此主張用於實在概念,則「甲這件事是實在
的」這句話的意義是,「如果任何人勤奮地對甲這件事是否如此進行
探究,在某段有限的時間內,他終於會達到一個不會為日後探究動搖
的肯定的答案」❷。

　　經由以上的分析,我們知道,當珀爾斯要由一個概念所造成的行
動習慣去了解這個概念的意義時,實際上是根據這個概念在各種可能
的情境下對我們所引發出的行動之結果去了解它的意義。而如果用語

句的形式來表達，一個概念的意義即在於一系列的條件句，這些條件句所描述的是，如果對此概念加以肯定，在所有可想像的情況中我們的行動會產生何種結果。當我們能以上述這樣一組條件句去表達一個概念的意義時，我們即可經由對此條件句之前件與後件的明確了解，而對此一概念得到相當明確的了解。因為，根據上述引文，刺激我們產生行動的每一個情境都是可知覺的，而每一個行動所產生的結果都是可感覺的；換言之，這些條件句的前件與後件必須以可觀察的詞語表達。相同的主張又出現在一九〇三年的另一段文字中：「每一個概念之要素經由知覺之大門而進入邏輯的思想中，並且以目的性的行動之大門做為它們的出口；凡是不能在這兩個大門亮出通行証的，即是未被理性認可的，而得被擋在門外。」[CP, 5.212]換言之，每一個概念之意義，不論多麼抽象，都必須以可觀察的詞語加以表達。一個概念之意義在於「如果有某種狀況，則會出現某些行動的結果」，其中的狀況及行動的結果都是能以觀察性的詞語加以描述的㉓。

貳、實用主義的實驗性格與假設性格

當實用主義以條件句的形態去了解知性概念的意義時，雖然這些條件句的前件與後件都是以可觀察的語句組成的，但是，不可忽略的是，條件句本身所帶有的實驗性格、假設性格、未來性格、概括性格，均進入其中，而成為這種意義理論的特性。就實驗性格而言，珀爾斯在一九〇五年的〈何謂實用主義〉一文的開頭即指出，對一個實驗科學家來說，一個命題的全幅意義即在於：如果執行某種實驗，則會隨之發生某種經驗[CP, 5.411]。由此可見，他是由實驗的脈絡來說行動以及行動的結果，並由此而說概念的意義。例如，當我們說一個鑽石是「硬的」時，我們的意思是說，如果我們用許多其他的東西來

刮它，結果不會有任何刮痕。當我們說一個物體被施加某種力量，我們的意思是說，當某種狀況發生時，這個物體的速率會發生某種改變。在此，一個概念的意義是表現於一系列的條件句中，這些條件句指出，如果如此這般的行動發生，則會出現如此這般的結果。總言之，依據可想像具有實踐關連的可想像的結果去闡明概念，即等於是依據可以經由行動而產生的可感覺的結果去闡明概念；而此處所說的行動及結果皆可依實驗的脈絡而視爲「實驗的行動」與「實驗的結果」❷。以上述的討論做爲基礎，我們已經可以用比較明確的方式將實用格準的主旨表達如下：當我們要清楚地了解任何一個語文表式的知性意義時，我們應該把它轉譯成一組條件句，這些條件句中的前件所陳述的是某些將被執行的動作，其中的後件所陳述的則是在這個語文表式爲眞的情況下執行這些動作將會且應該會發生的結果；而我們對於這些條件句的了解，即是我們對於這個語文表式的全部了解，也就是這個語文表式全幅的知性意義❷。

在此，值得我們進一步考慮的是，這些條件句的前件所陳述的那些動作是否必須被實際地執行？換言之，在前件所陳述的動作或情境並未實際出現之前，我們是否能了解相關語文表式的意義呢？關於這點，珀爾斯在早期與晚期似乎有著截然不同的看法。他在一八七八年的文章中明白表示：「一個硬的東西與一個軟的東西，在沒有測試之前，它們之間絕對沒有任何差異。」[CP, 5.403]在此，強調的是實際的測試，以及由此測試而來的實際的效果。以鑽石爲例，當一顆鑽石在尚未測試其硬度之前即被火燒掉時，它原先究竟是軟的或是硬的呢？珀爾斯在一八七八年的回答是，你可以說它是軟的，也可以說它是硬的，都不算錯；因爲，這只是語言表達的問題罷了。但是，他在一九〇五年的〈實用主義的議題〉一文中對此例子重加討論並修改自

己原先的看法。在此，他明白表示，在條件句的前件所陳述的動作或情境尚未實際出現之前，我們即可說某一顆鑽石是硬的；這樣的說法已表達了命題的意義，而不只是語言表達上的方便。因為，我們說一顆鑽石是硬的，這句話的意思即說：如果我們「將會」執行某些動作，則某些可感覺的結果「將會」發生；其中原本不要求實際的出現[CP, 5.457]。由這點改變，我們可以看出上述條件句的假設性格。換言之，條件句的前件所陳述的動作或情境只要是可能的即可，而不必是實際的。

其次，我們必須注意到，珀爾斯在一八七八年對於他所舉的例子說得固然不恰當，但是，很奇怪的是，他在同一篇文章中，卻也用另一種方式表示這些動作或情境不必是實際發生的。他指出，這些情境指的不僅是「會」發生的那些，也包括那些「有可能會」發生的[CP, 5.400]。而他在一八九三年對這句話所加的按語又指出，這些情境甚至包括那些與所有過去的經驗相反的情境[CP, 5.400n]。以現在的用語來說，條件句的前件所陳述的動作或情境只要是在邏輯上可能的即可，而不必是在經驗上可能的，亦不必是在技術上可能的，更不必是實際上存在的。這點看法其實比較合乎珀爾斯的整體思想。以我們前面對珀爾斯信念說的討論可知，信念或習慣使我們在某種情境下（只要是在邏輯上有可能發生的情境即可），以某種方式行動。因此，當珀爾斯的實用主義以習慣去說意義時，這種假設的性格也應該同時進入其中。如果我們對珀爾斯採取比較同情的觀點，則可說珀爾斯一八七八年對鑽石一例的討論只是一時的錯誤，並不表示他此時不了解這裡所說的假設性格。

參、習慣與法則

　　此外，我們可以由珀爾斯在後期對此一例子的說明中看出更重要的一點。面對一顆從未被測試即已焚化的鑽石，珀爾斯認為，做為一個實用主義者，他能知道這顆鑽石原先是硬的；換言之，我們知道，如果我們曾以金鋼沙刮之，也不會有任何刮痕。為什麼可以如此呢？理由是，「這顆鑽石原來是硬的」這個命題可以看做是由下述兩個前提導出的結論：（一）「這個物體是一顆鑽石」；（二）「所有的鑽石都是硬的」。當我們判斷某一物為鑽石時，我們是根據對其亮度、形狀等的知覺。這個判斷有點像是對此物的假設，而如果此物不合乎對所有鑽石皆為真的法則時，則此假設即被否定。我們可以假定所有的鑽石都是硬的是一條由歸納確立的法則，如果某物看起來像是鑽石而摸起來居然是軟的，我們只會否定它是鑽石，而不會否定所有的鑽石都是硬的這條法則。這條概括的法則並不只是綜述對一顆顆鑽石曾經做過的觀察事實，它代表一個真理，它對所有的鑽石皆為真，不論是實際的或可能的鑽石。珀爾斯認為它是一條運作於自然中的一般原則⑳。

　　換言之，當我們進一步反省實用格準時，我們應該注意到，那些表達某一概念或命題之意義的條件句，事實上是在陳述關於概念或命題之對象的支配法則。例如，表達「這是一顆鑽石」此一命題之意義的一組條件句（像是，「如果你用金剛沙刮之，它不會有任何刮痕」），意涵著一個類似法則的概括陳述：「所有的鑽石都是硬的。」因此，珀爾斯說，任何一個概念或命題之意義即是對於由這個命題之肯定而本質上預測的所有實驗現象之概括的描述[cf. CP, 5.427, 8.195]。他又指出：「說一個東西是硬的、或是紅色的、或是重的、或是具有某種重量、或是具有任何其他的性質，即是說它是服膺於法則，並因而是一個指涉未來的陳述。」[CP, 5.450] ㉗

肆、實用主義的未來性格與概括性格

　　珀爾斯在一九〇五年指出：「每一個命題的理性意義皆在於未來。何以如此呢？一個命題的意義，本身即是一個命題。固然，一個命題的意義與此命題並無不同；前者是後者的轉譯（translation）。但是，一個命題可以用不同的形式轉譯，其中那一個形式才足以稱為它眞正的意義呢？根據實用主義者，它就是命題可以藉之而對人類行爲有所應用的那種形式，但是不是在某些特定的情境中或爲了某些特定的目標；反之，這個形式可以在每一個情境中、爲了每一個目的，最直接地應用到自我控制上。正是因爲這點，實用主義者將意義定位在未來的時間中；因爲未來的行爲是唯一可容自我控制的行爲。爲了要使這個被當做命題意義的命題形式能夠應用到與此命題有關的所有情境及所有目的，它必須是在概括地描述此一命題之肯定在實質上所預測的所有實驗現象。因爲一個實驗現象即是此命題所肯定的下述事實：某種行動將會有某種實驗結果；而實驗結果是唯一能影響人類行爲的結果。無疑的，某種不變的觀念可能比它對人的影響更大；但是這只是因爲某種等同於實驗的經驗使他對此觀念之爲眞有最親切的認識。每當一個人有目的地行動，他總是依於對某種經驗現象的信念而行動。因此，一個命題所蘊涵的實驗現象之總合即構成它對人類行爲的整個影響。」[CP, 5.427] ㉘在此段引文中，我們不僅可以看到實用主義的未來性格，亦可看到珀爾斯對其概括性格的強調。

　　簡單地說，我們由上述條件句後件所涵的「將會」因素，即可了解其中的未來性格。不過，珀爾斯之所以強調實用主義的未來性格，主要的理由並不在此，而在條件句所涵藏的期望成分與自我控制的成分。就期望的成分而言，根據胡克威的詮譯，如果我相信某種酒是甜

的,則我期望,在某種情境下,如果我去喝它,則我將會有某種獨特的感覺。如果我相信在試管中的液體是酸的,則我將期望,如果我放入藍色的石蕊試紙,則此試紙會變紅。信念提供這類帶有條件的預測,這類預測加上我們的欲望而使得某些行動成為理性的;我們的行動如此而被信念所引導。這種條件句指出,某些經驗會跟著某種行動而來。如果我知道從一個信念可能導出那些這類的預測,則我可以更清楚地掌握這個信念的內容❷。就自我控制的成分而言,珀爾斯在上述引文中強調的理由是,由於唯有未來的行為才允許自我控制,因此他將知性概念的意義定位在可容自我控制的未來。這種對於意義的看法,與其說是出於一種實然的分析,毋寧說是出於一種應然的選取;尤其當我們回顧到上一章對規範科學的討論時,更容易看出實用主義這種意義理論在此表現的規範性或理想性的路向。

最後,就概括性格而言,珀爾斯在此表示的意見相當複雜。在一方面,其中立論的根據涉及一些有待証成的形上學主張;亦即,根據珀爾斯的綜體論,所有的存在都是概括的,整個宇宙是在一發展的過程中,而所有的命題之不確定性乃是根植於知覺之對象或記號所欲代表的對象的本性上的不確定性[cf. CP, 3.93, 1.175]。由此,表達一個命題之意義的那些條件陳述是沒有終點的,沒有任何一組條件陳述能夠邏輯地窮盡原先陳述的意義;任何一個命題的意義永遠都無法完全明確地表達出來❸。依照這種說法,甚至可以與珀爾斯的可錯論發生密切的關連。在此所說的概括性幾乎等同於不確定性。不過,我們也可以由其他的觀點來看珀爾斯何以主張知性意義的概括性格。簡言之,習慣是概括的,則由此而確定的知性概念之意義亦是概括的。從另一個角度也可以說,由於實用主義這種意義理論的目的即在突顯宇宙中概括的習慣、法則、第三性,因此,它所關心的知性概念之意義

亦在突顯這些概括的要素[cf. CP, 5.429]。此處所說的概括性顯然不再偏重於宇宙中不確定的部分，而在藉著概括的習慣或法則突顯宇宙中的合理部分。由此，我們再度看到，實用主義的意義理論如何與規範科學所說的最高善發生密切的關連。

　　本節的討論至此可以結束，當然，其中仍有許多值得繼續深入探討的問題。不過，我們在此的目的只在順著記號學的証成路向，經由習慣的分析看出實用主義的一些特性。僅就這點來說，上述的說明應該是足夠的。

附　註

❶　值得注意的是，珀爾斯有時，尤其是在後期，喜歡將整個邏輯稱爲記
　　號學；例如，他在一八九七年即指出，邏輯，就其廣義而言，不過是
　　記號學之別名[CP, 2.227]。因此，我們也可以把思辨文法學稱爲狹義
　　的記號學，而把邏輯稱爲廣義的記號學。不過，本章的討論主要集中
　　於狹義的記號學。

❷　珀爾斯極爲重視記號學，從某種角度來看，他終其一生皆用心於這方
　　面的研究。其中有不少重要的觀念是在一八六〇年代即發展出來，不
　　過，比較系統性的討論則出現於一九〇〇年以後。由於珀爾斯在這方
　　面用力之深，藍思德（Ransdell）甚至說，珀爾斯的著作有百分之九十
　　以上是直接關乎記號學的[cf. Christopher Hookway, *Peirce*（London &
　　Boston: Routledge & Kegan Paul, 1985），p. 118.]。

❸　Cf. Hookway, pp. 118-120. 胡克威在此將記號學當做是在爲科學探究社
　　群中的意義問題及溝通問題提供一般性的說明。他進一步指出，記號
　　學也可以看做是關於思想及推論的理論。這兩種看法在表面看來，似
　　乎有些衝突，事實則不然。因爲，依照記號學對思想的看法，思想乃
　　類比於公開說出的斷言或論証。珀爾斯在後期時常指出，思考總是以
　　對話的形式進行，這是自我各個不同面相的對話；而一個內在的判斷
　　被解釋成像是一個指向較後階段的自我的斷言。珀爾斯甚至經常主
　　張，自我，如同科學社群一樣，乃是經由對話的連繫而得到整合。如
　　此，思想個體可被視爲一種使用記號的「社群」[CP, 4.6]。

❹　胡克威指出，珀爾斯在研究記號時所使用的方法是：先檢視記號行動

的一些中心實例，觀察它們的特性並用抽離法分別它們之所以做爲記號的本質特性及附屬特性，然後以此做爲概括化的基礎。他的目的不在於分析「記號」一詞的日常用法，而在於建構其應當而有價值的用法。爲了與一般用法有所區分，他有時甚至想用「再現者」（representamen）這個專門術語取代「記號」一詞[Hookway, p. 121]。根據胡克威的說明，我們可以說，珀爾斯對於記號的定義乃是一種規制性的定義（stipulative definition），而非報導性的定義（reportive definition）。不過，胡克威似乎未能看出「記號」與「再現者」這兩個名詞的細微差異；這點可參見下註。

❺ 大體說來，我們可以把「再現者」視爲「記號」的同義詞，而珀爾斯也似乎經常如此使用。不過，究實言之，其間仍有差異。珀爾斯即指出，一個記號是一個帶有心靈上的意解的再現者；因此，在某些狀況中，可能只有再現者而無記號。不過，珀爾斯也指出，雖然思想不是唯一的再現模式，它卻是主要的再現模式。換言之，雖然記號行動不是唯一的再現模式，它卻是主要的模式。這就表示，雖然記號不是唯一的一種再現者，它卻是主要的一種。由於這點理由，我們得以在一般的情況下將「再現者」視爲「記號」的同義詞[CP, 2.274]。在此，我們需要附帶說明一些相關詞語的用法。在本書中，「再現」這個中文譯名，可以當動詞使用，亦可當名詞使用。做動詞使用時，它指的是珀爾斯所說的「represent」或「stand for」。（依照一般的用法，這個字本來可以翻譯成「代表」。但是，由於這個字詞在珀爾斯的思想中有其特殊而明確的意涵，因此，我們把它當成一個專門術語而予以特殊的譯名，以與一般用法有所區別。）做名詞使用時，它指的是珀爾斯所說的「representation」。珀爾斯在他爲《哲學與心理學詞典》所寫的一個條目中，對「再現」一詞之用法有過簡短的說明。他

指出，再現或代表「是一種對另一者的關係，而爲了某種目的，它被某個心靈看成好像是那個另一者。因此，代言人、代理人、代辯人、經紀人、代理主教、圖樣、徵兆、籌碼、描述、概念、前提、証詞等等，全都以它們的若干方式，對於那些以那種方式去看它們的心靈，再現其他的東西」[CP, 2.273]。同時，珀爾斯亦指出「再現者」與「再現」之不同；後者指的是一種動作或關係，而前者則指表現這種動作或關係的東西。依此，我們亦可進一步指出，對珀爾斯來說，「記號」之不同於「記號行動」（ semeiosy, or action of sign ）[CP, 5.473]，正如同「再現者」之有異於「再現」；後者乃就具有三元關係的記號與其對象及意解所形成的整體表現而言，前者則偏就與對象及意解具有三元關係的記號本身而言。關於這點，我們雖然尚未在珀爾斯的著作中找到文獻上的根據，但是，我們相信，此處所做的詮釋應該能夠符合他對於這兩個詞語的用法與想法。

❻ 此段文字見於哈佛館藏之珀爾斯手稿，轉引自胡克威 [Hookway, p. 121]。

❼ Alfred Jules Ayer, *The Origins of Pragmatism: Studies in the Philosophy of Charles Sanders Peirce and William James* (San Francisco: Freeman, Cooper & Company, 1968), p. 120.

❽ 我們在此對記號之對象的說明是相當簡略的。事實上，珀爾斯本人在有關對象的說法上相當不一致[cf. Ayer, pp. 128-136]。由於本書的重點集中在記號論與意義論之間的關連，而既然珀爾斯不由對象說意義，我們也不準備詳細討論這方面的問題。

❾ Cf. Ayer, pp. 143ff.

❿ 習慣亦應是概括的；如此，符號本身是概括的，符號所再現的對象是概括的，而使符號之能如此再現其對象的心靈習慣亦是概括的。

⑪　《珀爾斯文輯》，第二卷，五十三頁，編者註。Cf. Ayer, p. 147.

⑫　不過，我們必須注意，珀爾斯所說的主詞比一般所說的範圍要廣。以「張三殺了李四」這個命題爲例，一般所謂的主詞只指「張三」，但是對珀爾斯來說，「張三」與「李四」都是主詞。因此，在這樣的命題中，如果要找出其中的詞項，就必須把這兩個主詞都去掉；如此，剩下的詞項就是「……殺了……」。

⑬　珀爾斯指出，詞項未決定其對象，亦未決定其意解；命題未決定其意解，但分明地指出它的對象（或名之曰命題之主詞）；論証則分明地再現其意解（或名之曰論証之結論）[CP, 2.95]。而《珀爾斯文輯》的編者在此指出，象符只能是詞項，標示只能是詞項或命題，而符號則能是三者。此外，珀爾斯指出，詞項是一種具有取代性的記號，命題是一種能夠提供或傳達訊息的記號（這是對比於某種由之能導出訊息的記號，如象符），論証是一種具有理性說服力的記號[CP, 2.309]。

⑭　Robert Almeder, *The Philosophy of Charles S. Peirce: A Critical Introduction*（Oxford: Basil Blackwell, 1980），p.28.

⑮　理論上，珀爾斯可以根據其範疇論而對各種語文表式的意解進行進一步的分類。例如，一個字詞的意指可以是就第一性而言者，可以是就第二性而言者，也可以是就第三性而言者。同樣的，一個命題的述詞或一個論証的結論所描述的事態可以是就第一性而言者，可以是就第二性而言者，也可以是就第三性而言者。事實上，珀爾斯曾經針對命題的述詞而說：「經由仔細的分析可以看出，不可分解的概念在數價上的三個等級對應於三類特性或述詞。首先是第一性，或是主詞本身正面的內在特性；其次是第二性，或是一個主詞或實體對另一者的蠻橫行動，而不考慮法則或任何一個第三者；最後是第三性，或是一個主詞對另一個主詞在相關於第三者的情況下所造成的心靈上的或類似

心靈上的影響。」[CP, 5.469]換言之，有的述詞只論及主詞本身的內在特性，有的述詞只論及主詞與另一者的關係而未論及法則，有的述詞則表現三元關係。

⑯ 根據珀爾斯的看法，依據行動的敏捷度，習慣在強度上可以分成各種等級，最弱的是完全的分裂，最強的是不可分的聯結；習慣的變化即時常表現在習慣強度之升高或降低。除了強度之外，習慣亦有不同程度的持久性。不過，一般說來，在沒有新的習慣變化產生之前，原先習慣的效力會持續存在[CP, 5.477]。就造成習慣變化的原因而言，珀爾斯指出三類事件：（一）加諸心靈的經驗，（二）外在的努力，（三）內在的努力。針對造成習慣變化的第一類事件，珀爾斯指出，習慣變化固然發生在心靈中，但是造成習慣變化的事件可以不是心靈的動作，而是加諸心靈之上的經驗。例如，驚奇可以很有效地打斷觀念的聯結，而造成習慣的變化。又如，對於支持一個歸納推論的經驗，每一個帶來這種經驗的新事例都增強觀念的聯結。不過，珀爾斯也提醒我們，這種非意志的經驗不能造成全新的聯結，也不能造成全新的習慣。針對造成習慣變化的第二類事件，珀爾斯指出，這類事件表面看來可以是一種肌肉上的努力。例如，當我想要養成某種習慣，像是唸出「speaking」而不像我現在唸成的「speakin」，我得做的只是把前者多唸好些遍，並且儘量不加思索地唸。不過，珀爾斯在此提醒我們，任何像概念這樣的東西，不可能只由肌肉上的練習即可得到。當習慣看起來是由肌肉的活動造成時，實際上造成習慣的往往是與之相伴而來的內在努力，想像力的動作。換言之，造成習慣變化的第三類事件指的即是內在的努力或想像力的活動。珀爾斯相當重視這項原因，他甚至認為，在心靈中想像的練習有時可以取代或幫助實際上肌肉的練習[CP, 5.478-9][cf. CP, 5.487, 5.538]。此外，珀爾斯亦曾由

另一個角度說明習慣是如何產生的。他指出，每一個正常的人皆生活在一個雙重的世界中；外在世界及內在世界，覺象的世界及幻想的世界。我們之所以不致於將這個兩重世界混在一起，主要的原因即在於，每個人都很清楚，幻想可被某種非肌肉的努力大幅修改，而只有肌肉的活動才能修改覺象。覺象及幻想皆能對人造成影響，而影響的方式則取決於個人天生的傾向以及其後天的習慣。習慣不同於傾向之處在於，它是由某種原則而造成的後天結果；經由同類行爲之多次的重複，在覺象與幻想的類似結合之下，產生一種趨勢（習慣）而在未來類似情境之下實際地做出類似的行爲。在此，珀爾斯強調的重點是，每一個人皆可藉著修改他自己的習慣，而多少對他自己有所控制；而當情境不允許他在外在世界中重複練習他所想要做的行爲時，他可在內在也世界中重複練習而造成這種效果。換言之，「在內在世界中的重複（想像的重複），如果被直接的努力好好地強化，即產生習慣，正如同在外在世界所做的重複一樣；而這些習慣將有能力去影響外在世界中的實際行爲；特別是，如果各個重複伴隨著一個特別強的努力，而且這個努力通常連接於一個對個人未來的自我的命令」[CP, 5.487]。

⑰ 珀爾斯在後期明確表示，把邏輯建立在心理學上的做法是非常不穩固及不安全的[CP, 5.485]。而且，他指出，習慣不必是一個心理事實；植物會表現某種習慣，河流也會表現某種習慣。此外，生理學家可以毫不提及心靈而對習慣做出定義[CP, 5.492]。如此，珀爾斯之由習慣去說意義，並不表示他必須以心理學爲基礎。

⑱ 此段表示的意思，在艾默德的書中有更詳細的分析可供參考[cf. Almeder, pp.30~32]。

⑲ 當然，這種証成方式是否絕對可靠，當然是有問題的。珀爾斯本人也承認，他之說具有邏輯意解的記號或是概括的、或是密切地關連於概

括者，並不是出於科學研究的結論，而只是他個人長期研究記號本性所得出的一個強烈印象。他爲自己如此做法提出的理由是：由於他是記號學這門學問的拓荒者，而記號學要去研究各種可能的記號行動的本質本性及基本的種類，對一個拓荒者而言，這個領域太大，工作也太重。因此，他不得不局限於最重要的問題上。珀爾斯指出，像上述那樣基於印象而回答的問題，與它具有相同重要性的問題至少有四百個，而且都是非常困難而需要進一步的研究；但是，它們還不算是記號學中最重要的問題[CP, 5.488]。

❷⓪ 珀爾斯在一八七八年以相當簡潔的方式表達其實用主義的主旨：「想想看，我們認爲我們概念的對象具有那些可想像地具有實踐影響的效果。那麼，我們對於這些效果的概念即是我們對此對象之概念的全部。」[CP, 5.402]在他所有的著作中，這段著名的「實用格準」最常爲後人引用；但是，這並不表示學者們認爲我們可以由這段話清楚地掌握到實用主義的主旨。事實上，不少學者認爲，〈如何使我們的觀念清楚〉一文並沒有把實用主義的意義論說得很清楚，有的學者甚至認爲這篇文章的標題簡直是對珀爾斯本人的一種反諷[cf. Peter Skagestad, *The Road of Inquiry: Charles Peirce's Pragmatic Realism*（New York: Columbia University Press, 1981），p. 89.] [cf. Brand Blanshard, *Reason and Analysis*（La Salle, Ill.: Open Court, 1962），p. 194.]。同樣的，這段話也曾不時被珀爾斯本人引用[CP, 5.2, 5.18]；不過，這也不表示珀爾斯一直滿意於這種表達方式。事實上，他除了在一八九三年及一九〇六年分別對這段文字加上重要的註釋之外[CP, 5.402n]，對此格準所表達的主旨，他日後也在補充和修改之餘，試圖提出一些不同的表達方式。在各種不同的表達方式中，變動最小的是他在一九〇五年提出的說法；在此只是將上述的格準改爲第二人稱的表達方式，亦

即，將其中的「我們」改爲「你」[CP, 5.422,5.438]。不過，在同一年，珀爾斯又先後爲實用格準提出了幾個新的表達方式：「爲了要確定一個知性概念的意義，我們應該考察哪些實踐的結果可以想像是必然地由此概念之爲眞而導出；而這些結果的總和將構成這個概念的整個意義。」[CP, 5.9]「一個知性述詞的『整個』意義是，在某些種類的存在條件之下，通常某些種類的事件會發生在經驗過程中。」[CP, 5.468]「一個『概念』，亦即，字詞或其他表式的理性意義，完全在於它對生活行爲的可想像的影響；如此，由於任何不能由實驗導致的事物顯然皆不能與行爲有任何直接的影響，如果一個人能夠精確地定義對於一個概念的肯定或否定所蘊涵的一切可想像的實驗現象，他在此對這個概念將有一個完全的定義，而且『其中絕對沒有更多的東西』。」[CP, 5.412]「實用主義最初是以格準的形式表達，……在此則對實用主義以陳述句重述如下：任何一個符號的整個知性意義即在於對此符號之接受而來的理性行爲的所有概括模式之整體（此乃有條件地基於所有不同的可能情境與欲望）。」[CP, 5.438] 此外，珀爾斯在一九〇三年說：「實用主義這個原則主張，每一個可以用陳述句表達的理論性判斷都是一個混淆的思想形式，其唯一的意義（如果有的話）即在於它促成一個相對應的實踐格準之傾向，而使這個格準可以用一個後件爲祈使句的條件句來表達。」[CP, 5.18]比起原先的實用格準，後期的這幾段話固然由一些不同的角度展現更多實用主義的意涵。不過，在理解的難易程度來說，它們並不見得好過原先的表達方式。究極而言，上述各種表達方式至少有一個共同的主張：知性概念的意義可以用條件句的形式加以表達，而我們即以這類條件句去了解知性概念的意義。不過，即使是這點，亦需要經由我們本章的討論才能看出。

㉑ 珀爾斯曾經批評說，當時有一本討論分析力學的名著指出，「我們明確地了解力量的結果，但是我們卻不了解力量本身是什麼蝀這純粹是一種自相矛盾的說法。力量一詞在我們心中所激起的觀念，除了能影響我們的行動之外，別無其他的作用；而且這些行動，除了經由它的結果之外，別無其他方式與力量發生關連。因此，如果我們知道力量的結果是什麼，我們即熟知『一種力量存在』這句話所涵蘊的每一個事實，除此之外，別無所知」[CP, 5.404]。

㉒ Hookway, p. 235.此外，瑞禮也相當強調珀爾斯實用主義的條件性格[cf. Francis E. Reilly, *Charles Peirce's Theory of Scientific Method*（New York: Fordham University Press, 1970）, pp. 18-20, p. 163.]。

㉓ 在此，我們很容易聯想到邏輯經驗論的意義理論。雖然，有的學者，例如墨菲，不贊成以邏輯經驗論的檢証論去了解珀爾斯的意義理論，但是有更多的學者注意到這二者之間的類似之處[cf. Skagestad, p. 87] [cf. Hookway, p. 238]。史凱基斯泰亦曾指出，有許多哲學家都注意到珀爾斯實用主義格準與可檢証性判準之間的相似之處。莫理斯（Charles Morris）早在一九三七年即認為珀爾斯的主張其實就是邏輯實証論，不過他也強調，實用主義的意義判準較為廣泛，因為它所說的檢証不是屬於個人的，而是社群的檢証。此外，柏克斯（Arthur Burks）、內格爾（Ernest Nagel）、及艾耶都曾指出珀爾斯在意義判準的說法上是與邏輯經驗論相近的[cf. Skagestad, p. 92]。不過，史凱基斯泰同時提醒我們切勿因為這些類似之處，就武斷地把珀爾斯當成邏輯經驗論者。就歷史的發展來看，在邏輯經驗論的發展中，主要的影響來自於馬赫、弗列格、羅素、維根斯坦等人；珀爾斯則除了對德國的萊興巴赫有過重要影響之外，並未對此運動發生影響[Skagestad, p. 233]。此外，就內在的義理而言，其間也有許多需要仔細分辨的差

異；這點是珀爾斯本人亦意識到的[cf. CP, 5.597-601]。對於以上這種將珀爾斯的實用格準視爲意義之檢証性判準的早期說法的解釋，史凱基斯泰認爲，曾經有人提出相當好的支持理由，也有人提出相當好的反對理由。最強的反對理由是上述這種解釋漠視了珀爾斯的記號理論，因爲根據後者，不可能有所謂絕對的精確性，因此也沒有所謂的意義判準。此外，這種解釋會使珀爾斯的實在論陷入危險，因爲他的實在論似乎也是一種對意義的說法，而且是一個不可被檢証的說法；如此，依可檢証性的判準，珀爾斯的實在論即是沒有意義的。不過，就一八七八年的文獻來看，珀爾斯的講法非常傾向檢証論的說法，因此，儘管有上述理論上的困難，我們也不宜輕易放棄上述解釋，而需要由別的方式解決其間的不一致。就史凱基斯泰的觀點來說，珀爾斯一貫的主張是一種檢証論的語意學，依此，一個語言的使用者能夠根據可能的實驗之預期的結果而完全了解他所使用的字詞，而且只能根據這些結果去了解。這點與其下述的看法並無矛盾之處：一個研究語言之使用的人能夠且必須了解那些相同的字詞是指涉到實在的東西，而這種了解可以進一步根據第二層次的實驗而加以解釋。這種說法並不容意義之判準，但是，珀爾斯卻又提實用主義出來做爲檢証性的意義判準，而這與其實在論是相衝突的[cf. Skagestad, pp. 92-93]。

❷ 珀爾斯在分析「鋰」這個概念時，即表現出相當強烈的實驗性格。他指出，如果你看到某種礦物有點像半透明的灰白色玻璃，堅硬、易碎、而不溶於水，而有人加以研磨並與石灰調在一起，則部分可溶於鹽酸，如果進一步把此溶液蒸發，並用硫酸提鍊其殘渣，則可得出固體的氯化物，如果再對此通電，則可得出一種略帶粉紅色而能浮於油上的金屬小球。如此一來，我們即可斷定這個礦物是鋰[CP, 2.330][cf. CP, 5.529, 5.412]。史凱基斯泰更根據此段指出，對珀爾斯而言，他所

謂的知性概念或命題之意義只不過是其檢証的條件[Skagestad, pp. 89-90]。此外，珀爾斯也在一些段落特別強調實用格準與科學實驗的關連，甚至指出理性的意義即在實驗現象[cf. CP, 5.424-6]。

㉕ 我們在此等於是對珀爾斯的許多說法做了一番濃縮式的處理。珀爾斯相關的說法很多，可參見CP, 2.330, 3.440, 3.472, 4.453, 4.572, 5.9, 5.18, 5.402, 5.412, 5.422, 5.438, 5.468, 5.480ff, 8.194ff, 8.359ff.

㉖ Cf. Hookway, p. 242.

㉗ 我們在前面看到珀爾斯用習慣概念去說明意義，在此處又看到他以法則概念去說明意義。事實上，艾默德即明白指出，對珀爾斯來說，這兩個概念是相同的。由某種角度來說，宇宙的法則即是宇宙所帶有的習慣。因此，如果命題之意義基本上是在陳述支配對象之性質的法則，則由此可說，一個命題的意義只不過是它所包含的習慣[CP, 5.400, 5.18, 2.148]。由此看來，珀爾斯在範疇論所說的「第三性」（Thirdness）即是隱約地表示於一個概念或命題之意義中的法則或習慣，或是說明命題之意義的法則或習慣。依此，所有命題的意義之中都帶有第三性，因為我們所有的命題都表達某種法則，而且有關那些對象之陳述的意義是藉著這個法則而表達出來。因此，說明概念及命題之意義的，乃是吾人經驗之似法則的特性；因為說明構成意義之性質或描述的，乃是吾人經驗之似法則的特性。事實上，珀爾斯宣稱，最後，表達在條件句中的乃是法則本身，它構成一個命題的究極意義[CP, 5.491]。艾默德進一步指出，珀爾斯如此說的理由在於，邏輯的解釋項乃是藉著另一個邏輯的解釋項而使其本身有意義，如果我們想要避免邏輯的解釋項的無窮後退，我們必須在最後的分析中主張，究極的意義（究極的邏輯的解釋項）正是那些邏輯的解釋項（條件句）所表達的法則。由另一個角度來說，一個命題的意義是由一組表達一

個法則的條件陳述而表達，如此，一個命題的意義是究極地由法則或習慣的存在而導出。對珀爾斯而言，意義不是法則；反之，法則是意義的基礎，或對有意義的命題之存在的說明[cf. Almeder, pp. 15-6.]。

❷ 胡克威也注意到珀爾斯對於未來性格的強調，但是他並不完全同意珀爾斯的看法。胡克威指出，正如珀爾斯經常肯定的，一個概念或命題的知性意義總是在於未來[CP, 5.481-3]。它說出對於一個命題的接受如何會影響行為，並指出什麼環境是相干於對命題之肯定的評估。實用主義原則將一個命題的意義揭示為一組條件式的期望。這個立場的特性似乎會有一些奇怪的結果。例如，當此原則應用於一個關於過去的命題，則此命題似乎其實是關於為了過去事件的未來証據。以下句為例：「昨天早上下雨。」接受這個命題會使我們必須做出什麼樣的條件期望呢？也許，如果我們翻閱記錄，我們將會發現昨日下雨的証據，或是，如果我們四處打聽，我們將會發現許多人記得昨日下過雨，等等。雖然我們會同意說，這些事是相干於我們去評估「昨天早上下雨」這個斷言，但是，這個命題依然不是在說未來的証據[cf. Hookway, p. 240]。

❷ Hookway, p. 50.

❸ 關於意義的不確定性，可以參考的文獻非常多。艾默德指出的就有：CP, 2.428, 1.549, 2.357, 5.569, 6.496, 5.505-6, 1.339, 2.646, 8.208, 6.496, 5.157, 5.183, 5.480, 5.447-8, 5.554. [cf. Almeder, pp. 18~21]

第十章　結　論

綜括而言，本書以珀爾斯的探究理論做爲研究主題。不過，我們在引論部分即已說明，探究理論有廣義與狹義之分；狹義的探究理論只限於探究歷程本身之說明，廣義的探究理論則包括所有與探究相關的問題。在處理的程序上，本書以狹義的探究理論做爲討論的起點，進而逐步涉及其他與探究相關的重要論題。因此，我們首先在第二章及第三章分別討論珀爾斯的懷疑說與信念說，以展示他如何由經驗性的路向考察探究歷程的實然起點與實然終點。接著，我們在第四章及第五章分別討論探究的方法與探究的目的，並且看出珀爾斯不再局限於實然的層面，而開始關心探究的應然方法與應然目的。簡言之，他認爲探究者應該採取科學方法並以眞理爲其理想目的。在此，我們不僅看到珀爾斯由經驗性路向逐步轉入規範性路向，而在第五章論及探究目的時，我們更看到這兩種路向的過渡與結合。

相對而言，如果把本書第二章至第五章（尤其是前兩章）視爲狹義的探究理論之研究，則本書第六章至第九章即可視爲廣義的探究理論之研究。在此，我們以意義問題爲核心，進而擴大整個討論的範圍。換言之，我們在這幾章係以實用主義的意義理論爲核心，然後藉著實用主義的証成問題而延伸到理論層次更爲根本的範疇論、規範科學、與記號學。在第六章的部分，我們首先說明如何把實用主義這種意義理論放在探究理論的脈絡中來了解，並簡略地說明實用主義的早

期說法及實際的應用。就探究問題而言，實用主義可以確定那些在推理上所必須依靠的知性概念之意義，如此而有益於探究社群之良好溝通與探究活動之順利推進。當然，與探究活動相關的不只是意義問題。不過，事實上我們不可能在一本書中處理到所有的問題。因此，本書在處理上做了一個選擇，而以珀爾斯最著名並在後期用力頗深的實用主義做爲討論的重點。就此而言，我們在廣義的探究理論方面所處理的論題並不是很周全的。

不過，我們之所以選擇實用主義做爲討論重點的理由，不只是由於它與探究問題的相干性，另一層用意則在藉著它的証成問題而論及在理論層次上更爲根本的範疇論、規範科學、與記號學；這就是第七章至第九章處理的重點。如此一來，上述的不周全也得到某種程度的彌補。在這三章的討論中，我們不僅對珀爾斯在這些領域的說法有一概略的了解，亦看到它們如何由非心理學的路向爲實用主義提供理論上的支持，更可看出它們對於後期實用主義說法上的影響。事實上，這些主張也是了解珀爾斯意義理論的關鍵。我們知道，珀爾斯自始至終皆由習慣或第三性來了解知性概念的意義。但是，若不了解他的範疇論，就無法了解第三性的意義以及它在珀爾斯哲學中所佔的地位；若不了解他的規範科學，就無法了解他爲什麼由第三性去說意義，而不由其他觀念去說；若不了解他的記號學，就無法了解他在細節上如何運用第三性這種觀念去說明知性概念的意義。此外，在這些領域中，我們看到珀爾斯各部分思想之間的密切關連，亦看到其整個思想的系統性格。

隨著本書章節的進行，我們可以看出，在探究問題的處理上，珀爾斯一開始固然是由經驗性的路向出發，不過，最後他終究比較偏於規範性的路向。在眞理問題上已經表現如此的偏向，在意義問題上更

是完全一面倒。換言之，當討論的範圍愈來愈大時，珀爾斯也愈來愈明顯地偏向規範性的路向。不過，我們並不把經驗性的路向視爲珀爾斯早期的或不成熟的看法，而寧可視爲其思想體系的一個層面。如此，珀爾斯的思想有由經驗性路向開出的層面，亦有由規範性路向開出的層面。他在路向與層面上的轉進，代表他的哲學體系必須做更大範圍的發展以及更高層次的提昇。例如，就探究者的追求而言，已顯示出這種層次的提昇。在本書一開始我們看到探究在於追求穩定的信念，其次我們看到探究在於追求眞理，最後我們看到探究在於追求具體合理性之增長；穩定的信念是探究的實然終點，眞理是探究的應然目的，但是具體合理性的成長則是探究的究極目的，眞理亦不過是它的一個側面。由此可見，在愈廣闊的視野及愈高的層次上，對於探究活動的了解也愈深刻。

　　經由上述的說明，我們一方面展現本書的整體結構，另一方面也藉此反映珀爾斯哲學思想的系統性格。不過，正如我們在引論提到的，珀爾斯的哲學體系仍然有其偏重之處。我們知道，珀爾斯受到康德很大的影響，他本人也承認這點。然而，值得注意的是，他在提到康德時，通常只是就其第一批判而言。我們認爲，事實上，珀爾斯受到康德的影響大多來自第一批判，而珀爾斯本人一生的思想亦主要不出第一批判的問題範圍。由某種角度來說，他只關心如何說明知識的可能性的問題。雖然，在他對規範科學的說明中，我們看到珀爾斯將邏輯的根據放在倫理學上，這樣看來好像試圖由知識問題進入到道德問題。不過，珀爾斯之所以如此做只是爲了說明邏輯，而他實際上並未進一步就倫理學本身或美學本身繼續發展。由另一個角度來說，如果我們要對珀爾斯一生的思想加以定位，可以簡單地說他是一位科學哲學家。他在哲學上的工作固然涉及很多領域，不過，這些工作可以

說都是爲了說明科學方法、或証成科學方法、或補足科學方法而進行的。例如，探究指的乃是科學探究，邏輯常等同於科學方法，他的記號學、實用主義、形上學（實在論）亦是在說明科學方法的過程中提出的。

珀爾斯向來被視爲一位深具原創性的哲學家，在本書的討論中，也可以看到他的許多創見。首先，在探究的起點上，他強調必須始於眞正的懷疑。事實上，凡是我們所不曾懷疑的即可成爲吾人推論的前提，因此，我們不要去假裝懷疑那些我們並未眞正懷疑的東西。這種看法與影響近代哲學甚鉅的笛卡兒哲學有極大的差異，甚至形成兩個對立的主張。因此，本書第二章亦特別以笛卡兒的普遍懷疑說做爲對比而顯出珀爾斯主張的特色，並顯示他如何以整體論的知識觀反對笛卡兒基礎論的知識觀。其次，在探究的終點上，珀爾斯經由經驗性的考察而指出信念的本質即在習慣。在這方面，他固然受到貝恩的影響；不過，他卻進一步由此建立其獨到的意義理論。一個人具有某種習慣，即表示他在某種情況會以某種方式行動；如果用語句來表達，則可表達成一組條件語句；實用主義這種意義理論的特色即在主張以這樣的一組條件句去確定知性概念的意義。

至於第七章提到的範疇論以及第九章提到的記號學，它們本身即是相當富有原創性的主張。此外，我們在第四章看到，珀爾斯比較四種探究方法，而以科學方法做爲理想的探究方法。在此，他指出社群的重要性，探究不只是個人的事，而是在群體中的事。他並在此指出科學方法對於實在的基本預設，甚至承認這個預設可能只是一個希望。我們在第五章看到，珀爾斯指出人在探究活動中的心理限制；亦即，就當下的心理情境而言，我們無法分辨眞的信念（嚴格說來只是自以爲眞的念）與穩定的信念。我們在第八章看到，珀爾斯指出邏輯

與倫理學的類似關係、規範科學之間的依存關係，並以具體合理性的成長做爲究極目的。凡此皆屬言人之未嘗言的創見。

雖然珀爾斯有許多創見，但是，他並非對其中的每一個都做過詳細的說明。此外，在他論証的過程中，顯然也有不少未經嚴格証成的預設。例如：爲什麼具體合理性的成長是究極的目的？人心爲何與宇宙有親和性？科學探究爲什麼能夠得到一個共同的結論（或曰眞理、或曰合乎事實的信念）？爲什麼可錯論能夠成立？爲什麼整體論的知識觀能夠成立？對於諸如此類的問題，珀爾斯並未加以深入討論，亦未提出理論的支持，而往往只是把它們當做已經被接受的前提。當然，沒有任何一個哲學家或哲學系統可能對所有的問題皆詳細說明，也沒有任何一個哲學家或哲學系統可能毫無未經証成的預設。又或許如他所說，凡是未曾眞正懷疑的信念都可以成爲吾人推論的前提。但是，嚴格說來，凡此亦皆屬思想體系之欠缺或不足。對於某些珀爾斯本人未詳細說明的部分，我們可以替他更詳盡地加以說明。例如，本書第三章對信念本質之分析，第四章對實在論証之分析。至於他的一些未經証成的預設，我們在此亦沒有能力替他完成這些預設的証成工作，而只是標舉出來，做爲提醒而已。

本書在研究過程中參考過不少學者的詮釋，但是，也有一些與他們不同的做法與看法。首先，本書認爲，珀爾斯思想中某些表面上的不一致，乃是由於其中的看法往往是他由兩種不同的路向提出的。更重要的是，本書認爲這兩種路向非但不相斥，更有結合的可能；並希望藉此而解決珀爾斯思想中某些表面上的不一致。我們在引論指出，規範性的路向是就人的理想而言，經驗性的路向是就人的現實而言。換言之，前者是就「應然」而言，後者是就「實然」而言。在許多主題上，我們本來就可能採取這兩種路向；我們現實上能達到的是一回

事，我們在理想上所要求的又是一回事。一般來說，我們不會因為現實上未達到而認為不能在理想上要求。事實上，人是有限的，卻追求無限；人是相對的，卻追求絕對；人活在一個變動的宇宙中，卻追求永恆。這種弔詭的情境，是人性的基調，也反映在哲學的追求上。我們在形上學中追求永恆，最後，經過幾千年的嘗試與反省，才發現我們只能得到相對的恆常。我們在知識論中追求絕對的確定性，最後才發現，我們得到的只是相對的確定性。在珀爾斯的思想中，我們看到這兩個層面的交織，一方面是我們能夠得到的，一方面是我們所希望得到的。我們不能得到絕對的確定性，並不表示我們必須走上另一個極端。在此，我們仍然得極力使我們得到最高程度的相對確定性。要達到這個比較實際的目標，仍然需要有方法，其間仍然需要有極大的努力。這層工作是人類應該去做的，也是珀爾斯實際去做的。

此外，我們在第二章藉著笛卡兒的比較來突顯珀爾斯特色；在第三章以發生狀態與傾向狀態之分，而深入分析信念之本質；在第四章對珀爾斯的實在論証加以重新定位，並反省人類在此基本預設上可能提出何種証成；在第五章經由目的與終點之分，先分開珀爾斯的兩個路向，再指出兩個路向結合的可能；在第六章指出實用主義的幾個層面。凡此皆屬其他學者未曾做過或未曾提及者。而此後三章分別由三種不同的路向（皆有客觀的文獻根據）說明實用主義的理論基礎，亦有異於以往學者之只注意到記號學的証成路向。

最後，在本書結束之前，值得再次強調的是，本書固然花了相當多的心力與篇幅來處理珀爾斯的探究理論，但是其中仍有許多不足之處。在那些與探究問題相關的論題中，我們只能選擇少數的重點加以處理。此外，對於珀爾斯的重要主張，我們提到許多，但是也有一些未能深入討論，諸如可錯論、批判常識論、綜體論等，甚至還有一些

根本未加討論，諸如機緣論、歸納論、概率論、演繹論、假推論、數學哲學等。這些都是本書有待補足之處。

附　錄

珀爾斯的生平與思想背景❶

壹、珀爾斯的生平

　　查理斯‧珀爾斯（Charles Sanders Peirce）於一八三九年九月十日出生於美國麻薩諸塞州的劍橋，而於一九一四年四月十九日去世於美國賓夕凡尼亞州的米爾福（Milford）。他的祖先於一六三七年由英格蘭移民至美國麻州的水鎮，其後幾代有的做工匠、有的務農、有的經營商店。到了珀爾斯的曾祖父，因經營東印度公司的船運事業而致富。珀爾斯的祖父於哈佛畢業後，除了幫助家裡的運輸事業，也曾出任過州議員；而在當地的船運業蕭條之後，他又轉任哈佛的圖書館管理員，出版四卷的館藏書籍目錄，並寫了一本有關哈佛大學的歷史（於其死後出版）。

　　珀爾斯的父親班傑明‧珀爾斯出生於一八〇九年，去世於一八八〇年。班傑明於一八二九年由哈佛畢業，後來成爲哈佛大學的天文學及數學的教授，也是美國當時在這兩方面的頂尖學者。除了本身的學術成就之外，他在當時的科學界亦相當活躍；他是推動哈佛大學於一八四七年增設勞倫斯科學院的幕後功臣之一，他在一八五三年至一八

五四年間出任美國科學策進會的主席，於一八六三年與其他幾位知名人士一同創設美國科學學會，並於一八六七年至一八七四年間主持美國海岸觀測局(U.S. Coast and Geodetic Survey)。班傑明的弟弟查理斯是一位醫生，他的妹妹夏綠蒂精通德國及法國文學，並在家設帳授徒。

　　班傑明有五個子女：詹姆斯、查理斯（這就是本書研究的珀爾斯）、班傑明、海倫、赫伯特。長子詹姆斯於一八五三年畢業於哈佛，此後讀過一年法律、教過幾年數學，並於一八五九年由神學院畢業，而任職牧師兩年。最後回到哈佛教數學而終於繼任他父親的教授席位。三子班傑明於一八六五年由哈佛畢業，其後讀過一年礦業學校，並在勞倫斯科學院研究過，最後成為一位礦冶工程師，而且在一八六八年出版有關冰島及格林蘭的資源報告；只是他不幸於一八七〇年即去世。五子赫伯特先是從事室內裝璜等行業，後來進入外交界，最初擔任聖彼得堡的使館秘書，後來出任助理國務卿，以及美國駐挪威大使。

　　由於班傑明在學術界的地位，家中來往的賓客大多是當時學術界及藝文界的知名之士，而使他的子女生長在一個充滿知性的環境。[cf. CP, 6.102]他本人是週末俱樂部的成員，在這個俱樂部中還有艾默生(Emerson)、郎菲羅(Longfellow)、勞威爾(Lowell)、霍姆斯(Oliver W. Holmes)等藝文界人士。珀爾斯一家人是波士頓劇院的常客，也經常邀請演員到他們家中做客。此外，對珀爾斯日後發展更重要的是，他生長於劍橋的科學圈中。著名的動物學家路易斯·阿噶西(Louis Agassiz)就住在附近，他與班傑明都是劍橋科學俱樂部的主要成員，也經常走訪其家中。班傑明也是劍橋天文學會的首任主席，在一八五四年至一八五七年間，該會每週集會兩次。後來，班傑明又設立了數

學俱樂部，每個星期三下午皆聚會一次，如此持續幾年。

珀爾斯的父親非常注意子女在知性方面的教育，他以一種嚴格而新穎的方式對他們施加訓練。身爲次子的珀爾斯自幼即對迷語、數學遊戲、樸克牌戲法、及暗號表現濃厚的興趣，他展露的聰明使他成爲最得寵的孩子。相對的，珀爾斯的父親也成爲他心目中的偶像。他的父親爲了訓練他專心，曾經從晚上十點一直到第二天清晨，與他玩雙人橋牌，並尖銳地批評每一個錯誤。此外，班傑明也是一位虔誠的教徒，他相信人心與自然以及上帝有某種相合性；這點在珀爾斯後期的著作中倒是可以明顯地看出。不過，班傑明似乎並未教導珀爾斯如何待人處事；這種教育上的兩極化，日後不僅使珀爾斯無法獲得良好的人際關係，更使他相當缺乏處理實際事務的技巧。（珀爾斯本人亦曾承認後面這點[CP, 5.14]。）

由於良好的家庭背景，珀爾斯很早即開始鑽研學問。根據他自己的說法，他自八歲就開始研究化學，而在三年後寫了一本化學史。珀爾斯之接觸化學，頗有其獨特的機緣。一八四七年，珀爾斯八歲，這時哈佛的勞倫斯科學院開始成立，而剛從德國研究化學回來的侯斯福(Horsford)則應聘爲該校的化學教授。侯斯福在德國從學利比克(Liebig)兩年，深受利比克強調實驗的影響，而依此模式在美國設立第一間分析化學實驗室。珀爾斯的叔父查理斯原本是執業醫生，這時成爲侯斯福的助手，並受其鼓勵而著手翻譯一本德文的化學教科書（雖然大部分的翻譯工作事實上是由珀爾斯的姑媽夏絲蒂代勞）。在這間化學實驗室籌建之際，以及教科書進行翻譯之際，珀爾斯的叔父及姑媽幫他在家裡依同樣的理念設立一間小實驗室。在一八五〇年，當譯本出版時，珀爾斯說他寫了一本化學史的書（但是這本書從未被發現）。而他的叔父在一八五五年去世後，就把自己的化學實驗室及

醫學實驗室留給珀爾斯。在這一年，珀爾斯進入哈佛，而他的化學老師用的教科書就是他叔父及姑媽翻譯的那一本。

珀爾斯與邏輯的接觸也很早。在一八五一年，他十二歲那年，比他大五歲的哥哥剛進哈佛，而帶回家的教科書中有一本就是魏特里的《邏輯原理》。珀爾斯看到這本書，而在問詢邏輯是什麼，卻得不到解答之後，索興自己研究。自此之後，他終其一生皆致力於邏輯的研究；他甚至認為，任何事都與邏輯有關，都可視為邏輯的表現。他在一八六七年入選為美國藝文及科學學會的會員後，在該會提出的幾篇報告都是邏輯方面的。甚至當他於一八七七年入選為美國科學學會的會員之前，該會要他提交幾篇科學方面的文章，而他提出的卻都是邏輯方面的文章。當他入選之後，他還特地寫信給該會的秘書，表示他的入選代表該會肯把邏輯當成一門科學。此外，自一八七八年至一九一一年，珀爾斯提交美國科學學會的三十四篇文章中有近三分之一是邏輯方面的，其他才是關於數學、物理學、測地學、光譜學、實驗心理學等方面的文章。

自一八五五年至一八五九年，珀爾斯在哈佛大學接受數學及物理學方面的正規訓練。不過，他當時的成績並不好；在九十一位畢業生中，名列第七十一。但是，他與哲學的接觸則始於剛入大學之時，他在此時私自專心閱讀德哲席勒的《美學書簡》，接著閱讀康德的《純粹理性批判》，其後又加上了當時的英國哲學。在大三那年，他必須苦讀魏特里的《邏輯原理》。不過，他及他的家人都傾向他往化學方面的發展，並擬以此為其終身事業。因此，大學畢業之後，下一步很自然就是進入勞倫斯科學院。但是，他覺得自己需要有點謀生的經驗，而且大四時的一場大病也使他覺得在繼續研究之前應該到戶外進行科學的實際應用。於是藉助他父親朋友的幫忙，而於一八五九年的

秋冬二季及次年的春季爲海岸觀測局在緬因州及密西西比州工作。在
這段時間，達爾文的《物種原始》及阿噶西的《分類論》相繼出版。
依當時學者看來，化學是一門實驗科學，也是一門分類科學；而生物
學則是另一門主要的分類科學。達爾文及阿噶西的支持者之間的相互
爭論使得這兩門科學之間的異同成爲注意的焦點。一八六○年秋天，
珀爾斯回到哈佛擔任導師的工作，並私下花了半年的時間向阿噶西學
習分類法。事實上，邏輯也是一門分類科學，在珀爾斯早年的邏輯文
章中，有一篇即是討論論証的自然分類。他早年即將邏輯視爲記號學
的一個分支，不過晚年他擴大邏輯的觀念而將它幾乎比擬成記號學。

　　一八六一年春天，珀爾斯進入勞倫斯科學院。但是在他就讀勞倫
斯科學院的第一個學期時，內戰爆發，他的父親辭去海岸觀測局的計
算工作，珀爾斯即要求繼任該職，而在父執的協助之下，於一八六一
年六月正式受聘於美國海岸觀測局。他與這個單位的關係前後維持了
三十年半，在一開始，他只是幫忙做一些計算的工作，接著做天文的
觀察，最後才有他個人的實驗研究。這項輕鬆的工作不僅提供珀爾斯
穩定的收入與相當自由的時間，也使他由化學走進天文學、測地學、
測量學、光譜學等。不過，儘管如此，當珀爾斯有機會說到自己的職
業或志趣時，他總是稱自己爲化學家。在一八九一年末，珀爾斯自海
岸觀測局退職，他私自執業爲化學工程師。就這點而言，他在觀測局
的日子似乎是其生命中的歧出。當然，珀爾斯從未把自己局限於化學
之中。

　　一八六二年，珀爾斯結婚。同年，他結識詹姆斯，並在哈佛取得
碩士學位。一八六三年，珀爾斯又在勞倫斯科學院取得美國在化學方
面的第一個科學士學位。或許因爲這項榮譽，他日後經常自稱爲化學
家。一八六七年二月，他的父親當時接任海岸觀測局的監督官，而於

七月將他由助手的位置晉升爲助理。在職位上，助理僅次於監督官，而他在這個職位上一直待到離職，也就是說，他在此後的二十四年半中，沒有任何升遷。

　　一八六七年元月，《思辨哲學雜誌》(Journal of Speculative Philosophy)創刊號由哈里斯(William Torrey Harris)主編，在聖路易出版。這份季刊是英語世界中的第一本哲學雜誌，珀爾斯一開始即經由書商訂閱這份刊物。同年元月三十日，珀爾斯當選爲美國藝文及科學學會的會員，而在這一年陸續提出五篇討論邏輯的文章，其中前三篇的抽印本在十一月先行印出，而包括全部五篇文章的《學報》則要等到次年才能出版。珀爾斯在十二月初接到前三篇的抽印本，就迫不及待地寄給哈里斯，而哈里斯也在月中即回信表示對其中第三篇文章感到興趣；這篇文章即是著名的〈論新範疇表〉，而珀爾斯在一九〇五年仍然稱此爲他對哲學的一大貢獻❷。面對哈里斯的回信，珀爾斯寫了一篇討論黑格爾的長信，但是沒有寄出，他寄出的是另一封短信。自此開始，珀爾斯陸續寄了五篇文字發表在一八六八年的《思辨哲學雜誌》上。其中兩篇是給編者的信，三篇文章則是回應哈里斯的質難，試圖表示根據他的唯名論的原則如何可能說明邏輯法則的有效性。當時哈里斯以自己及黑格爾爲實在論者，而給珀爾斯加上唯名論者的封號。珀爾斯在當時雖然並未對此稱號表示任何異議，不過，他很快即開始轉而以唯名論做爲他畢生攻擊的目標❸。

　　一八六七年，哈佛的觀測站擁有它的第一架望遠鏡，珀爾斯也在這年加入其間，協助觀察天文的工作。一八六九年，他受聘爲該站的助理，在職位上僅次於主任。大約在這個時期，他開始撰寫科學、數學、及哲學方面的書評。在一八六〇年代後期，珀爾斯開始接觸當時德國的實驗心理學，到了一八六九年，他已經專注於心理學的實驗，

而使他日後成爲美國第一位實驗心理學家。他曾寫信給馮德(Wundt)，附上他在《思辨哲學雜誌》發表的文章，並要求翻譯馮德的著作。馮德的同意書於一八六九年五月寄出，但是我們在珀爾斯現存的手稿中並未發現到有關的譯本。

一八六九年八月，珀爾斯在肯塔基觀察日全蝕。一八七〇年十二月，珀爾斯又陪同他的父親前往西西里觀察一次日全蝕。一八七一年，哈佛觀測站獲得一座天文光度儀，而由珀爾斯負責使用。由一八七二年至一八七八年，他進行兩項原創性的實驗研究，一項使得重力的測量有更精確的標準，另一項則對光度的測定成立一個新的標準。後一實驗的成果於一八七八年出版，名爲《光度測定研究》(Photometric Researches)，這也是珀爾斯本人在生前唯一正式出版的專書。這些科學工作對他在哲學上的貢獻也有某種影響。天文學的工作促使珀爾斯反省測量理論，尤其是或然的誤差所佔的地位；這些影響可見於他討論歸納法及或然性的著作中。由此，珀爾斯進一步思考邏輯方面的問題。

珀爾斯在科學研究上所引發的哲學反省，自一八六四年開始陸續對外發表。（不過，珀爾斯對哲學的興趣並不是開始於科學研究上的刺激，他在少年時即曾沈迷於德國哲學家康德及席勒的著作中。）自一八六四年至一八六五年間，他在哈佛發表科學哲學方面的講演；雖然在他當時寫給亞保特的信中指出，到場的聽眾很少。自一八六六年至一八六七年，他在波士頓的勞威爾講座(the Lowell Institute Lectures)發表「科學底邏輯與歸納法」(The Logic of Science and Induction)。一八六九年及一八七〇年，他兩度在哈佛的大學講座(the University Lectures)發表有關邏輯方面的十五篇講演；這是一種相當高的榮譽，當時赫赫有名的鮑文(Bowen)、愛默生(Emerson)、費斯克

(John Fiske)也在該講座發表講演。

　　珀爾斯在一八七一年成立了形上學俱樂部(the Metaphysical Club)，直到一八七四年，他都是其中的核心份子。這個非正式的組織是由一群年輕的哲學家、科學家、與律師組成，其中有心理學家詹姆斯(William James)、數學家賴特(Chauncey Wright)、哲學家亞保特 (Francis Ellingwood Abbot)、律師格林 (Nicholas St. John Green)、及霍姆斯 (Oliver Wendell Holmes, Jr.)。這個組織雖然以實用主義的發源地而聞名於世，但是並無出版刊物，也未保留任何正式的記錄。不過，珀爾斯曾以「科學邏輯之說明」(Illustrations of the Logic of Science)爲題，在該俱樂部宣讀，並於一八七七年至一八七八年間發表於《通俗科學月刊》(Popular Science Monthly)；這一系列的文章成爲他最被廣泛閱讀的著作。一八七五年珀爾斯乘船前往利物浦，並在歐洲停留了將近一年半。在船上，他遇見艾波頓(W. H. Appleton)，後者以優厚的待遇邀請他爲《通俗科學月刊》撰文。因此才促成上述一系列六篇文章的出現，而實用主義的說法首度出現其中。同年四月，他前往英國劍橋大學，參觀麥斯威爾(James Clerk Maxwell)新成立的實驗室，並與之討論某些想法。五月應邀參加英國皇家學會的會議，並與克里福(W. K. Clifford)及史賓塞(Herbert Spencer) 會面。據說克里福曾說， 珀爾斯是亞里斯多德以來最偉大的兩位邏輯學家中的一位，而另一位則是布爾。

　　一八七九年，新成立的瓊斯霍浦金斯大學提供珀爾斯生平僅有的一次正式教職，他在該校擔任邏輯講師至一八八四年爲止。當時他似乎是一位頗受歡迎的教師，被他教過的學生有萊德(Christine Ladd)、密契爾(Oscar Mitchell)、魯一士(Josiah Royce)、杜威 (John Dewey)、威伯倫(Thorstein Veblen)、加斯特羅(Joseph Jastrow)、以及渥德

(Lester Ward)。這幾年對珀爾斯來說，提供他相當難得的經驗；因爲當時的瓊斯霍浦金斯大學聚集了一批年輕的傑出學者，他們在許多方面對彼此都有相互砥勵的作用。

　　由以上的敘述看來，珀爾斯在四十歲之前似乎沒有遇到什麼重大的挫折。事實上，青年時期的珀爾斯是一個前途被極度看好的天才型人物。他在二十幾歲時即被哈佛大學視爲難得的天才，在他故鄉的每一個人都肯定他會有很高的成就，他的父親也預期珀爾斯會超過他而成爲更偉大的數學家。但是自從珀爾斯的父親在一八八〇年去世之後，他本人的運勢及事業也開始走下坡。先是在一八七六年，他的妻子（當時的作家及婦女運動者）離開了他。一八八三年，他正式離婚，不久又再娶了一位法國女子(Juliette Froisy)。同年，他接到瓊斯霍浦金斯大學的不續聘通知，而於次年離職；此後，雖經詹姆斯多次的努力，也未能爲他在哈佛謀得正式的教職。一八九一年，他被海岸觀測局辭退。而在他於賓州的米爾福購置居所之後，他剩下的積蓄只能使他在往後的二十幾年中維持極爲貧困的生活❹。在此期間，他的收入一部分來自撰寫書評及詞典的條目，一部分來自老友詹姆斯爲他刻意安排的講演，例如：一八九八年在劍橋布爾夫人的家中，一九〇三年在哈佛，以及後來幾年在勞威爾研究院的講演。在這段沒有固定收入的日子裡，雖然他在科學及哲學方面擁有極爲豐富的藏書，雖然他也勤於寫作而想在晚年把他的哲學體系以一種完整的形式呈現出來，但是由於他艱澀的文體、惡劣的人緣，他根本找不到肯出版的書商。收入的貧乏，再加上拙於理財，使珀爾斯的晚年甚至有時候面臨斷炊斷油的困窘。珀爾斯最終仍然未能完成表現他整個哲學系統的大著，而留給世人的只是一大堆幾近斷簡殘章或「目錄表」式的思想記錄，或許部分也得歸咎於這種困窘的生活環境。

仔細看來，珀爾斯在事業上的失敗可能來自下面幾點原因：

一、他父親在生前對他極度寵愛，並到處宣傳他是天才；這使他自大得令人難以相處。他的第一任夫人在離開他的前一年曾經批評他說，珀爾斯從小到大都是被溺愛而寵壞了。他的性格使妻子無法容忍而離去，甚至他的好友詹姆斯都曾批評他是一個「怪物」(a queer being)。他與上司爭吵，也惹惱哈佛大學校長艾略特這一類的大人物。他被大家看成是一個傲慢而脾氣暴躁的人。此外，他的不守時、沒有責任感、不修邊幅，也是引人側目而令人不以爲然的缺點。

二、他第一任的夫人（出生於劍橋的Harriet Fay）出身於新英格蘭的世家，珀爾斯與她離婚而娶了一個來歷不明的法國女子，這更加使他在劍橋的聲名狼藉，而進一步阻絕了他的對外關係。

三、最大的原因可能來自他本人的孤高自賞。他有大量的著作，卻從未出版過一本哲學的書籍。這部分是出於他不穩定的工作習慣；他不斷擬出一些大計畫，卻沒有一件眞正完成。正如我們前面提過的，珀爾斯留給世人的大多是近乎斷簡殘章或目錄表式的思想記錄，這使得世人很難去掌握他的思想內涵。事實上，直到晚近，世人才發現到，這些零碎的文章中居然蘊藏如此豐富而具原創性的觀念。此外，珀爾斯之所以未能爲當時社會肯定的另一部分的原因則來自他拒絕降低水準以配合讀者；或許因此使得他寫出書來（如一八九三年的《大邏輯》(Grand Logic)），也找不到人肯出版。事實上，珀爾斯並不是不會寫通俗化的文章，我們由他在《通俗科學月刊》及《國家》(The Nation)等雜誌中發表的文章即可看出他在這方面的能力。但是這些文章原本就是當做通俗性的文章寫成的，而在哲學著作中，他看不出有任何理由需要加以通俗化。這使得他生前在學術性刊物上，諸如《一元論者》(The Monist)及《思辨哲學雜誌》，所發表的

文章也未受到應有的注意。而當其他的哲學家（包括最具同情心的詹姆斯）抱怨讀不懂珀爾斯的文章時，他只是反過來責怪他們的理解能力有問題。珀爾斯在寫作時似乎從未預期要寫給一般人看，而似乎只是做爲他個人思想過程的記錄。這種獨白的色彩正好與詹姆斯的著作形成強烈的對比；因爲詹姆斯的著作大多出自面對一般聽衆的講詞，所以他關心如何使他的文章爲一般人所了解。相對的，這方面的不同也使他們二人由群衆得到完全不同的回應。以實用主義爲例，雖然珀爾斯在一八七八年即提出實用主義的說法，但是這種主張一直要到二十年後由於詹姆斯的宣揚才普遍爲世人注意。而若不是詹姆斯慷慨地將此主張歸功於珀爾斯，世人也不會認識到珀爾斯在這方面的貢獻❺。

　　一九一四年，珀爾斯可以說是在貧困中寂寞地死去。在此後的一、二十年中，他幾乎要被世人遺忘了。一直到一九三一年，哈茨宏(Charles Hartshorne)及懷斯(Paul Weiss)由哈佛保存的大量珀爾斯手稿中編纂成的《珀爾斯文輯》(Collected Papers of Charles Sanders Peirce)開始出版，世人才重新體認到珀爾斯的重要❻。近年來，在許多學者的研究之下，大家開始承認珀爾斯可能是當代最具原創性的哲學家之一，也認識到他對當代哲學問題的許多重大貢獻；諸如：關係邏輯、記號學、科學方法論等。目前在美國及日本都已成立有「珀爾斯學會」，由此可見這方面的研究風氣之盛。一般說來，珀爾斯原創性的貢獻遍及符號邏輯、非形式邏輯、數學、心理學、天文學、哲學、以及其他的學術領域。雖然他的許多想法已成爲現代思想的一部分，但是現代人仍然在他的著作中汲取新的靈感，尤其是在哲學、邏輯、與記號學方面；甚至有人認爲，那些現代才新開出的領域，像是運用人工智能而研究心靈與頭腦的問題，也能在珀爾斯的著作中得到

一些啟發❼。

我們現在的人把珀爾斯當成是哲學家，不過，當時的人卻把他當成是科學家。事實上，珀爾斯兼具此二種身分，他本人也是如此看自己。不過，根據柏克斯(A. W. Burks)的說法，有一點頗值得我們玩味。亦即，珀爾斯生前所享的盛名主要來自他在科學研究上的成就，而他在哲學方面的成就幾乎無人注意。但是在珀爾斯去世數十年之後的今天，他的盛名卻是集中在他哲學方面的成就，而他的科學工作之受到重視，亦是由於他在這方面的研究對其哲學思想有所影響，而附帶地受到重視❽。

貳、珀爾斯的思想背景

在介紹完珀爾斯的生平之後，我們接著參考胡克威的說法，對珀爾斯那個時代的思想背景略加說明。在此方面有所了解，應該會有助於我們去了解珀爾斯所關心的問題。當時珀爾斯所居住的波士頓是個文化高度發展的地區，當地的居民大多是反對三位一體說的唯一神教派，他們希望哈佛的哲學家能為其信仰提供哲學支持。他們一般主張，我們可以經由科學活動而認識上帝的本性，科學所發現的自然法則有助於加強吾人對上帝的信仰。這點使得波士頓人對於上帝施展奇蹟的信念逐漸動搖。雖然，劍橋附近的愛默生等超越主義者則攻擊這些唯一神教派不應該試圖結合理性與宗教，他們認為宗教真理要由靈魂來了解，靠的是感受而非理性。但是，在哈佛哲學家（諸如珀爾斯的老師法蘭西斯·鮑文）的支持下，超越主義的批評並未產生什麼影響。不過，這個哲學基礎終於受到兩本書的衝擊，一本是達爾文在一八五九年出版的《物種原始》，一本是穆勒在一八六五年出版的《對

漢彌爾頓哲學的省察》(Examination of Sir William Hamilton's Philosophy)。前者的影響是相當明顯的。首先，如果自然的選擇反映的正是上帝工作的一般模式，則這是一種浪費、殘酷、而缺乏效率的方式。其次，如果進化論可以用來解釋自然的法則及規律，則我們也很難看出這種規律代表了上帝的本性。在一八六〇年代，進化論引起哈佛科學家的熱烈爭論。自然史教授阿沙·蓋(Asa Gay)認爲一個科學家可以同時主張達爾文主義，且同時維持其宗教信仰；動物學家路易斯·阿噶西則不以爲然。珀爾斯當然對此爭論感到興趣，他在一八六〇年代初期曾從學於阿噶西門下。不過，雖然珀爾斯曾經運用過進化論的觀念，他卻一直不太熱心於達爾文的立場❾。

　　接著，我們來看穆勒那本書的影響。根據唯一神教派，我們可以經由科學探究而發現眞實所依循的法則；他們也意識到，這個主張需要有知識論上的基礎，也就是說，我們必須保証科學所發現的是一個客觀的、獨立的世界本身的本性。如果我們無法反駁休姆的懷疑論，如果我們只能知道我們本身的觀念或經驗，如果我們只能認識表象世界而無法觸及事物本身，則在上述任何一種情況中，我們都無法說，科學揭露了上帝在自然中的行動。在此，蘇格蘭哲學家漢彌爾頓曾經提供他們所需要的知識論，而且被他們視爲是與亞里斯多德及康德一樣偉大的哲學家。他的看法事實上是瑞德(Thomas Reid)及康德的混合；他一方面如同前者主張我們對於事物自身有直接的知識，另一方面則如後者主張這種知識帶有我們認識架構的影響。但是，穆勒對漢彌爾頓哲學的批評，摧毀了唯一神教派用以支持其宗教信念的知識論基礎，因此他們必須另外尋求一個支持，以主張科學足以提供眞實的知識，並調合科學及宗教。

　　不過，漢彌爾頓的思想一直未對珀爾斯造成什麼影響。在一八五

九年以前，他主要受到康德的影響。而在一八六二年第一次結婚時，他確定已經是位承認三位一體說的聖公派教友，雖然他自己的家人大多是唯一神教派的信徒。他在早期曾試圖將康德的三個範疇與三位一體說關連在一起。但是，他也注意到穆勒對漢彌爾頓的攻擊所引發的一些問題。由達爾文的進化論及穆勒的主張，自然會導出所謂「自然主義」的哲學觀。進化論使我們想到，如果我們想要了解人類的某種活動（諸如科學探究或道德或宗教），我們應該採取科學的研究，指出其歷史，說明它何以如此地演進。但是，我們事先無法保障這些做法能帶我們走向眞理、增進人類的幸福、使我們安身立命。如此一來，結果很可能導致懷疑論，而不信任我們自己的認知能力。穆勒懷疑論的經驗論有相似的結果。依之，我們必須放棄對探究方法的証成，不要去証明它能提供對於眞實的知識。我們只要安於對吾人做法的描述、以及一組我們覺得可信的推論規則。

正如墨菲(Murray G. Murphey)所強調的，面對達爾文及穆勒的挑戰，當時的一個反應是回歸以往的哲學去找尋靈感，以求爲科學找根據，以求協調科學及宗教。鮑文回歸柏克萊，其他的人則回歸康德。在珀爾斯於一八六〇年代後期在哈佛的一系列演講中，他主要是以康德的路數去回應上述的自然主義及其懷疑論的結論。這些講詞後來發表於《思辨哲學雜誌》。胡克威指出，我們可以由下述幾點看出，珀爾斯在此時期對於傳統哲學的堅持。以往的哲學家企求一種第一哲學，它先於所有的自然科學及人文科學，而對人及其在自然中的地位提供一般性的說明，它並可解釋我們用來揭露眞實的方法之合法性。他們大多給予探究活動特殊的價值，並認爲，唯有經由科學探究，我們才能眞正地滿足我們自己；科學家所過的生活是最有意義的。唯一神教派承認上述的想法，事實上，這也是珀爾斯的哲學理想。珀爾斯

也尋求一個第一哲學；他認為追求知識是最高尚的人類活動；他要在科學及宗教之間找到緊密的關連。總之，我們可把珀爾斯看成是以康德哲學對抗十九世紀後半葉心理主義及自然主義對邏輯及哲學所帶來的威脅。事實上，珀爾斯也曾把自己的立場描述為「不主張物自身的康德主義」❿。

　　以上是依胡克威的看法而對珀爾斯的思想背景有所詮釋，我們之如此做，只是希望藉此能夠有助於一般人對珀爾斯思想的了解。但是，必須注意的是，我們不要以為上述的詮釋是唯一正確的說法，事實上，任何對於珀爾斯詮釋都曾出現過諸多不同的反對意見，而我們上述所介紹的一種說法，亦不過只是諸多詮釋中的一種而已。

附　註

❶　關於珀爾斯的生平，主要參考史凱基斯泰及賽耶的說法：Peter Skagestad, *The Road of Inquiry: Charles Peirce's Pragmatic Realism* (New York: Columbia University Press, 1981), pp. 13-16. H. S. Thayer, *Meaning and Action: A Critical History of Pragmatism* (Cambridge: Hackett Publishing Company, 1981),2nd edition. pp. 68-71.關於珀爾斯的思想背景，主要參考胡克威的說法[Hookway, pp. 4-7]。有關珀爾斯的家庭背景則參考《珀爾斯著作編年集》第一卷及第二卷的引言。至於其他參考文獻則隨文註明。

❷　費希(Max Fisch)認為，珀爾斯的範疇表首度開啟了一條路，而使得一般記號理論成為邏輯、知識論、形上學的根基。而一八六七年的〈論新範疇表〉、一八六八年在《思辨哲學雜誌》發表的三篇文章、以及一八七一年的書評，目前認為這五篇文章打下了現代記號學的根基[CW, 2, xxvii]。

❸　費希指出，珀爾斯很早即承認自己是唯名論者，或許可以追溯到一八五一年他十二歲生日讀到魏特里的《邏輯原理》的那一刻。而於文獻根據上，他在一八六五年的文章中即曾指出士林實在論的錯誤[CW, 1, 307][CW, 1, 312]，而在一八六八年的文章中，珀爾斯明白表示他的主張是唯名論的[CW, 2, 175][CW, 2, 180-181]。不過，也就是在一八六八年，珀爾斯開始逐漸由唯名論轉向實在論。費希指出，在這年發表的〈四種無能的結果〉中，有一段文字顯示珀爾斯脫離唯名論的第一步：「由於我們的認識無一為絕對確定者，因此共相必須具有真實的

存在。而這種士林實在論目前通常被當成是一種形而上的幻想信念。」[CW, 2, 239]到了一八七一年對柏克萊的書評，珀爾斯更明顯地走向士林實在論，他指出，士林實在論與唯名論只是一髮之隔[CW, 2, 467]。問題是，珀爾斯爲什麼說士林實在論與唯名論只是一髮之隔呢？珀爾斯在柏克萊書評中特別強調「實在」一詞的向前指涉與向後指涉，而把唯名論說成是向後指涉，把實在論說成是向前指涉。這即是以一種記號學的方式解決其間的爭論。在三種中心範疇中，性質是一元的，關係是二元的，而再現則爲三元的。記號代表的是意解的對象。但是我們可以專注於記號對象，或專注於記號意解。如果問題是：是否有實在的共相？唯名論轉身回到記號對象，而沒有找到它們；實在論向前去找記號意解，並且找到了它們。這主要是由於對於對象的向後指涉比較個人化，而對於意解的向前指涉比較具有社會性。因此，實在論可以合乎所謂的邏輯社會論。在此，珀爾斯有兩段關於社群(community)的關鍵文字：「實在觀念的起源正顯示這個觀念包含『社群』的觀念，沒有確定的極限，而容許知識的無限增加。」[CW, 2, 239]「不論人類是否眞的有任何相同之處，『社群』本身都被視爲一個目的。」[CW, 2, 487] [cf. CW, 2, xxvi-xxvii]

❹ 由另一個角度來看，珀爾斯的失業也未嘗沒有好處。在失業之後，他反而有更多的時間在邏輯的研究之外，進行其形上學的思考，而發展出一種不以物競天擇做爲進化發展基礎的進化宇宙論觀以及一種客觀的唯心論。。珀爾斯的形上學著作大多見於一八八五年以後，其中最主要的是一八九一年至一八九三年發表於《一元論者》的一系列五篇文章：〈理論之體系架構〉(The Architecture of Theories) [6.7-34]、〈論必然說〉(The Doctrine of Necessity Examined) [6.35-65]、〈心靈之法則〉(The Law of Mind) [6.102-63]、〈人之如鏡的本質〉(Man's

Glassy Essence) [6.238-71]、〈進化的愛〉(Evolutionary Love) [6.287-317]。此外，他之爲邏輯重新提供系統性的基礎、他之重新反省其實用主義、他之系統化其範疇論及記號學，都是一八九一年之後的工作。

❺ 事實上，詹姆斯所闡述的實用主義並不同於珀爾斯原先所說的意思，珀爾斯本人很清楚地意識到這方面的差異。後來更由於「實用主義」一詞與詹姆斯、杜威、義大利的巴匹尼(Papini)、英國的席勒(Schiller)等人的看法關連在一起，珀爾斯晚年乾脆宣佈放棄「pragmatism」一名，而改用「pragmaticism」一名指稱他本人的主張，以與其他人的看法有所區別。他認爲，這個新名詞醜陋到無人肯去盜用的地步。不過，艾耶指出，珀爾斯發明的這個新名詞不僅沒有人加以盜用，事實上，它根本沒有使世人依此名詞去了解珀爾斯原來的想法；一般在提到珀爾斯的主張時，仍然是將其歸類爲「pragmatism」[cf. A. J. Ayer, *The Origins of Pragmatism: Studies in the Philosophy of Charles Sanders Peirce and William James* (San Francisco: Freeman, Cooper & Company, 1968), pp. 3-4.]。

❻ 在此之前也曾出現單冊的文集，像是一九二一年出版的《機緣、愛、與邏輯》(Chance, Love and Logic)。艾耶指出，對於英國哲學界來說，這本文集使他們在詹姆斯及席勒的說法之外，認識到另一種實用主義的講法[Ayer, p. 4]。不過，一般而言，對於珀爾斯研究風氣的推動，還是以《珀爾斯文輯》的問世首居其功。

❼ 伯恩斯坦曾經提醒說，雖然當代哲學在許多方面都瀰漫一種珀爾斯哲學的精神，但是我們不可因此而誤以爲這是珀爾斯的影響直接造成的結果[cf. Richard J. Bernstein, "Action, Conduct, and Self-Control", in *Critical Essays on Charles Sanders Peirce* , edited by Richard J.

Bernstein, (New Haven: Yale University Press, 1965), p. 67.]。此外，亦
請參見筆者在本書自序中對珀爾斯在當代哲學之重要性的說明。

❽ Cf. Max H. Fisch, (ed.) *Classic American Philosophers* (New York:
Appleton-Century-Crofts, 1951), p. 41.此外，根據《珀爾斯著作編年
集》第一卷的引言，在一八九九年至一九〇九年的《美國人名鑑》
中，珀爾斯一直被稱爲演講家及工程師。一直到一九〇六年第一版
的《美國科學家》中，才第一次把邏輯列爲珀爾斯研究的領域之一。
一直到一九一〇年的《美國人名鑑》中，珀爾斯才第一次被稱爲邏輯
學家。不過，要等到他死後，世人才開始稱他爲哲學家[CW, 1, xxi]。
事實上，目前珀爾斯在美國哲學史上已佔有不可磨滅的地位。例如，
諾門在他整理的《美國哲學家年表》中，勾選出十位最主要的美國哲
學家。依照年代先後，分別是：艾德渥茲、愛默生、珀爾斯、詹姆
斯、杜威、懷德海、桑塔耶那、愛因斯坦、田立克、與卡納普[cf. St.
Elmo Nauman, Jr., *Dictionary of American Philosophy* (New York:
Philosophical Library, 1973).]。斯特洛以美國南北戰爭爲界，將美國哲
學的發展分爲兩個階段，前一半屬於早期哲學，後一半屬於當代哲
學。他認爲，美國的早期哲學基本上是歐洲哲學的延伸，時間大約由
一七〇〇年到一八六〇年，其中包括以愛德渥茲爲代表的清教徒思
想，以傑弗遜爲代表的美國啟蒙運動，以愛默生爲代表的新英格蘭超
越主義。在當代哲學時期,美國開始發展出較具本土特色的哲學，時間
大約由內戰到二十世紀中葉，其中包括以珀爾斯及詹姆斯爲代表的實
用主義，以魯一士爲代表的美國唯心論，以桑塔耶那及杜威爲代表的
美國自然主義[cf. Guy Stroh, *American Philosophy from Edwards to
Dewey* (New York: D. Van Nostrand Company, Inc., 1968).]。在史密斯
的《美國哲學精神》一書中，珀爾斯也是五位美國代表性哲學家之

一，其餘四位是詹姆斯、魯一士、杜威、及懷德海[cf. John E. Smith, *The Spirit of American Philosophy* (New York: SUNY Press, 1983).]。在此值得附帶一提的是，費希把斯特洛所謂的美國當代哲學稱爲美國古典哲學。當然費希所說的「古典」完全不同於時間意義上的古代，只是強調在美國南北戰爭至第二次世界大戰之間，美國的哲學家們爲自己的文化開創出一些足以傳諸後世而且足以提供其他文化學習的哲學資產。這種說法的另一層意義，有如某些人將一八八〇年到一九四〇年間稱做「美國哲學的黃金時代」(the golden age of American philosophy)的理由一樣，因爲在這段時期美國哲學界的表現最爲多采多姿，而成果斐然。此外，儘管史徒耳認爲珀爾斯的系統與其說是一套哲學系統，毋寧說是一套科學系統；但是，在他編輯的《古典美國哲學》一書中，他仍然將珀爾斯列爲第一位美國古典哲學家[cf. John J. Stuhr, *Classical American Philosophy* (Oxford: Oxford University Press, 1987), p. 18.]。

❾ 有關進化論對實用主義的一般影響，可參見：Philip P. Wiener, *Evolution and the Founders of Pragmatism* (Cambridge: Harvard University Press, 1949; Philadelphia: University of Pennsylvania Press, 1972). Morris Eames, *Pragmatic Naturalism* , (Carbondale: Southern Illinois University Press, 1977), ch. 1.

❿ 無疑地，康德哲學對珀爾斯的影響非常大。此外，珀爾斯亦深受士林哲學（尤其是史各都）的影響；這方面的討論可參見：John F. Boler, *Charles Peirce and Scholastic Realism: A Study of Peirce's Relation to John Duns Scotus* (Seattle: University of Washington Press, 1963). Edward C. Moore, "The Influence of Duns Scotus on Peirce", in Edward C. Moore and Richard S. Robin,(eds.) *Studies in the Philosophy of*

Charles Sanders Peirce , 2nd series.(Amherst: University of Massachusetts Press, 1964).

主要參考書目

壹、珀爾斯的著作

Peirce, Charles Sanders. *Collected Papers of Charles Sanders Peirce,* volumes 1-6 edited by Charles Hartshorne and Paul Weiss, 1931-1935, volumes 7 and 8 edited by A. W. Burks, 1958. Cambridge, Mass: Belknap Press.

Peirce, Charles Sanders. *Writings of Charles S. Peirce: A Chronological Edition* , volumes 1-3, edited by Max Fisch et al., 1982-1989. Bloomington: Indiana University Press.

Peirce, Charles Sanders. *Philosophical Writings of Peirce* , edited by Justus Buchler. New York: Dover Publications, Inc., 1955. (Original title: *The Philosophy of Peirce: Selected Writings.* London: Routledge & Kegan Paul Ltd., 1940.)

Peirce, Charles Sanders. *Essays in the Philosophy of Science* , edited by Vincent Thomas. New York: The Liberal Arts Press, 1957.

Peirce, Charles Sanders. *Chance, Love and Logic* , edited by Morris R. Cohen. New York: Harcourt, Brace, & Company, 1923.

Peirce, Charles Sanders. *Letters to Lady Welby* , edited by Irwin C.

Lieb. New Haven: Whitlock, 1953.

Peirce, Charles Sanders. *Values in a Universe of Chance: Selected Writings of Charles S. Peirce* , edited by Philip P. Wiener. New York: Doubleday & Co., 1958.

Peirce, Charles Sanders. *Historical Perspectives on Peirce's Logic of Science: A History of Science* , edited by Carolyn Eisele. Berlin: Mouton Publications, Inc., 1985.

貳、相關論著

Almeder, Robert. *The Philosophy of Charles S. Peirce: A Critical Introduction* . Oxford: Basil Blackwell, 1980.

Ayer, Alfred Jules. *The Origins of Pragmatism: Studies in the Philosophy of Charles Sanders Peirce and William James* . San Francisco: Freeman, Cooper & Company, 1968.

Ayer, Alfred Jules. *Language, Truth, and Logic* . 2nd edition. New York: Dover Publications, 1952.

Bernstein, Richard J. (ed.) *Perspectives on Peirce: Critical Essays on C. S. Peirce* . New Haven: Yale University Press, 1965.

Blau, Joseph L. *Men and Movements in American Philosophy* . New York: Prentice-Hall, 1952.

Boler, John. F. *Charles Peirce and Scholastic Realism: A Study of Peirce's Relation to John Duns Scotus* . Seattle: University of Washington Press, 1963.

Buchler, Justus. *Charles Peirce's Empiricism* . New York: Harcourt,

Brace & Co., 1939.

Cohen, Morris. *American Thought: A Critical Sketch* . Glencoe: The Free Press, 1954.

Cornman, James W.; Lehrer, Keith; and Pappas, George S. *Philosophical Problems and Arguments* . 3rd ed. New York: Macmillan Publishing Co., 1982.

Descartes. *The Philosophical Works of Descartes* . Edited and translated by Elizabeth Haldane and G. R. T. Ross. Cambridge: Cambridge University Press, 1911, reprinted 1969.

Eames, S. Morris. *Pragmatic Naturalism* . Carbondale: Southern Illinois University Press, 1977.

Empiricus, Sextus. *Outlines of Pyrrhonism* . Cambridge: Harvard University Press, 1933.

Feibleman, James K. *An Introduction to the Philosophy of Charles S. Peirce* . New York: Harper & Brothers, 1946.

Fisch, Max H. (ed.) *Classic American Philosophers* . New York: Appleton- Century-Crofts, 1951.

Fitzgerald, John J. *Peirce's Theory of Signs as Foundation for Pragmatism* . The Hague: Mouton & Co., 1966.

Freeman, Eugene. *The Categories of Charles Peirce* . Chicago: The Open Court Publishing Co., 1934.

Gallie, W. B. *Peirce and Pragmatism* . Harmondsworth: Penguin Books, 1952; New York: Dover Publications, 1966.

Goudge, Thomas. *The Thought of C. S. Peirce* . Toronto: University of Toronto Press, 1950.

Grayling, A. C. *An Introduction to Philosophical Logic* . Sussex: Harvester Press, 1982.

Greenlee, Douglas. *Peirce's Concept of Sign* . The Hague: Mouton, 1973.

Griffiths, A. Phillips. （ ed. ）*Knowledge and Belief* . Oxford: Oxford University Press, 1967.

Haas, William P. *The Concept of Law and the Unity of Peirce's Philosophy* . Notre Dame: University of Notre Dame Press, 1964.

Hardwick, Charles S. *Semiotic and Significs: The Correspondence Between Charles S. Peirce and Victoria Lady Welby* . Bloomingon: Indiana University Press, 1977.

Hempel, Carl G. *Aspects of Scientific Explanation* . New York: Free Press, 1965.

Hookway, Christopher. *Peirce* . London & Boston: Routledge & Kegan Paul, 1985.

Hospers, John. *An Introduction to Philosophical Analysis* . 3rd edition. New Jersey: Prentice Hall, 1988.

Hume, David. *A Treatise of Human Nature* . 1734; new ed. by L. A. Selby-Bigge. Oxford: Clarendon Press, 1888.

James, William. *Pragmatism* . Cambridge: Harvard University Press, 1975.

James, William. *A Pluralistic Universe* . Cambridge: Harvard University Press, 1977.

James, William. *Some Problems of Philosophy* . Cambridge: Harvard University Press, 1979.

Kuhn, Thomas S. *The Structure of Scientific Revolution* . Chicago: University of Chicago Press, 1962.

Kuklick, B. *The Rise of American Philosophy* . New Haven: Yale University Press, 1977.

Lakatos, Imre and Musgrave, Alan. *Criticism and the Growth of Knowledge* . Cambridge: Cambridge University Press, 1970.

Laudan, Larry. *Progress and its Problems* . Berkeley: University of California Press, 1978.

Lovejoy, Arthur C. . *The Thirteen Pragmatisms and Other Essays* . Baltimore: Johns Hopkins University Press, 1963.

Madden, Edward H. *Chauncey Wright and the Foundations of Pragmatism* . Seattle: University of Washington Press, 1963.

Margolis, Joseph. *Pragmatism Without Foundations: Reconciling Realism and Relativism* . New York: Basil Blackwell, 1986.

Martine, Brian John. *Individuals and Individuality* . New York: SUNY Press, 1984.

Moore, Edward C. and Robin, Richard S. (eds.) *Studies in the Philosophy of Charles Sanders Peirce* . 2nd series. Amherst: University of Massachusetts Press, 1964.

Morris, Charles. *The Pragmatic Movement in American Philosophy* . New York: George Braziller, 1970,

Murphey, Murray G. *The Development of Peirce's Philosophy* . Cambridge: Harvard University Press, 1961.

Nagel, Ernest, and Brandt, Richard. (eds.) *Meaning and Knowledge* . New York: Harcourt, Brace & World, Inc., 1965.

Perry, Ralph Barton. *The Thought and Character of William James*. 2 vols. Boston: Little, Brown and Company, 1936.

Popper, Karl R. *The Open Society and Its Enemies*. London: Routledge & Kegan Paul, 1945.

Popper, Karl R. *The Logic of Sientific Discovery*. New York: Harper & Row, 1959.

Potter, Vincent G. *Charles S. Peirce on Norms and Ideals*. Amherst: University of Massachusetts Press, 1967.

Putnam, Hilary. *Meaning and the Moral Sciences*. London: Routledge & Kegan Paul, 1978.

Quine, Willard V. O. *From a Logical Point of View*. Cambridge: Harvard University Press, 1953.

Reilly, Francis E. *Charles Peirce's Theory of Scientific Method*. New York: Fordham University Press, 1970.

Rescher, Nicholas. *Peirce's Philosophy of Science*. Notre Dame: Notre Dame Press, 1978.

Robin, Richard S. *Annotated Catalogue of the Papers of Charles S. Peirce*. Amherst: University of Massachusetts Press, 1967.

Rorty, Richard. *Consequences of Pragmatism*. Sussex: Harvester Press, 1982.

Russell, Bertrand. *An Inquiry into Meaning and Truth*. London: George Allen & Unwin Ltd., 1940.

Scheffler, Israel. *Four Pragmatists: A Critical Introduction to Peirce, James, Mead, and Dewey*. London: Routledge & Kegan Paul, 1974.

Schneider, Herbert W. *A History of American Philosophy*. New York: Columbia University Press, 1946.

Skagestad, Peter. *The Road of Inquiry: Charles Peirce's Pragmatic Realism*. New York: Columbia University Press, 1981.

Smith, John E. *Purpose and Thought: The Meaning of Pragmatism*. New Haven: Yale University Press, 1978.

Smith, John E. *The Spirit of American Philosophy*. New York: SUNY Press, 1983.

Stroh, Guy W. *American Philosophy from Edwards to Dewey*. New York: D. Van Nostrand Co., 1968.

Stuhr, John J. *Classical American Philosophy*. Oxford: Oxford University Press, 1987.

Thayer, H. S. *Meaning and Action: A Critical History of Pragmatism*. 2nd edition. Cambridge: Hackett Publishing Company, 1981.

Thompson, Manley. *The Pragmatic Philosophy of Charles S. Peirce*. Chicago: University of Chicago Press, 1953.

Turley, P. T. *Peirce's Cosmology*. New York: Philosophical Library, 1977.

White, Morton G. *Pragmatism and the American Mind*. Oxford: Oxford University Press, 1973.

Wiener, Philip P. *Evolution and the Founders of Pragmatism*. Cambridge: Harvard University Press, 1949; Philadelphia: University of Pennsylvania Press, 1972.

Wiener, Philip P., and Young, Frederick H. (eds.) *Studies in the Philosophy of Charles Sanders Peirce*. Cambridge: Harvard

University Press, 1952.

Wilson, Margaret Dauler. *Descartes*. London: Routledge & Kegan Paul, 1978.

（美）史密斯（John E. Smith）著。傅佩榮等譯。《目的與思想》。台北：黎明文化事業公司，民國七十二年。

（美）艾姆斯（S. Morris Eames）著。朱建民譯。《實用自然主義導論》。台北：聯經出版社，民國八十年。（付印中）

古添洪。《記號詩學》。第三章：記號學先驅普爾斯的記號模式。台北：東大圖書公司，民國七十三年。

殷鼎。《理解的命運》。第六章：語言的自我遺忘。台北：東大圖書公司，民國七十九年。

朱建民。〈論珀爾斯的真正懷疑與笛卡兒的普遍懷疑〉。《鵝湖月刊》第十五卷第八期，民國七十九年二月，頁四二至五一。

朱建民。〈論珀爾斯的信念說〉。《國立中央大學人文學報》第八期，民國七十九年六月，頁八十五至一○三。

朱建民。〈詹姆斯徹底經驗論的假設性格〉。《鵝湖月刊》第十五卷第六期，民國七十八年十二月，頁十四至十九。

國立中央圖書館出版品預行編目資料

> 探究與真理：珀爾斯探究理論研究／朱建民著 —初版—
> 臺北市：臺灣學生，民80
> 10,332面；21公分
> 參考書目：面 315-322
> ISBN 957-15-0202-2（精裝）-- ISBN 957-15
> -0203-0（平裝）
>
> 1.柏爾斯（Peirce,Charles S.（Charles Sanders），1839-
> 1914）—學識—哲學
> 145.45   80000523

探究與眞理—珀爾斯探究理論研究

著作者：朱　　　建　　　民
出版者：臺　灣　學　生　書　局
本書局登
記證字號：行政院新聞局局版臺業字第一一〇〇號
發行人：丁　　　文　　　治
發行所：臺　灣　學　生　書　局
　　　　臺北市和平東路一段一九八號
　　　　郵政劃撥帳號０００２４６６８號
　　　　電　話：３６３４１５６
　　　　FAX：(02)3636334
印刷所：常　新　印　刷　有　限　公　司
　　　　地址：板橋市翠華街8巷13號
　　　　電話：9524219・9531688
香港總經銷：藝　文　圖　書　公　司
　　　　地址：九龍偉業街99號連順大厦五字
　　　　　　　樓及七字樓　電話：7959595

定價　精裝新台幣三〇〇元
　　　平裝新台幣二五〇元

中　華　民　國　八　十　年　三　月　初　版

ISBN 957-15-0202-2（精裝）
ISBN 957-15-0203-0（平裝）